アセンブリ
行為遂行性・複数性・政治
ジュディス・バトラー
佐藤嘉幸 + 清水知子 訳
Assembly
青土社

アセンブリ　目次

凡例

＊本書の底本は、Judith Butler, *Notes Toward a Performative Theory of Assembly*, Harvard University Press, 2015 である。翻訳に際して、同書のフランス語訳 *Rassemblement : Pluralité, performativité, et politique*, Fayard, 2016を参照した。

＊［ ］は訳者による補足や、原語の挿入を示す。

＊〔 〕は著者による補足を示す。

＊〈 〉は原文における大文字の語を示す。

アセンブリ

行為遂行性・複数性・政治

序論

二〇一〇年冬の数カ月にわたって、多くの人々がタハリール広場に姿を現して以来、学者やアクティヴィストらは、民衆集会《パブリック・アセンブリ》の形式とその効果に新たな関心を抱くようになった。その問題は、古くからあると同時に、時宜に適ったものでもある。突如として大勢の人々が集う集団は、希望の源であると同時に恐怖の源でもありうる。また、群衆《モッブ》による行動の危険を恐れるもっともな理由が常に存在するように、予期せぬ集会の政治的潜勢力を見極める十分な根拠が存在する。ある意味で、デモクラシーの諸理論は人民意志の表現の重要性——それが手に負えない形式であったとしても——を認めているにもかかわらず、常に「群衆」を恐れてきた。それに関する文献は膨大に存在し、それらはエドマンド・バークやアレクシ・ド・トクヴィルのような様々な著者たちに立ち戻る傾向がある。彼らは、デモクラシー国家の構造が人民主権による抑えのきかない表現を乗り切ることができるか、あるいは、人民の支配が多数派の専制に委ねられるのではないか、と極めて明確に自問していた。本書は、デモクラシー理論におけるこうした重要な議論を再検討ないし裁定するものではなく、ただ、恐怖と希望は時として複雑な仕方で連動しているにもかかわらず、民衆デモに関する議論はカオスへの恐怖ないし未来へのラディカルな希望に支配されがちである、と示唆するものである。

私がデモクラシー理論に繰り返し現れるこうした緊張を際立たせるのは、デモクラシーという政治形式と人民主権の原理の間に初めから存在する、ある種の離接を強調するためである。というのも、この二つは同じものではないからだ。実際、人民意志の表現が、とりわけ、それ自体デモクラシー的と呼ばれる特定の政治形式——批判者たちがその主張に疑問を投じる場合にも——をいかに疑問に付すことができるかを理解しようとする場合、この二つを別個のままに保持しておくことは重要である。その原理は単純でよく知られているが、そこで機能している前提については論争が続いたままだ。デモクラシーにとって正しい形式を決定することに絶望し、単にその多義性を認めることもできるだろう。デモクラシーがそうしたあらゆる政治形式——自らデモクラシー的と呼び、あるいは日頃からデモクラシー的であると言われている政治形式——から構成されている場合、私たちが採用するのは、その問題に対するある種の唯名論的アプローチである。だが、デモクラシー的だと見なされた政治秩序が、人民の意志であると主張し、より現実的で実質的なデモクラシーの見通しを持って人民を表象＝代表する、集合し編成された集団によって危機に陥った場合、デモクラシーの意味をめぐる開かれた闘争が生じるのであり、その闘争は必ずしも熟議という形式を取るわけではない。私たちは、どの人民集会《ポピュラー・アセンブリ》が「真に」デモクラシー的でどれがそうでないかを判断することはせず、用語としての「デモクラシー」をめぐる闘争が幾つもの政治的状況を積極的に特徴付けている、という点に最初から注目することもできる。ある運動は時に反デモクラシー的でテロリズム的だとさえ見なされ、同じ運動が他の場合や文脈ではより包摂的で実質的なデモクラシーを実現しようとする民衆の取り組みだと理解されるとすれば、その闘争をどう名付けるかは、かなり重要な問題であるように思われる。そのテーブルはいとも簡単に引っくり返すことができるのであり、戦略的連携がある集団をある場合には「テロリスト」と見なし、別の場合には「デモクラシー的連携」と見なす必要がある場合、単なる呼び名と考えられてきた「デモクラシー」が極めて容易に戦略的な言説的用語として扱われうることがわかる。つまり、デモクラシーとはデモクラシーと呼ばれる統治形式である、と考える唯名論者を別にすれば、どの状況とどの人民の運動がデモクラシー的であると呼ばれ、どれがそう呼ばれないかという問いを解決するために公的言説、マーケティング、プロパガンダの諸様式に依拠する、言説的な戦略家が存在するのである。

もちろんデモクラシー運動はそのような名で呼ばれるもの、あるいは自らをそのような名で呼ぶものである、と言いたい誘惑に駆られはするが、それではデモクラシーを放棄することになってしまう。デモクラシーは自己決定能力を含意してはいるが、だからといって、自分たちを代表であると規定するすべての集団が、自分たちこそが「人民」であると正当に主張しうる、ということにはならない。二〇一五年一月、ドイツの露骨な反移民政党であるペギーダ（西洋のイスラム化に反対する欧州愛国主義者）は「我々が人民だ」と主張した。それは、国民《ネイション》という機能的理念からイスラム移民をあからさまに排除しようとした自己命名的な実践である（ペギーダは、一九八九年に人気のあった文句《フレーズ》と自らを結び付けてそう主張し、今日ドイツの「統一」にいっそう暗い意味を投じている)。アンゲラ・メルケルは、ペギーダのリーダーがヒトラーのように仮装した写真を報道されて退陣を余儀なくされたのとほぼ同時期に、「イスラムはドイツの一部である」と応えた。こうした騒動は、誰が本当の「人民」なのか、という問いを鮮明に浮かび上がらせる。また、言説的な力のいかなる機能がいかなる瞬間に、何の目的で「人民」を領域画定するのか、という問いを鮮明に提起する。

「人民」とは所与の住民ではなく、むしろ私たちが暗黙のうちに、あるいは明白に設定する境界画定の線によって構成される。その結果、私たちは、「人民」を措定する所与の方法が包括的かどうかを可能な限り考査せねばならないのと同様に、さらなる境界画定を通じて、排除された住民を示すことしかできない。こうした状況下では、自己構成がとりわけ考察すべき問題となる。誰が「人民」なのかを確定する言説的な取り組みのすべてが機能するわけではない。その主張はしばしば、ヘゲモニーを狙う賭けであり企てである。従って、ある集団や集会ないし編成された集合体が自らを「人民」と呼ぶとき、彼らは誰が含まれ、誰が含まれないかを推定しながら、ある種の仕方で言説を巧みに操り、そうすることで意図せずして「人民」ではない住民に言及しているのである。実際、誰が「人民」に属するかを決める闘争が激しくなると、ある集団は「人民」に関する自らの見解を、その外部にいる人々、「人民」を脅かすと見なされる人々、あるいは「人民」に関する提案された見解に反対すると見なされる人々に対置する。結果として(a)人民を定義しようとする人民(彼らが定義しようとする人民よりもずっと小さい集団)、(b)その言説的な賭けの中で定義された（または境界画定された）人民、（c）「人民」ではない人民、（d）その「「人民」ではない人民」を人民の一部として確立しようとする人民、がいることになる。あらゆる包括的な集団を措定しようとして「全員」と言うときでさえ、私たちはなお、誰が含まれているのかを暗黙のうちに前提にしている。従って私たちは、シャンタル・ムフとエルネスト・ラクラウが、「構成的外部」――それによって包摂という特有の概念が確立される――と極めて適切に記述したものを乗り越えることができないのである。(1)

国民は、決して存在しえない統一体として措定されている。だが、必ずしも皮肉な結末を迎えるわけではない。現実政治《リアルポリティック》の精神を持って、「人民」の形成はどれも部分的なのだから私たちは政治的事実として単にその部分性を受け容れるべきだと考える人々は、そうした排除の諸形式を露わにし、それに抗しようと模索し、完全な包摂性は不可能だがそうした包摂性のための闘争は進行中であるとしばしば知っている人々によって、明確に反論されている。この理由として少なくとも二つの要素がある。一方で、多くの排除はしばしば自然化され、自明の「事態」となっていて明白な問題ではないために、排除されているという知識なしに排除が生み出されている。第二に、包摂性はデモクラシー的政治、とりわけラディカル・デモクラシー的政治の唯一の目的ではない。もちろん、人民の一部を排除するどの「人民」をめぐる見解も包摂的ではなく、従って「人民を」代表していない、というのはその通りである。しかしまた、あらゆる「人民」の規定が、普通は国籍を基盤にして、あるいは国民国家の背景に抗して境界線を引くという境界画定の行為を伴っており、その境界線がそのまま議論を呼ぶ境界になる、ということも確かである。言い換えれば、「人民」の可能性は、既存の国民国家、人種的ないし言語的コミュニティ、あるいは所属政党の境界線に沿ってどこかに引かれた言説的境界なしにはありえない。何らかの方法で「人民」を確立しようとする言説的運動は、ある種の境界を承認させるための企てであり、そのとき、それを一つの国民《ネイション》の境界として、あるいは一人民として「承認可能」だと見なされる人民集団の境界として理解できるかどうかが問題になっているのである。

従って、包摂性がデモクラシー、とりわけラディカル・デモクラシーの唯一の目的ではない一つの理由は、デモクラシー的政治が、誰が「人民」として数えられるのか、「人民」である人々を前景化し、「人民」として数えられない人々を後方へ、周縁へ、あるいは忘却へと追いやる境界画定がいかにして行為化される［enacted］のか、という点に関心を持たなければならない、という点にある。デモクラシー的政治の目的は、すべての人民に等しく承認を与えることにあるだけではなく、むしろ、承認可能な人々と承認不可能な人々の間の関係を変えることによってのみ、(a) 平等が追求され理解されうる、(b)「人民」がさらなる練り上げへと開かれうる、という点を理解することにある。承認の形式があらゆる人民へと拡張されるときでさえ、承認されないままの人民からなる広大な領域があり、また、承認の形式が拡張されるたびにまさしく権力格差そのものが再生産される、という前提が依然として効力を持っている。逆説的なことに、ある種の承認の諸形式が拡張されると、承認不可能な人々の領域が保持され、結果として拡大される。そこから得られる結論は、こうした明白かつ暗黙の不平等の諸形式は時に包摂や承認といった基本的なカテゴリーによって再生産されるものであり、時間的に開かれたデモクラシー闘争の一部として、そうした不平等の諸形式に取り組まなければならない、ということである。同じことは、論争が起こりやすいこうした暗黙かつ明白な境界の政治についても言えるが、そうした境界の政治は、人民、大衆、人民意志への言及の最も初歩的で当然視される幾つかの形式によって引き起こされている。実際、根強い排除について洞察することで、私たちは「人民」によって私たちが意味するもの、また様々な人々がこの語を援用する場合に意味するものを名付け、名付け直し、新たに更新する過程に立ち戻ることを強いられる。

境界画定の問題は、問題に別の次元をもたらす。なぜなら、人民を承認、否認する関連した言説的行動のすべてが明白であるわけではないからだ。言説的行動の力の作用は、ある程度、行為遂行的《パフォーマティヴ》である。すなわち、それら言説的行動は、不平等と排除を伴いながらある種の政治区分を行為化するが、常にそれを名指すことはない。「人民」が部分的にしか承認されえない場合に、あるいは、限定された国民的《ナショナル》関係の中で「十分に」承認されうる場合にさえ不平等は「実質的に」再生産される、と私たちが言うとき、そこで主張しているのは、「人民」を措定することは単に誰が人民であるかを名指すことではない、ということだ。境界画定という行為は、それがキーワードである「人民」を提示するときでさえ――正確にはまさしくそのときに――、デモクラシーの根本問題を確立する力の行為遂行的な形式に従って機能しているのである。

私たちは、さらに時間をかけてこの言説の問題を検討することもできるだろう。なぜなら、「人民」は「人民意志」を表明する人々と同じなのか、また自らを名付けるこうした行為は自己決定と見なされるのか、あるいはその人民意志の有効な表現と見なされるのか、という常に開かれた問いが存在するからだ。また、自己決定という概念がここで賭けられているのであり、従って、それは暗黙に人民主権という理念そのものでもある。デモクラシー理論のこうした使用語彙を——とりわけ、アラブの春やオキュパイ運動、あるいは不安定性《プレカリティ》に反対するデモで私たちが見た人民集会やデモに関する最近の議論を踏まえて——明確にすることと、それらの運動が真の、もしくは有望な人民意志、人民の意志の事例として解釈されうるかどうかを問うこととは同じくらい重要であり、本書が提示するのは、それらの光景を、人民がはっきりと表明している人民の見解という観点からだけでなく、それらを行為化する権力諸関係という観点から読まなければならない、ということである。(2) そのような行為化［enactments］は、議会の外部に留まるときには常に一時的である。また、行為化が新たな議会形式を実現するときには、それは民意としての特徴を失う恐れがある。人民集会は思いがけない仕方で形成され、自発的ないし非自発的な諸条件下で解散する。そして、この一時性はその「批判的な」機能と深く関係している、と私は考えている。民意の集団的な表現は、人民を表象＝代表すると主張する統治の正当性を疑問に付すことができるのと同様に、それが支持し制定する統治の諸形式の中で自らを見失うこともありうる。同時にまた、統治は時に、人民側の行動が理由で出現することも消滅することもある。それゆえ、これらの協調した行動は同じように一時的であり、支持の撤回によって、正当性に関する政府の主張を解体するが、同時にまた、新しい形式を構成することもある。人民意志が自ら設ける諸形式の中に存続する場合には、それが正当性を維持できないあらゆる政治形式からその支持を撤回する権利を保持するなら、人民意志はその諸形式の中で自らを見失うことはないに違いない。

それでは、こうした一時的で批判的な集会についてどのように考えればよいのだろうか。そこから出てくる一つの重要な議論は、身体が集合することが重要であり、またデモによって行為化された政治的な意味は、書かれたものであろうと発声されたものであろうと、言説によって行為化された政治的な意味だけではない、というものである。具体化＝身体化された［embodied］多種多様な行動は、厳密に言えば、言説的でも前言説的でもない仕方において意味を表明している。言い換えれば、集会の諸形式は、それらが行う特定の諸要求に先立ち、そしてそれとは別に、既に意味を持っている。礼拝や葬儀を含む黙想の集会はしばしば、彼らが何者であるかについての特定の書かれたもしくは発声された説明以上のことを意味している。こうした身体化され複数的な行為遂行性《パフォーマティヴィティ》の諸形式は、必然的に部分的であるとしても、「人民」を理解する上で重要な要素となっている。誰もが身体的な形式で出現しうるわけではないのであり、現れえない者たちの多くは、現れを制限されている者たちやヴァーチャルないしデジタルなネットワークを通じて活動している人々であり、彼らもまたまさしく、公共空間における特定の身体的な現れを制限されていることによって定義される「人民」の一部である。このことは私たちに、指定されたプラットフォームへの完全なアクセスと現れの権利を持つ人々によって「公的領域」が無批判に措定されてきた、その限定的な方法を再考するよう促している。そのとき、発言内容——それがいかなるものであれ——を超えて意味を形成する、行動と可動性《モビリティ》の身体化された諸形式を踏まえた、行為化の第二の意味がここに生じる。集会の自由と表現の自由が区別される理由を考えるなら、それは、人民が共に結集すべき力はそれ自体が重要な政治的特権であり、ひとたび人民が集まったときに発言すべきこと——それがいかなるものであれ——を発言する権利とはまったく異なっているからだ。集会が意味しているのは発言内容以上のことであり、その意味作用の様態は、協調した身体的な行為化であり、行為遂行性の複数的形式なのである。

私たちは、より古くからある習慣に基づいてこう言いたい誘惑に駆られる。「だが、それに意味があるのなら、間違いなく言説的だ」と。恐らくその通りだろう。けれども、たとえそうであるとしても、そうした返答では、言語的な行為遂行性の諸形式と身体的な行為遂行性の諸形式の重要な交差的《キアスム》関係を検証することができない。両者は重複しており、まったくの別物ではない。とはいえ、両者の諸形式は同じではない。ショシャナ・フェルマンが示したように、言語行為さえも生の身体化された諸条件に関係している。(3) 発声するためには、咽喉や技術的な補綴が必要である。そして時に、表現の手段によって意味されるものは、言語行為《スピーチ・アクト》そのものの目的として明白に認められたものとはまったく異なっていることもある。もし行為遂行性《パフォーマティヴィティ》がしばしば個人のパフォーマンスと結び付けられてきたとすれば、行為能力《エイジェンシー》の複数的諸形式と抵抗の社会的諸実践とを再構成することを条件と目的とした、協調した行動の諸形式を通じてのみ機能する、行為遂行性の諸形式を再考することが重要であることがわかる。それゆえ、この運動あるいは静止、私の身体を他者の行動の直中に置くことは、私の行為でもあなたの行為でもなく、私たちの間の関係に起因して生じる何かである。それは、この関係から生じ、私と私たちの間で多義的になり、その多義化、意図的に維持された能動的関係、幻覚的な融合や混乱と区別される協働、といったものの持つ生成的な価値を保持すると同時に散種しようとするのだ。

本書の特有の論点は、協調行動が、政治的なものに関する支配的な概念の不完全かつ強力な次元を疑問に付す身体的形式になりうる、という点にある。この問いかけの身体化された特徴は、少なくとも二つの仕方で機能している。一方で、異議申し立ては、集会、ストライキ、徹夜の抗議行動、公共空間の占拠によって行為化されている。他方で、それら諸身体は、それらを行動へと促す条件として不安定性《プレカリティ》を捉える多くのデモの目的である。いずれにせよ、メディア報道に現れる領域の中に他の諸身体と共に到来する、身体の指標的な力が存在する。雇用、住居《シェルター》、保険医療《ヘルス・ケア》、食料、そして支払えない借金という未来とは違う未来の感覚を要求するのは、この身体、そしてこれらの諸身体である。危険に曝された生活条件、破壊されたインフラストラクチャー、加速する不安定性《プレカリティ》を生きるのは、この身体、またはこれらの諸身体、あるいはこの身体ないしこれらの諸身体のような諸身体である。

ある意味で私の目的は、明白なものが消えつつある条件下において明白なものを強く主張することである。すなわち、不安定性《プレカリティ》を表現し実証する幾つかの方法が存在するのであり、それは重要にも、民衆集会に固有な仕方で属している身体化された行動や表現の自由の諸形式を用いるものである。幾人かの批判者は、オキュパイ運動が成功したのは人々を街頭《ストリート》に連れ出し、民営化の拡大によってその公的な地位に異論が唱えられている空間の占拠を促したことだけだと述べた。時としてそれらの空間に異論が唱えられるのは、それらがまったく文字通りに（イスタンブールのゲジ公園のように）個人投資家に不動産として売却されているからだ。また別の場合には、それらの空間は「セキュリティ」や「公衆衛生」といった名目で民衆集会を閉め出すこともある。そうした集会の明白な目的は様々だ。独裁統治、セキュリティ至上主義体制、ナショナリズム、軍国主義、経済的不公正、市民権の不平等、無国籍、生態系の破壊、経済的不平等の増大、そして不安定性《プレカリティ》の加速などへの反対がその目的である。時には、集会が明確に、資本主義そのものや新自由主義——その新たな展開やその変種《ヴァリアント》、あるいはヨーロッパでは緊縮政策、チリやその他の国々では高等公教育の潜在的な破壊と見なされるもの——に挑戦しようとすることもある(4)。

もちろん、それらはどれも異なった集会であり、異なった連携であって、こうした近年の民衆デモや占拠の諸形式は民衆集会の歴史や原理とより広く結び付いており、それに対する単一の説明を提案することはできない、と私は考えている。そうした集会や同盟はすべてがマルチチュードの組み合わせではないが、あまりに結び付きを欠いておりそれらの間につながりを作り出すことができない、というわけでもない。社会史や法制史の専門家はその比較作業を行う必要があるだろう――そして私は、彼らが近年の集会の諸形式を踏まえてその作業を続けてくれるよう期待している。私は、より限定されてはいるが、自分の視点から、以下の点だけを提案したい。すなわち、諸身体が街頭や広場あるいは他のタイプの（仮想空間も含めた）公共空間に集合するとき、それら諸身体は複数的で行為遂行的な現れの権利、身体を政治的な領域の直中で行使し、その直中に置く権利を行使しており、その権利は、その表現的で意味形成的な機能において、不安定性《プレカリティ》という誘導された諸形式によってもはや苦しめられることのない、より生存可能な一連の経済的、社会的、政治的諸条件のための身体的要求を伝えるものである。

新自由主義経済が学校や大学を含む公共サービスや制度をますます構造化するこの時代、人々がますます増大する規模で、家や年金、仕事の見込みを失いつつある時代にあって、私たちは住民の一部が使い捨て可能であるという考えを持った新しい手法に直面している。(5) 短期の仕事があるか、まったく仕事がないか、あるいは、労働者の代替可能性や不必要性に依拠したポストフォーディズム型のフレキシブルな労働がある、というわけだ。これらの展開――健康保険や社会保障に対する支配的な姿勢によって強化されている――が示唆しているのは、誰の健康や生が保護され、誰の健康や生が保護されるべきでないかを市場の合理性が決定している、ということである。もちろん、ある種の住民の死を明白に求める政策と、組織的怠慢の諸条件を生み出して事実上人々を死に至らせる政策とは異なっている。この区別を分節化するために、生権力の極めて特有な戦略――誰が生き、誰が死ぬのかという問いを明確に決定し強化するような主権者を必要としない仕方での、生と死のマネージメント――について語るフーコーは、私たちにとって有益であった(6)。アシル・ムベンベはこの区別を、「死政治［necropolitics］」[1]という概念を用いて練り上げた。

そしてこのことは、連邦議会議員のロン・ポールが重病を患っていて健康保険に加入できない人々、あるいは健康保険を支払わないことを「選ぶ」人々は死ぬしかないと述べた米国のティーパーティのミーティングではっきりと例証された、と考える者もいる。公表された報告によれば、歓喜の叫びが群衆を通して波紋のように広がったという。私の推測では、それは戦争やナショナリズム的な熱狂の諸形式に向かうときにいつも生じる、ある種の歓喜の声だった。だが、もしこれが何らかの歓喜の機会であったとすれば、それは、十分な賃金を稼がない者たち、あるいは安定した十分な雇用を確保していない者たちは保険医療《ヘルス・ケア》の対象には値しないという信念と、残りの人々がこうした人々に対して責任を負うことはないという信念に支えられていたに違いない。それが明白に含意するのは、保険医療《ヘルス・ケア》に加入しうる仕事を獲得できない者たちは死ぬに値する住民に、最終的には彼ら自身に死の責任がある住民に属している、ということだ。

いまだに名ばかりの社会民主主義の枠組の中で暮らす多くの人々にとって衝撃的だったのは、諸個人は他者に対してではなく自分のことだけに注意を払うべきであり、また、保険医療《ヘルス・ケア》は公共財ではなく商品である、というその根本的な前提である。ポールはこの同じ演説で、恵まれない人々の世話《ケア》をする教会と慈善事業の伝統的な機能を称賛している。この状況に対して、ヨーロッパやその他の場所では幾つかのキリスト教左派のオルタナティヴが出現し、社会福祉の諸形式から見捨てられた人々が「ケア」という博愛的またはコミュニタリアン的実践によって世話《ケア》されることを確保したが、そうしたオルタナティヴはしばしば、保険医療《ヘルス・ケア》のような公共サービスの破壊を補完し、支援している。言い換えれば、彼らは基本的な社会サービスが破壊されることによって生じるキリスト教の倫理と実践（とキリスト教のヘゲモニー）の新しい役割を受け容れているのである。同じようなことは、爆撃、給水制限、オリーブ畑の根絶、確立された灌漑システムの解体によって生活のインフラストラクチャーをめぐる状況が絶えず破壊されるとき、パレスチナでも起きている。この破壊は道路や避難所《シェルター》を再建する非政府組織によって改善されているが、その破壊は止まる所を知らない。ＮＧＯの介入は破壊が続くことを前提としており、また自らの任務を一度の破壊の間にそれらの状況を修復し改善することだと理解している。破壊の任務と（一時的に市場の可能性を拡大することも多い）更新や再建の任務との間には死のリズムが展開しており、そのすべてが占領の常態化を支えている。もちろん、だからといって、家や街路を修理したり、よりよい灌漑やより多くの水を提供したり、破壊されたオリーブの木を植え替えたりすべきではない、あるいはＮＧＯには何の役割もない、と言っているのではない。彼らの役割は決定的に重要である。だが、それにもかかわらず、そうした任務が、その終わりをもたらす占領に対するより徹底した反対に取って代わる場合、彼らの任務は占領を機能させる実践になる危険がある。

ティーパーティのミーティングで生じているサディスティックな歓喜の叫び――保険医療《ヘルス・ケア》にアクセスする方法を獲得できない者たちは当然病にかかり、あるいは事故に苦しみ、そして当然死んでいくだろう、という考えに翻訳できる叫び――についてはどうだろうか。そのような歓喜に満ちた残虐性の諸形式は、どのような経済的、政治的条件の下で現れ、彼らの感情を知らしめるのだろうか。これを死の願望と呼べばよいだろうか。私は、まず何かが大きく間違ってしまった、あるいは長きにわたって間違っていた、という前提から始めている。貧しい者や保険に入っていない者は死に至るという考えがティーパーティ的共和主義支持者から歓喜の叫びを引き出すとき、より冷酷で計算高い基準によって共同の社会的責任の意識を完全に失った経済的リバタリアニズムのナショナリスト的な変種《ヴァリアント》が、残虐さへの喜びに満ちた関係によって助長され、扇動されているように思われる。

新自由主義や更新された政治的、経済的な個人主義のヴァージョンを擁護する者たちの中に「責任」という言葉が広まっているのをよく見かけるが、私が模索しているのは、集会の集団的諸形式に関する思考の文脈において、その意味を反転させ更新することである。自由や責任といった重要な概念を含み、それらの言説的な奪用に直面している倫理の観念を擁護するのは、容易なことではない。というのも、社会サービスの破壊を高く評価する者たちによれば、私たちは各人が自分自身に対してのみ責任を持ち、確かに他者に対して責任を負うことはないのであり、そしてもし、責任が何よりもまず、あらゆる自己充足の見込みを徐々に蝕んでいく状況の中で経済的に自己充足できる責任であるとすれば、そのとき私たちが直面しているのは、容易に人を狂気に駆り立てうる矛盾であることになる。すなわち、私たちは、構造的にその規範を実現することから予め排除《フォアクローズ》されたような主体になるよう、道徳的に強制されているのである。新自由主義の合理性は、道徳的な理想として自己充足を要求し、同時に、新自由主義の権力諸形式は、経済的な次元でその可能性を破壊すべく機能する——住民の全構成員を潜在的または現実的に不安定《プレカリアス》なものとして確立し、自らによる公共空間の統制強化と市場拡大による規制撤廃を正当化すべく不安定性《プレカリティ》という絶えず付きまとう脅威すら用いて。自己充足の規範に従うことができないこと（例えば、保健医療《ヘルス・ケア》の費用を支払うことができない、あるいは民営化されたケアを利用することができない場合など）が証明されるやいなや、潜在的にその人は不必要になる。そしてそのとき、この不必要な者は、個人主義的な責任を要求する政治的道徳性に、あるいは「ケア」の民営化のモデルに基づいて機能する政治的道徳性に委ねられることになる。

　実際、私たちは、多様な住民がますます「不安定化《プレカライゼーション》」と呼ばれるものに服従する生政治的状況の直中にいる。(7) この過程は、通常は統治機構や経済制度によって誘発、再生産され、少しずつ住民を不安と絶望に順応させる。この過程はまた、短期労働や破壊された社会サービス、自己責任という苛烈なイデオロギーの中に構造化されており、また、自分自身の市場価値を生の究極の目的として最大化する義務によって支えられた企業家的諸様態を支持して、社会民主主義の活動的な残党を完全に破壊する、という事態の中に構造化されている。(8) 私の考えでは、不安定化《プレカライゼーション》というこの重要な過程は、ローレン・バラントがその情動理論で示唆したように、不安定性《プレカリティ》を心的現実に変化をもたらすものとして理解することによって補完されねばならない(9)。この過程は、社会にくまなく差別的に配分された消費可能性あるいは使い捨て可能性の感覚の高まりを含意しているのである。人は、自立することへの「責任」の要求に従えば従うほど、ますます社会的に孤立し、ますます不安定《プレカリアス》だと感じることになる。そして、人を支援する社会構造が「経済的」理由のために崩壊するにつれて、ますます自らの増大した不安と「道徳的失敗」の感覚において孤立を感じるようになる。この過程には、自分の将来についての不安の増大と、自分に依存する可能性のある者たちについての不安を含んでいる。またこの過程は、そうした不安に苦しむ者に自己責任の枠組を課し、またその不確かな適性を不可能なそれにしてしまう条件下にあって、自分自身の企業家たれという要求として責任を再定義するのである〔2〕。

かくして、ここで以下のような問いが生じてくる。民衆集会は、この「責任化」という形式の文脈においてどのような機能を果たすのか、また民衆集会は、「責任化」に抗するどんな倫理の形式を具体化し、表現するのか、という問いである。ますます個人化される不安や失敗の感覚を超えて、またそれに抗して、民衆集会は、これが共有されていると同時に不公正な社会的条件である、また、「責任化」に対して明確な倫理的かつ社会的なオルタナティヴを構成する一時的で複数的な共存の形式を行為化している、という洞察を具体化＝身体化する。私が提起したいのは、これらの形式の集会は人民主権の発生期の一時的なヴァージョンとして理解できる、ということである。これらの形式の集会は、デモクラシーの理論と実践において正当化がいかに機能しているのかを想起させるために不可欠なものと見なすこともできる。複数的な存在というこの主張は、決してあらゆる形式の不安定性《プレカリティ》を乗り越えるわけではないが、その行為化を通じて、引き起こされた不安定性《プレカリティ》とその加速化に対する反対を明言するのである。

加速する不安定性《プレカリティ》——剥奪ではないとしても——という条件下にあっても個人は企業家的自己形成を引き受けることができる、という幻想は、生存不可能になった状況下でも人々は自律した仕方で行動できるし、また行動しなくてはならない、という不気味な前提を作り出している。本書の主題は、行動する条件なしに行動する者などいない——たとえ私たちが時に、そうした条件そのものを設定し保持するために行動しなければならないとしても——ということである。そのパラドックスは明白だが、不安定《プレカリアス》な者たちが集合するときに私たちが見て取るのは、行動や生の諸条件を要求する行動の一形式である。何がそのような行動を条件付けているのだろうか。また、そうした歴史的状況における複数的で身体化された行動は、どのように再考されるべきだろうか。

これらの核心的な諸問題に目を向ける前に、まずこの矛盾した命法が他の領域でどのように機能しているのかを考えてみよう。国民《ネイション》に属する「人民」は防衛しなければならない、という主張に基づく軍事化の根拠を考慮すれば、人民の一部だけが防衛可能であり、防衛可能な者たちと防衛不可能な者たちとの間に、住民から人民を差異化する機能的区別が働いている、ということがわかる。不安定性《プレカリティ》は「人民を防衛せよ」というこの命法の直中にその姿を見せる。軍事防衛は、それが標的にする人々だけでなく、それが補充《リクルート》しようとする人々にも不安定性《プレカリティ》を必要とし、それを導入する。少なくとも米軍に徴兵される者たちには技能、訓練、仕事が約束されているが、彼らはしばしば、明確な命令もなく、身体が損なわれ、心的な生に外傷を与えられ、生が破壊されるような紛争地帯に送られる。一方で、彼らは国民《ネイション》の防衛に「不可欠だ」と見なされる。他方で、彼らは必要のない住民に指定される。彼らの死は時に賛美されることもあるが、それでも彼らは常に必要ない存在、つまり、人民の名において犠牲にされるべき人民なのである。(10) 機能的矛盾が作用しているのは明白だ。つまり、国を防衛しようとする身体は、その仕事を行う過程で身体的、精神的にしばしば骨抜きにされるのである。このようにして人民を防衛するという名の下に、国民《ネイション》はその人民の一部を使い捨てにする。「防衛」のために道具化された身体は、それにもかかわらず、その「防衛」を提供する過程で使い捨て可能なのである。そのような身体は、国民《ネイション》を防衛する過程で無防備にされているために、不可欠でありながら同時に必要ない。従って、「人民の防衛」を提供せよという命法は、防衛の任務を負う人々の不必要さと無防備さを必要としている。

もちろん、軍事化反対運動と不安定性《プレカリティ》をめぐる運動を区別し、「ブラック・ライヴズ・マター」運動と公教育の要求を区別するように、様々な種類の抗議活動を区別することは正しい。ただ同時に、戦争で亡くなった人々、基本的なインフラストラクチャーを欠いた人々、路上で不均衡な暴力に曝される人々の不安定性《プレカリティ》であろうと、あるいは返済不能な負債という代償を払って教育を受けようとする人々の不安定性《プレカリティ》であろうと、それらの中には不安定性《プレカリティ》が行き渡っているように思われる。

時として集会は、生、持続、さらに繁栄への権利を持つ生きた身体の名において行われる。同時に、何の抗議であろうと、それはまた暗黙のうちに、警察の暴力や政治的検閲を恐れることなく自由に集い、集会を行うことができるべきだという要求である。従って、不安定性《プレカリティ》と闘い、持続のために闘う身体は数多くのデモの核心をなしているが、それはまた、デモそのものにおいてその価値と自由を明示し、集会の身体化された形式によって政治的なものに対する要求を行為化する、賭けられた身体でもあるのだ。

人民の集団が今も存在し、空間を占拠し、執拗に生きていると主張することは、既に表現的な行動であり、政治的に重要な出来事であって、それは予期せぬ一時的な集会の直中で無言のうちに起こりうることである。そのような複数的な行為化のもう一つの「効果的な」成果は、人民の集団が、状況が共有されているという理解を明言し、まさしく自己充足がますます実現不可能になっている状況下で、経済的な自己充足の道徳規範を作り出す個人化した道徳性に異議を申し立てている、ということである。姿を現すこと、立っていること、呼吸すること、動くこと、静止すること、発言、沈黙、これらはどれも、生存可能な生を政治の最前線に置く、唐突に開かれる集会、予期せぬ形の政治的な行為遂行性のあらゆる側面である。そしてこれは、どの集団もがその要求を固有の政治的発言の中で提示し、説明し始める前に起きているように思われる。一時的な集会は、文書や口頭による発言という議会の流儀の外部で行われ、依然として正義を求めて呼びかけている。ただし、この「呼びかけ」を理解するためには、言語化が表現的な政治行動について考える規範であり続けることが正しいのかどうかを問わなければならない。実際、私たちは、ある種の身体的な行為化によって何がなされ、そして何が行われるのかを理解するために、言語行為を再考する必要がある。すなわち、集合した諸身体は、たとえそれらが黙って立っていようと、私たちは使い捨てにできるわけではないと「語っている」のである。この表現の可能性は、依存と抵抗によって徴し付けられたものとして理解すべき、複数的で身体化された行為遂行性の一部である。そのように集合した者たちは、持続し、その持続の条件への権利を共に主張すべく、一連の生の過程と制度的な過程、インフラストラクチャー的条件に依拠している。その権利は、正義へのより広範な呼びかけの一部であり、黙って集団として立つことによって明確に十分に表明されるであろう呼びかけの一部である。そのように立つことにとってどれほど言葉が重要であろうと、それらの言葉が複数的で身体化された行動の政治的重要性を語り尽くすことはないのである。

集会は、人民意志の一形式を意味しうるし、国家の正当性に不可欠な条件を表明しつつ人民意志「一般」を主張することさえあるのと同様に、諸国家が表面的に享受している人民の支持をメディアの前で誇示するという目的そのもののために、諸国家によって編成されることもある。換言すれば、集会の意味形成的な効果、その正当化の効果は、国家の自己正当化の戦略として「人民的なもの」の伝播を縮小し、枠付けしながら、まさしく編成された行為化と編成されたメディア報道を通じて機能しうる。ある枠組の中で境界画定もしくは生産される正当化の効果を行使するような人民意志など存在しないがゆえに、公的な行為化とメディア・イメージの間で必ず正当化をめぐる闘争が起きるのであり、そのとき、国家に管理されたスペクタクルが、出来事とその重要性を取り上げる携帯電話やソーシャルネットワークとの闘いを繰り広げることになる。警察の行動を撮影することは、国家主導の強制力――集会の自由は今のところのその強制力の下で機能している――を露わにする重要な方法となった。それはどれもイメージの戯れである、という皮肉な結論にたどりつくのは簡単だ。しかし、ここには恐らくはるかに重要な洞察が賭けられている。すなわち、「人民」は、単に彼らの発声された主張によって生み出されるのではなく、彼らの現れの可能性の諸条件によっても、また従って、その視野の中で、そして彼らの行動によって、身体化されたパフォーマンスの一部としても生み出されている、ということである。こうした現れの諸条件には、上演《ステージング》のインフラストラクチャー的条件と共に、集合や共に到来することを視覚的、聴覚的な領野において捉え、伝達する技術的な諸手段も含まれている。彼らが語る内容を示す音、あるいは語られた内容を示す図表的《グラフィック》な記号は、他の手段と同様に公的領域（そして現れの条件としての公的領域の構成）における自己構成の活動にとって重要である。もし人民がパフォーマンス、イメージ、音響、そしてそれらの生産に関わる他のすべての様々なテクノロジーの複雑な相互作用を通じて構成されるとすれば、そのとき「メディア」は単に誰が人民であると主張しているのかを報じているのではなく、人民の定義そのものの中にメディアが参入していることになる。メディアは単にその定義に力を貸し、あるいはそれを可能にするだけではない。メディアは自己構成の素材であり、「私たち」とは誰かをめぐるヘゲモニー闘争の場である。もちろん、私たちが研究しなければならないのは、公式の枠組がライバルのイメージによって解体されたり、一群のイメージが社会の中で和解しがたい分裂を引き起こす場合、あるいは、抵抗に集う人民の数がその規模を削減するはずの枠組を大きく上回ったり、彼らの主張が非市民的なノイズに変容させられる場合などである。そのような集会はデモクラシーそのものと同じものではない。私たちは、ある一つの一時的で過渡的な集会を取り上げて、「それが実際に作動しているデモクラシーだ」と言うこともできないし、私たちがデモクラシーに望むものすべてがそうした瞬間に象徴化され行為化されていると言うこともできない。集会は必然的に一時的であり、そしてその一時性はその批判的な機能と結び付いている。「いや、しかしそうした集会は持続しない」と言って、徒労感に陥る者もいるかもしれない。しかしその喪失感は、「集会はいつでも起こりうる！」という来たるべき何かへの期待によって反論される。そのような集会はデモクラシーの発生期の瞬間あるいは「束の間の」瞬間の一つとして役に立つ(11)。不安定性《プレカリティ》に反対するデモはそれを適切に示す事例と言えよう。

私が『戦争の枠組』で明らかにし始めたように、不安定性《プレカリティ》は単なる実存的な真実——私たちそれぞれが、自分たちには管理できない出来事や過程によって、貧困、侵害、病気、衰弱、あるいは死に服従していること――ではない(12)。私たちは皆、何が起こるのかを知らずに曝されており、また、私たちが知らないということは、私たちが自分たちの生を構成するあらゆる条件を管理しておらず、また管理できないことの徴候である。そうした一般的な真実がどれほど変えられないものであっても、そうした真実は差別的な仕方で生きられている。というのも、職場での侵害への曝され、または不安定な《プレカリアス》社会サービスは、明らかに労働者と失業者に、他の人々よりもはるかに大きな影響を与えるからだ。

一方で、誰もが、生存可能な生を維持するために社会的諸関係や持続的なインフラストラクチャーに依存しているのであり、従って、そうした依存を取り除くことはできない。他方で、そうした依存は服従化の条件と同じではないが、にもかかわらず容易にそうなりうる。人間が、人間を維持し支援するインフラストラクチャー的な生に依存するのは、インフラストラクチャーの組織化が個人の生の持続的感覚――いかに生が持続され、苦痛、生存可能性、あるいは希望と共にあるのか――と密接に結び付いていることを示している。

言い換えるなら、各々すべての人間にとってアクセス可能な仕方で避難所《シェルター》を組織することに社会が失敗することがなければ、誰一人として避難所の欠如に苦しむことはない。また、失業の可能性を予防することに失敗するシステムや政治経済がなければ、誰一人として失業に苦しむことはない。これが意味するのは、社会的、経済的剝奪という私たちの最も可傷的《ヴァルネラブル》な経験の一部において明らかにされるのは、単に私たちの個人としての不安定性《プレカリアスネス》――それが明らかにされるのはもっともだ

——のみならず、社会経済的で政治的な諸制度の失敗と不平等でもある、ということだ。社会的に引き起こされる不安定性《プレカリティ》に対する個人の可傷性《ヴァルネラビリティ》において、各々の「私」が潜在的に知っているのは、いかにその不安と失敗に関する固有の感覚が最初からより広範な社会的世界に関わってきたか、ということだ。これは、連帯《ソリダリティ》＝団結の精神に賛同して、責任という、人を個人化させ、絶望に追いやる形式を解体する可能性をもたらす。連帯《ソリダリティ》＝団結の精神は、相互依存を、すなわち実現可能なインフラストラクチャーや社会的ネットワークへの依存を肯定し、また、引き起こされた不安定性《プレカリティ》に取り組む集団的かつ制度的な方法を考案する過程において即興的形式に道を開くのである。

本書の各章ではまず、民衆集会という即興的な形式の表現的あるいは意味形成的な機能を理解しようと試み、また、何が「民衆」として数えられ、誰が「人民」でありうるのかを問おうと試みる。「表現的」という言葉によって私が述べたいのは、何らかの既に確立された人民の意識が民衆集会の諸形式を通じて表現される、ということではなく、言論の自由とは「表現の自由」と見なされると同様に集会の自由でもある、ということにすぎない。すなわち、政治的意味形成の問題が行為化され、伝達されているのである。この問いは、「不安定性《プレカリティ》は唐突に開かれる集会においてどのように行為化され対抗されるのか」という問いが生じる歴史的時間の中に位置付けられている。そうした集会において相互依存の諸形式が前景化される限り、それら諸形式は、社会的行動や表現の身体化された特徴、すなわち、私たちが身体化され複数的な行為遂行性と理解するものを熟考する機会を与えてくれる。本書を通じて、人間の関係性という倫理的概念が政治的分析を横断し、共生をめぐるハンナ・アーレントの議論と、倫理的要求はある意味で選択する主体の形成に先立ち、慣習的に自由主義的な概念である契約概念に先行する、というレヴィナスの主張において最も顕著な概念となる。

最初の数章では、政治的デモにとっての所属の様態と、場所固有の機会の様態とを前提とした、集会の諸形式に焦点を当てる。それに対して、最後の数章では、地理的あるいは言語的な所属意識を共有していない人々の間で保たれる倫理的義務の諸形式について考究する。最後に、悪い生の中で良い生を送ることはできない、というアドルノの定式化を取り上げながら、人が送るべき「生」は常に社会的な生であり、それは私たちの視点や、位置付けられた倫理的問いかけの一人称的様態を超えたより広範な社会的、経済的、そしてインフラストラクチャー的な世界の中に私たちを巻き込むものである、と提起する。このような理由から私は、諸々の倫理的問いが社会的、経済的問いに常に関与していると論じているのだが、倫理的問いはそれらの関心事によって消え去るわけではない。実際、隅々まで条件付けられた人間の行動という概念そのものが含意しているのは、どのように行動すべきかという基本的な倫理的、政治的問いを発する際に、私たちが暗黙のうちに、その行為を可能にする世界の諸条件、あるいは、行為の諸条件を掘り崩す――不安定性《プレカリティ》の諸条件においてますますそうなっているように――世界の諸条件を参照している、ということである。共に行動するための諸条件が徹底的に破壊され崩壊しているとき、共に行動するとは何を意味するのだろうか。そうした袋小路は、哀悼と歓喜の社会的連帯《ソリダリティ》=団結の形式の逆説的な条件に、強制の下で、あるいは強制の名の下で諸身体によって行為化された集会の逆説的な条件になりうるのであり、そのとき、集会そのものが持続と抵抗を意味するのである。

訳註

［1］ 以下を参照。Achille Mbembe, "Necropolitics," *Public Culture*, vol. 15, no. 1, 2003.

［2］ 「自分自身の企業家」という新自由主義的概念については、以下を参照。Michel Foucault, *La naissance de la biopolitique, Cours au Collège de France*, 1978-1979, Gallimard/Seuil, 2004, Leçon du 14 mars 1979.〔『生政治の誕生――コレージュ・ド・フランス講義 1978-1979年度』、慎改康之訳、筑摩書房、二〇〇八年、一九七九年三月一四日講義〕

第一章　ジェンダー・ポリティクスと現れの権利

もともと私が、このテクストの基礎になった二〇一一年のブリンマー・カレッジでの連続講義に付けた「タイトル」は、「連携する諸身体」だった。それは時宜を得たタイトルだった。私がこのタイトルを思いついたときには、その意味が時を経てどう展開するのかわからなかったが、結果としてそれは別の輪郭と力を担うことになる。そこで私たちは、独裁的支配や経済的不公正を含む様々な問題に異議を申し立て、時には資本主義そのものやその現代的な諸形態に対して挑戦するべく、アメリカ合州国やその他の国々で人々が集合しているように、学術的な場を設定して集合した。また別の場合には、そして可能であればそれと同時に、複数的な政治的存在や勢力だと思われ、またそう聞こえるよう公共の場に集合した。

私たちはこれらの大衆デモを、社会的かつ経済的に引き起こされた不安定性《プレカリティ》の集団的な拒絶と考えるかもしれない。しかしながら、それだけではなく、諸身体が街頭《ストリート》に、広場に、あるいは公共の場所に集うときに私たちが見ているのは、現れの権利、つまり一連のより生存可能な生への身体的要求の行使——それを行為遂行的《パフォーマティヴ》な行使と呼ぶこともできるかもしれない——なのである。

「責任」という考えが新自由主義的な諸目的に奪用されてきたことがどれほど問題含みであろうと、この概念には加速する不平等を批判する決定的な特徴が残っている。新自由主義的な道徳性の中では、私たちは各々が自分自身に責任を負うだけで、他者に責任を負うことはない。また、その責任とは何よりもまず、自己充足が構造的に損なわれた諸条件の中で経済的に自己充足していくことへの責任である。保険医療《ヘルス・ケア》の費用を支払う余裕のない者たちは、使い捨て可能だと見なされる住民のほんの一つのヴァージョンを構成している。そしてまた貧富の差が拡大しているのを見て、自分たちは幾らかの形態のセキュリティと前途の見込みとを失ってしまったのだと考える者たちは皆、自分たちは一般住民を食い物にして明らかに極めて少数の者の富を増大させる政府と政治経済に見捨てられたと理解している。それゆえ、人民が街頭に集うときには、ある含意が明白であるように思われる。すなわち、彼らは今もあちこちに存在している、彼らは存続している、彼らは集合し、そうすることで彼らの状況が共有されているという理解を、あるいはそうした理解の始まりを明示している、ということだ。たとえ彼らが意見を述べていないとき、あるいは交渉の余地がある一連の要求を提示していないときでさえ、正義への呼びかけは行為化されている。つまり、集合した諸身体は、それらがそのとき言葉を使っているかどうかにかかわらず、「私たちは使い捨て可能な存在ではない」と「語っている」のである。言わば、諸身体はこう語っているのだ。「私たちは今もここにおり、存続しており、より大きな正義、不安定性《プレカリティ》からの解放、生存可能な生の可能性を求めている」、と。

もちろん、正義の要求は力強くなされるべきことだ——それはまた直ちに哲学的な問題にあらゆるアクティヴィストを巻き込むことでもある。すなわち、正義とは何か、そして正義の要求がなされ、理解され、取り上げられる手段とは何か、という問いである。諸身体がこのような方法でこのような目的のために集うときに「何の要求もしていない」としばしば言われる理由は、諸々の要求のリストが、要求されている正義の意味を汲み尽くしていないからである。言い換えれば、私たち皆にできるのは、保険医療《ヘルス・ケア》、公教育、住宅、食料の分配と入手可能性の解決策を想像することだけである――すなわち、私たちにできるのは、不公正の明細を複数示し、それらを一連の具体的な要求として提示することである。とはいえ、恐らく正義の要求はそれらの各々の要求の中に存在しているだろうが、必然的にそれらを超出してもいる。これは明らかにプラトン的な主張だが、そうした正義の要求が機能する他の方法を考えるために私たちが〈形相〉理論［＝イデア論］に同意する必要はない。というのも、諸身体が自らの憤りを表現し、公共空間で彼らの複数的な存在を行為化するために集うとき、彼らはまたより広範な要求を行っているからである。すなわち、彼らは承認され、価値を評価されることを要求しており、現れの権利、自由を行使する権利を行使しており、また生存可能な生を要求しているのである。もちろん、そのような主張が主張として登録されるための諸条件が存在しなければならない。また、二〇一四年の夏に起きたミズーリ州ファーガソンの民衆デモを見れば、諸々の形の公的な政治的対立――この場合、非武装の黒人男性マイケル・ブラウンの警察による殺害に対する反対――がどれほどすぐさま「騒乱」や「暴動」と名付け直されたかは容易に理解することができる(1)。国家暴力への反対を目的とした諸集団による協調した行動は、たとえそれらが暴力行為に関与していなくても、こうした事例においては暴力的行動として理解される。そのような抗議が自らの対抗する者たちによってどう名付けられているかに関連して、その抗議が伝えようとする意味作用の形式をどのように理解すればよいのだろうか。これは、その働きを考慮する必要がある、行為化された複数的な行為遂行性《パフォーマティヴィティ》の政治的形式なのだろうか。

私はしばしば、どのようにしてジェンダーの行為遂行性の理論から不安定《プレカリアス》な生の考察へと移行するのか、という質問を受ける。そうした問いは伝記的な答えを求めていることもあるが、やはり理論的な問題でもある——つまり、それら二つの概念が結び付いているとすれば、その結び付きはどのようなものか、という問いである。私はかつてクィア理論やセクシュアル・マイノリティ、ジェンダー・マイノリティの権利に関心を持っていたが、今ではより一般的に、戦争あるいはその他の社会的諸条件がある種の住民を哀悼不可能な者として指定する方法について執筆しているように思われる。『ジェンダー・トラブル』(一九八九年)の幾つかの箇所では、諸個人が行いうるある種の行為はジェンダー諸規範に転覆的な効果を及ぼすだろう、あるいは及ぼしうる、と考えた。現在、私が取り組んでいるのは、使い捨て可能だと見なされた様々なマイノリティあるいは住民の間の連携をめぐる問いである。より具体的に言えば、私が関心を持っているのは、いかにして不安定性《プレカリティ》——それは媒名辞であり、ある意味で媒介する用語である——が、他の手段では多くの共通点を見出せない人々の諸集団や、互いの間に時には不信や敵対さえある人々の間で、連携の場として機能しうるか、あるいは機能しているか、ということだ。たとえ私自身の焦点が変わったとしても、一つの政治的力点は恐らく以前とほぼ同じである。つまり、アイデンティティ・ポリティクスは、時に選択されたのでない近接性の諸様態において、差異を越えて共に生きることが政治的に何を意味するかについて、より広範な概念を提示できていない、ということである——とりわけ、共生が、どれほど困難であれ倫理的かつ政治的命法であり続けるときには。さらに、自由はたいてい他者と共に行使されるのであり、必ずしも統合された仕方あるいは体制順応主義的な仕方で行使されるわけではない。自由は必ずしも集団的なアインデンティティを想定ないし生産するのではなく、支援、紛争、断絶、歓喜、連帯《ソリダリティ》＝団結を含む、一連の授権的で力動的《ダイナミック》な諸関係を想定ないし生産するのである。

私はこの力動性を理解するために、「行為遂行性《パフォーマティヴィティ》」と「不安定性《プレカリティ》」という用語に圧縮された二つの理論領域を吟味するつもりである。その目的は、ジェンダー・マイノリティ、セクシュアル・マイノリティをより一般的に不安定《プレカリアス》な住民と結び付ける連帯の枠組として、現れの権利をいかに考えればよいかを提示することにある。行為遂行性が特徴付けているのは、何よりもまず、発話を生み出すときに何かを発生させる、あるいは何らかの現象をもたらす、その言語的な発話の特徴である。J・L・オースティンはこの用語に責任を負っているが、しかしそれは、とりわけジャック・デリダ、ピエール・ブルデュー、そしてイヴ・コゾフスキー・セジウィックの仕事の中で、数多くの修正と変更を重ねていった。(2) 発話は、それが述べているものを存在させ（発話内行為）、あるいは、発話がなされた帰結として一連の出来事を生じさせる（発話媒介行為）。なぜ人々は、言語行為《スピーチ・アクト》理論というこの比較的曖昧な理論に関心を持つのだろうか。まず第一に、行為遂行性は、新しい状況をもたらす、あるいは一連の効果を作動させる言語の力に名前を与える一つの方法であるように思われる。一般的に神が最初の行為遂行者だと信じられているのは、決して偶然ではない。神が「光あれ」と言うと、突如としてそこに光が現れる。あるいは、宣戦布告する大統領は通例、自らの宣言の結果として戦争が実体化するのを見る。ちょうど、二人の結婚を宣言する判事が通例、正しい法的条件下において、彼らの発話の結果として結婚したカップルを生み出すように。重要な点は、言語が行為するだけでなく、強力に行為することである。それでは、このとき言語行為の行為遂行理論は、いかにしてジェンダーの行為遂行理論になるのだろうか。第一に、通例、産声をあげる幼児に男の子あるいは女の子だと宣告する医学専門家がいて、彼らの発話が騒音で聞こえないとしても、彼らがチェックを入れる項目欄は国家に登録される法的文書上で確実に判読できる。私が主張しているのは、私たちの大部分は、誰かが項目欄にチェックを入れ、それを送付することによって、確立されたジェンダーを持ったということである。もっとも、もちろん場合によっては、とりわけインターセックスという条件にある人々にとっては、項目欄にチェックを入れるのに時間がかかったかもしれず、あるいはそのチェックが何度か消去されたかもしれず、その文書が送付されるまで時間がかかったかもしれないのだが。いずれにせよ、疑いなく、私たちの大多数にジェンダーを創始した図表的《グラフィック》な出来事があった、あるいは恐らく誰かが単純に、「男の子だ」あるいは「女の子だ」と叫んだに違いない（とはいえ、その最初の感嘆符が確実に問いになっていることもある。例えば、男の子が生まれることだけを夢想していた者は、「男の子ですか」と問いかけるだけかもしれない）。あるいは、私たちが養子である場合、私たちを養子にしようと検討する決意をした者はジェンダーの希望欄にチェックを入れなければならず、あるいは養子縁組を進める前に現在の私たちのジェンダーに同意しなければならない。ある意味では、これらはどれも、ジェンダー化された私たちの生の始まりにおける言説的契機に留まっている。そして、私たちの運命を決定する者は、実際にはほぼ一人の人間ではなかった——並外れた言語的力を持った主権権力という考えは、ほとんどの場合、一連のより拡散した複雑な言説的で制度的な権力に置き換えられてきたのである。

それでは、行為遂行性が言語的であると考えられる場合、身体的行為はいかにして行為遂行的になるのだろうか。これは、ジェンダー形成と同時に、大衆デモの行為遂行性を理解するために問わねばならない問いである。ジェンダーの場合、そうした原初的な書き込みと呼びかけは、初めは制御不能な仕方で私たちに影響を与える他者の期待や幻想とともにやってくる。これは諸規範の心理社会的な押し付けであり、諸規範の緩やかな教え込みである。それらは、私たちがほとんど予期できないときに到来し、私たちと共に歩み、私たち自身の応答性の諸形式を活性化し構造化する。それら諸規範は、単に私たちに刻印されるだけでなく、文化機械《カルチャー・マシーン》の数多くの受動的な受取人のように私たちを徴し付け、烙印を押す。諸規範はまた私たちを「生産する」が、それは私たちを存在に導くという意味においてでも、私たちが誰であるかを厳密に決定するという意味においてでもない。むしろ、それら諸規範は、私たちが長い時間をかけて獲得する身体化の生きられた諸様態を告げているのであり、また、まさしくそうした身体化の諸様態そのものが、それら諸規範に異議を申し立て、それらと絶縁する仕方でさえありうるのだ。

そうしたことがいかに極めて明白に生じるかを示す一例は、私たちがジェンダーの割当てという用語を拒絶するときのことだ。実際、私たちは恐らく、自分の見解を言葉にする前に、その拒絶を身体化ないし行為化するだろう。私たちがその拒絶に最初に気付くのは、ジェンダーの割当てによって伝えられた諸規範に従うことへの直感的な拒絶としてである。ある意味では、私たちはジェンダー諸規範を再生産するよう義務付けられているが、その義務に従っているかどうかを監視する警官が業務中に居眠りしていることもある。そして私たちは、自分が指定された道から逸脱していることに気付き、暗闇の中で部分的にそうしながら、次のように自問するのだ。自分は何かの機会に本当に女の子のように行動したのか、あるいは女の子はもうたくさんだというように行動したのか、あるいは十分に男の子のように行動したのか、あるいは男の子らしさは自分がそうであるとされる男の子という存在によってうまく示されているのか、あるいはどういうわけかそうした徴し付けに失敗して、確立された二つのジェンダー・カテゴリーの間で幸せに、あるいはそれほど幸せでもなく暮らしていることに気付くのか、と。徴し付けに失敗する可能性は、常にそのジェンダーの行為化の中にある。事実、ジェンダーとは、徴し付けに失敗することが決定的な特徴であるような行為化なのかもしれない。ジェンダーをめぐる文化的諸規範に対する理想性――幻影的次元ではないとしても――が存在する。また、生育途上の人間たちがそれら諸規範を反覆し、それを適応させようとするときでさえ、彼らもまた確実にそれら諸理想――その多くは互いに衝突する――と身体化における私たちの様々な生きられた努力――そこでは私たち自身の理解と他者の理解が互いにすれ違う――との間の執拗なギャップに気付くことになる。もしジェンダーがまずは他の誰かの諸規範として到来するなら、それは他者によって形成されると同時に私を形成する一部でもあるような幻想として、私たちの中に住まうのである。

だが、ここで私が述べたい要点は、少なくともいくぶん単純なことだ。すなわち、ジェンダーは受け容れられるが、あたかも徴しを負うべく義務付けられた受動的な石板にすぎないかのように単純に私たちの身体に書き込まれるわけではない。むしろ、私たちが最初に行うよう義務付けられているのは、私たちに割り当てられたジェンダーを行為化することであるが、それが含意するのは、様々な種類の呼びかけを通じて伝えられる一連の異他的な幻想によって自覚しないレヴェルで形成される、ということである。ジェンダーは幾度となく行為化されるが、行為化は必ずしもある種の諸規範に従っているわけではなく、規範と必ずしも正確に一致しているわけではない。規範を解読するという問題が存在するのかもしれないが（どのヴァージョンのジェンダーがどんな手段を通じて達成されるのかを伝える、幾つかの対立する要求があるだろう）、しかし、自らの中に不服従の可能性を保持する規範の行為化に関わる何かがあるかもしれない。ジェンダー諸規範は私たちに先行し、私たちに作用する（それがジェンダー諸規範の行為化の一つの意味である）が、私たちはそれら諸規範を再生産するよう義務付けられており、また、私たちが常に意図することなくそれらを再生産し始めるときには、常に何かがうまくいっていない可能性がある（そして、それがジェンダー諸規範の行為化の第二の意味である）。しかしながら、この再生産の過程において、規範の何らかの弱点が明らかにされる。あるいは、別の一連の文化的慣習が介入して、諸規範の領域に、もしくは私たちの行為化の直中に混乱や衝突を生み出し、別の欲望が支配し始め、諸々の形の抵抗が展開し、新しい何かが生じるが、それは必ずしも予期されていたものではない。ジェンダー的呼びかけの明白な目的は、最初期の段階においてさえ、まったく異なった目的の実現に帰着する可能性がある。そうした目的の「転換《ターニング》」は行為化の直中で生じる。つまり、私たちは自分が何か他のことを行っていること、必ずしも誰かが私たちのために念頭に置いていたのではない仕方で行っていることに気付くのである。

ジェンダーに関する権威主義的な言説――若干の例を挙げれば法、医学、精神医学――が存在し、それらは個別のジェンダー化された諸関係の中で人間の生を立ち上げ、それを支援しようとしているが、それらの言説は必ずしも、それらが演じさせるジェンダー言説の諸効果を包含することに成功するわけではない。さらに、それら諸規範の身体的な行為化なしにジェンダー化された諸規範を再生産することはありえないのであり、また、たとえ暫定的であっても諸規範の領域が開かれるときには、規制言説を活動させる諸目的は、その言説が身体的に行為化される際に、必ずしも予見されない帰結を引き起こし、支配的な承認の諸規範に異議を申し立てるジェンダーを生きる方法に余地を与えている。こうして私たちは、トランスジェンダー、ジェンダー・クィア、ブッチ、フェミ、そして男性性や女性性の誇張的あるいは反逆的な諸様態、さらにはこれらあらゆるカテゴリー化された区別に対置されるジェンダー化された生の領域が出現するのをはっきりと見て取ることができるのである。以前、私はジェンダーの行為遂行性の中に非意図的な行為能力《エイジェンシー》の形式を位置付けようとした。この形式は、あらゆる文化、権力、言説の外部にあるわけではないが、重要なことに、その諸関係、その予測不可能な逸れの内部から生じるものであり、それら制度的体制すべて――事前にジェンダーを知り、規範化しようとする育児構造を含む――の主権的目的を混乱させる文化的可能性を確立するものである。

それゆえ、まず第一に、ジェンダーは行為遂行的であると述べることとは、ジェンダーはある種の行為化だと述べることである。ジェンダーの「現れ」はしばしば、その内的あるいは生得的な真理の徴しであると誤解されている。ジェンダーは、私たちが（通常は厳密に二元的な枠組の内部の）一つのジェンダーあるいは他のジェンダーになるよう要求する強制的な諸規範によって誘発されている。ジェンダーの再生産はこのように、常に権力との交渉である。そして最後に、ジェンダーが反復される行為化の過程において予期せぬ仕方で諸規範を取り消すあるいはやり直す危険を冒し、新しい輪郭に沿ってジェンダー化された現実を作り直していく可能性を切り開くようなこの諸規範の再生産なしに、ジェンダーは存在しない。この分析の政治的願望は、そして恐らくはその規範的目的は、ジェンダー・マイノリティ、セクシュアル・マイノリティの生をより可能でより生存可能なものになるようにすることである――規範に従わないジェンダーであれ、（高い代償を払って）過度に規範に従うジェンダーであれ、そうしたジェンダーを持った諸身体が、公的及び私的空間において、またそうした二つの空間を横断し混交するすべての領域において、より自由に呼吸し移動できるようになるために。もちろん、私が定式化したジェンダーの行為遂行性の理論は決して、どのジェンダーのパフォーマンスが正しい、あるいはより転覆的だと、また、どのジェンダーのパフォーマンスが誤りで、反動的だと指示するものではなかった。たとえ私が、ある種のジェンダー・パフォーマンスの公共空間への侵入――警察による乱暴、ハラスメント、有罪化、病理化から自由な――を明らかに高く評価したときでさえ、そう指示することはなかった。重要なのはまさしく、より生存可能な生を送るために、ジェンダー化された生に対する諸規範の強制的な支配を緩和することであり、それはあらゆる諸規範を超越ないし撤廃することと同じではない。このより生存可能な生とは、それが規範性の形式であるという意味においてではなく、あるべき世界の視点を代表するという意味においてのみ、規範的な視点なのである。実際、あるべき世界とは、規範性からの切断を保護しなければならず、規範性を断ち切る人々を支援し、肯定しなければならない。

　恐らく、不安定性《プレカリティ》がこの図式の中で常にどのような位置を占めてきたのかを理解することは可能だろう。というのも、ジェンダーの行為遂行性は、こう言ってよければ、ジェンダー・マイノリティ、セクシュアル・マイノリティ（場合によってはまた、心的かつ身体的にかなり高い代償を払って規範的な存在として「通して《パス》」きたジェンダー・マジョリティ）が生きる生存不可能な諸条件に反対する理論であり実践であったからだ。「不安定性《プレカリティ》」が指示するのは、ある種の住民が他の住民よりも社会的、経済的な支援のネットワークから脱落して苦境に陥り、差別的な仕方で侵害、暴力、そして死に曝されるような、政治的に誘発された条件である。従って、前述したように、不安定性《プレカリティ》とは不安定性《プレカリアスネス》を差別的に配分することである。差別的に曝された住民は、適切な保護や救済がなければ、病気、貧困、飢餓、立ち退きの、そして暴力への可傷性《ヴァルネラビリティ》の、高いリスクに苦しむことになる。

不安定性《プレカリティ》はまた、恣意的な国家の暴力、街頭あるいは家庭での暴力に曝された住民の、あるいは国家よって行為化されたのではないが、国家の司法手段が十分な保護や救済を提供できないようなその他の諸形式に曝された住民の、政治的に誘発された、最大化された可傷性と曝されの条件を特徴付けている。従って、不安定性《プレカリティ》という用語を使うことによって私たちが言及しているのは、飢えている人々やほとんど飢餓に近い人々、食料源が届く日もあるが翌日には届かない、あるいは注意深く配給される人々――イスラエル国家がガザに暮らすパレスチナ人が生き残るのにどのくらいの食料が必要なのかを決めるのに見られるように――、あるいはグローバルには数多く存在する、一時的な住居の事例、あるいは住居を失った事例についてなのかもしれない。私たちはまた、街頭の暴力や警察のハラスメントから身を守らなければならない、トランスジェンダーのセックス・ワーカーについて語っているのかもしれない。これらは同じ集団のときもあれば、異なる集団のときもある。しかし、彼らが同じ住民の一部であるとき、たとえこの絆を認めたくないとしても、彼らは不安定性《プレカリティ》への突然のあるいは長期化された服従によって結び付けられているのである。

このようにして、不安定性《プレカリティ》は恐らく明白に、直接的にジェンダー諸規範と結び付いている。というのも私たちは、理解可能な仕方でジェンダーを生きていない人々がハラスメント、病理化、暴力の高いリスクに曝されることを知っているからである。ジェンダー諸規範は、私たちがいかに、どのような仕方で公共空間に現れることができるのか、公的なものと私的なものがいかに、どのような仕方で区別されるのか、そしてその区別はどのように性の政治の道具として利用されるのか、ということと大いに関係している。公的な現れを基礎として誰が犯罪化されるのかを問うことで、私が意味するのは、誰が犯罪者として扱われ、犯罪者として生産されるのかということである（それは、ある種のジェンダー諸規範や性的実践の表明を差別する法体系によって犯罪者と名指されることと、必ずしも同じではない）。誰が法によって、あるいはさらに具体的に言えば警察によって、街頭、仕事中、あるいは自宅で――法体系や宗教的諸制度によって――保護されないのか。誰が警察の暴力の対象になるのか。誰の侵害の申し立てが拒絶され、誰が魅惑の対象や消費者の快楽の対象になると同時に、誰がスティグマ化され、権利を剝奪されるのか。誰が法の下で医療給付を手にするのか。誰の親密な関係や親族関係が法の下で承認され、あるいは法によって犯罪化されるのか。あるいは誰が、一五マイル［＝二四キロ］の移動空間の中で、自分が新しい諸権利の主体もしくは犯罪者になっていることに気付くのか。多くの関係性（婚姻関係、親子関係）の法的地位は、人がどの司法権の下にあるのか、法廷は宗教的なのか世俗的なのか、競合する法体系間の緊張は人が現れるときに解決されるのか、といった点に依拠しながら、極めて根本的に変化している。

承認の問題は重要な問題である。というのも、あらゆる人間主体は平等に承認されるべきだと信じていると述べるとき、私たちが想定しているのは、あらゆる人間主体は平等に承認可能だということだからだ。だが、高度に統制された現れの領域が全員の参入を認めず、多くの人々が現れないことを期待される、あるいは現れることが法的に禁じられる領域を必要としているとしたらどうだろうか。ある種の存在のみが承認可能な主体として現れることができ、他の主体が現れることができないような仕方でその領域が規制されるのはなぜなのだろうか。実際、ある仕方で現れ別の仕方で現れないよう要求する強制的な現れの要求は、現れの前提条件として機能している。そして、これが意味するのは、承認可能な地位を獲得する手段となる規範ないし諸規範を身体化することは、他者に対するある種の承認の諸規範を認め、再生産し、そうして承認可能なものの領域を制約する方法である、ということだ。

これは確かに、動物の権利運動によって提起された問いである。というのも、人間主体だけが承認され、人間以外の生き物が承認されないのはなぜなのだろうか。人間が承認を獲得する行為は、他の動物の生から間違いなく分離されうる人間の特徴のみを、暗黙のうちに選び出しているのだろうか。こうした形の承認が持つ慢心は、それ自体暗礁に乗り上げている。というのも、人間が動物的な存在から何らかの形で分離されている場合、そのように際立った人間は実際に承認可能なのだろうか。それはどのように見えるのだろうか。そうした問いは、関連する次のような問いと結び付いており、またそれによって混乱させられている。すなわち、どの人間が人間として数えられるのか。どの人間が現れの領域の中で承認されるのに相応しく、どの人間がそうでないのか。例えば、どのようなレイシズムの諸規範が、人間として承認可能な人々とそうでない人々を区別すべく機能しているのか。――これらの問いは、歴史的に確立されたレイシズムの諸形式が黒人性《ブラックネス》の動物的構築に依拠しているとき、いっそう関連しあうことになる。どの人間が人間として承認され、どの人間がそうでないのか、と問うことができるという事実そのものが、支配的な諸規範に従って承認不可能なままにされた人間の領域が存在することを意味しているが、そうした領域は明白に、知の反ヘゲモニー的諸形式によって切り開かれた認識論的領域の中では承認可能なのである。一方で、これが矛盾しているのは明らかである。人間のある集団は人間として承認され、人間のもう一つの集団は人間であるが人間として承認されないのだから。恐らく、そのような文章を書く人々は、どちらの集団も等しく人間であるが、もう一つの集団はそうではないと考えている。この第二の集団は、何が人間を構成するのかをめぐる判断基準に依然として固執している――たとえその判断基準が明白に主題化されたことはないものであるとしても。この第二の集団が人間についてのそうした見解を支持する議論を展開しようとすれば、ある困難に陥るだろう。なぜなら、ある集団が人間であり、範例的な仕方で人間でありさえするという主張は、人間であるように見える誰もが人間であると判断しうるための基準を導入することを意味するからだ。そして、第二の集団によって表明される判断基準は、それが真理であるために必要とする合意を確保することに失敗するだろう。そのような判断基準は非人間的人間という領域を前提としており、それが擁護しようとする人間の範例《パラダイム》から差異化されるために非人間的人間という領域に依拠している。これはもちろん人々を狂気に駆り立てるたぐいの思考であり、そのことは正しいように思われる。承認されるべき人々と承認されるべきでない人々との間で絶えず差異化＝差別化を行う承認の諸規範によって導かれるこの断絶をまさしく明らかにするためには、人は理性的言語を間違った仕方で使わなければならず、また論理の誤りを犯すことさえしなければならない。私たちは残酷かつ興味深い葛藤に陥っている。その葛藤とはすなわち、人間として承認されない人間は人間ではなく、それゆえ彼らが人間であるかのように彼らに言及すべきではない、というものだ。私たちはこの葛藤を、あからさまなレイシズムの主要な定式化として捉えることができるが、それは自らの規範を課すときにさえその矛盾を示している。私たちは、ジェンダー諸規範が心理社会的な幻想――それは私たち自身を作る最初のものではない――を通じて伝えられている、と理解しなければならないのと同程度に、人間に関する諸規範が、人間を区別することによって、あるいは意のままに非人間の領域を拡張することによって、ある種のヴァージョンの人間を他のヴァージョンの人間に対して規範化しようとする権力の諸様態によって形成されている、と理解することができる。これら諸規範がどのように設定され規範化されているのかを問うことは、規範を当然視せず、またそれがどのように、誰を犠牲にすることで設定され行為化されてきたのかを問い損ねることのない過程の始まりである。自らが身体化するよう期待された規範を通じて消去され、あるいは価値を下げられた人々にとって、闘争は承認可能性を求める身体化された闘争となり、存在すること、問題であることを求める公的な主張となる。従って、承認の諸規範への批判的アプローチを通じてのみ、私たちはレイシズムや人間中心主義の諸形式を支持するそれらの悪意に満ちた論理形式を解体し始めることができる。そして、私たちが消去される時と場所で現れの形式を執拗に主張することを通じてのみ、現れの領域は新たな仕方で開始され、切り開かれるのである。

この種の批判理論は絶えず、一連の言語的葛藤に悩まされている。その葛藤とは、ヘゲモニー的言説の内部に「主体」として現れない、また現れえない者たちをどう呼ぶのか、というものだ。一つの明確な回答は、問いを次のように再提示することだ。排除された者たちは自らを何と呼ぶのか。彼らはどのように、どのような慣習を通じて現れ、また当然視される論理的図式を通じて作用している支配的な諸言説へのどのような影響とともに現れるのか、と。ジェンダーは、人間の規範的構築と闘うあらゆる形式の存在の範例《パラダイム》としては機能しえないが、権力、行為能力、抵抗について考えるための出発点を提示することはできる。もし、誰が承認可能、「判別可能」で誰がそうでないかを条件付ける性的諸規範、ジェンダー諸規範が存在することを受け容れるならば、私たちは次のことを理解できるようになる。すなわち、いかに「判別不可能な」者たちが、互いに判別可能になる諸形式を発展させながら、集団として形成されうるのか、いかに彼らが、現存するジェンダーの暴力の差別的な諸形式に曝されているのか、そして、いかにこの共に曝されるということが抵抗の基盤になりうるのか、ということを。

例えば、彼らが否認され、あるいはまったく承認不可能なままに留まっていることを理解するためには、いかに彼らが思考、身体化、さらに個性の諸規範の限界に存在しているのか——そしてそこに存在し続けているのか——を理解する必要がある。まさしく欲望、指向、性行為、そして快楽についていかに思考するかを決定する強力な論理によって彼らが判別可能になることを許されないがゆえに、適切な語彙が存在しないような、セクシュアリティの諸形式が存在するのだろうか。思考可能なものを制限するだけでなくジェンダー不一致的な生の思考可能性を制限する諸規範を明るみに出すために、私たちの既存の語彙を再考するよう、あるいは、価値を下げられた名前や諸々の形の呼びかけを再評価するよう要請する批判的要求は存在しないのだろうか。

　ジェンダーの行為遂行性は、ジェンダーが現れる現れの領域、そしてそのような仕方でジェンダーがその内部で姿を現す承認可能性の図式を前提としている。また、現れの領域はそれ自体ヒエラルキー的で排他的な承認の諸規範によって統制されているので、ジェンダーの行為遂行性は、諸主体を承認されるに相応しいものにする差別的な手段と結び付いている。ジェンダーを承認することは、そのジェンダーを提示する様態が存在するかどうか、その現れの条件が存在するかどうかに根本的に依拠している。私たちはこれを、その媒介《メディア》ないしその提示の様態と呼ぶことができる。これが本当であるのと同程度にまた、ジェンダーが、既存の諸規範と決別し、予期せぬ文化的遺産から諸規範を取り込むことで、確立された現れの諸条件を利用、改変し、さらにはそれと決別するといった仕方で現れうる、ということも本当である。どのジェンダーが現れることができ、どのジェンダーが現れることができないかを諸規範が決定しているように見えるときでさえ、それら諸規範はまた、現れの領域を管理することに失敗し、実効的な全体主義的権力というより不在のあるいは誤りやすい警察のように機能する。さらに、承認についてより慎重に考慮するならば、私たちは次のように問わねばならない。完全な承認と部分的な承認を区別する方法は存在するのか、さらには承認と否認を区別する方法は存在するのか、と。ジェンダーを承認することは極めてしばしば規範とのある種の身体的一致の承認を伴っており、また諸規範はある程度、決して完全には住まうことができない諸理想から構成されている、という点を考慮すれば、後者の区別が極めて重要であることがわかる。それゆえ、ジェンダーを承認する際に人が認めているのは、統制された理想――その完全な身体化は疑いなく、動物的な生の幾らかの次元を間違いなく犠牲にするだろう――の中に住まおうとする一種の努力の軌跡である。もし私たちのいずれかがきっぱりと規範的な理想に「なる」とすれば、そのとき私たちは、あらゆる努力、あらゆる矛盾、あらゆる複雑さを乗り越えたことになるのであり、言い換えれば、生きているということのある極めて重要な次元を喪失したことになる。過剰に規範的なジェンダーは、幾らかの生物を見捨てることができる。しかし、時に「過剰」こそが、熟慮、固執、快楽を伴い、適切さの感覚を伴った構成的な失敗によって、またそれに抗して機能することがある。従ってそれは、支持に値するトランスジェンダーの生の新しい様態を創造する方法になりうるのである。しかし別の場合には、自分自身がそうだと感じるジェンダーがそれに基づいて承認されるジェンダーとなるよう、また適切さが生存可能な生の前提条件となるよう、そうしたギャップを縮める方法が存在する。ジェンダーの理想は罠ではなく、望ましい生き方であり、承認を要求し、承認に値する適切さの感覚を身体化する方法なのである。

たとえ完全な身体化と完全な承認と呼ばれるものが何らかの幻想――私たちの存在の生の特徴を私たちから奪うようなある種の理想に、私たちを縛りつけようと脅すもの――であるとしても、その種のどんな幻想もなしで生きていくことができるのだろうか。生存可能な生は、ジェンダーの身体感覚を生きよ、そして世界で自由に生きる存在方法を認めないような制限から逃れよ、という要求から生じうる。承認を根本的に奪われることは、存在と存続の可能性そのものを脅かす。(3) ともかくも主体であるためにはまず、承認を左右するある種の諸規範、私たちが決して選択したことのない諸規範、そして、私たちに到達する道を見出し、その構造化し活性化する文化的な力によって私たちを包み込んだ諸規範と共存する方法を見出す必要がある。そして、私たちに割り当てられたジェンダーやセクシュアリティの諸規範の中に自分の道を見出せない場合、あるいは極めて困難な道しか見出せない場合、私たちは承認可能性の限界に位置することが意味するものに曝されていることになる。この状況は、環境に応じて、恐ろしくもあり、愉快でもありうる。そのような限界に存在することは、まさしく生存可能性、私たちが存続の社会的、存在論的諸条件と呼ぶものが疑問に付されていることを意味する。それはまた、私たちが、生きることを可能にする諸関係を発展させるための出発点にいることを意味してもいる。

ある種の自由主義的な言説の中では、諸主体は既存の法の前に到来して、法的諸関係の中で承認を求めるような存在として考えられている。だが、何が法の前に到来することを可能にするのか（確かにカフカ的問いである）。人は「法に」接近するか「法の前に」立たなければならないように思われるし、あるいは何らかの形で「法に」参入し「法の前に」現れなければならないように思われる。被告に裁判を受ける覚悟をさせることは、承認を手に入れるチャンスのある主体を生み出すことである。これはしばしば、人種的諸規範に従うこと、あるいは自分自身を「ポスト人種的なもの」として生み出すことを意味する。「法」は、被告が法廷に入る前に既に機能している。それは、誰が見られ、聞かれ、承認されうるのかを確定する現れの領域を統制的に構造化する形式を取る。

法的領域は政治的領域と重なっているのだ。労働ビザあるいは市民権を望み、まさしく「法的になろう」とする努力そのものが犯罪活動だと見なされる、滞在許可書のない《アンドキュメンテッド》労働者の状況について考えてみるだけでよい。弁護士に助言を求めること自体が、滞在許可書のない労働者を拘留と国外退去に曝しうる行為なのである。正しい「現れの条件」を見出すことは複雑な問題である。というのも、それは単に、身体がいかに自分自身を法廷の前に提示するかという問題ではなく、法廷への現れに導くかもしれない行列の中にいかに場を獲得するかという問題であるからだ。

ここ数年の、滞在許可書のない労働者による大衆デモの高まりは、政治的かつ経済的な過程（そして公的サービスを売り払う政府と新自由主義経済との特有の結託）によって見捨てられた人々によるデモの動機と関係しているのかもしれない。そうした住民による現れの領域への侵入は、承認される権利、生存可能な生に相応しい権利について一連の主張を行うことかもしれないが、それはまた、ラジオ放送であれ、広場における集会《アセンブリ》であれ、都心の大通りにおけるデモ行進であれ、あるいは大都市の周縁における蜂起であれ、公的領域への権利を主張する方法でもあるのだ。

権利を剝奪された人々が人間のコミュニティの拡張的概念の中に適切な場を与えられるよう、私が嘆願しているように見えるかもしれない。私のここでの努力を要約しているわけではないが、ある意味ではそうだろう。もしこのプロジェクトの規範的な軌跡がそうした主張に限定されるならば、私たちは、人間がいかに差別的に生み出されているのか、そして誰を犠牲にして生み出されているのかを理解できないだろう。犠牲を引き受ける人々、あるいは実際、人間の犠牲、その拒絶あるいは残骸「である」人々はまさしく、個人主義の偏狭な考え方を乗り越え、集団主義の強制的諸形式にも飲み込まれないような自由の諸形式に固執し、それを行使する試みにおいて、予期せぬ形で互いに連携していることに時として気付くことになる人々である。

人間に関する規範がいかに構築され、維持されるかについて批判的に考える際に必要なのは、私たちがその諸関係の外部に位置することである——単に非人間、さらには反人間の名の下にではなく、むしろ、生の人間的諸形式に還元不可能で、人間本性ないし人間個人に関するいかなるお決まりの定義によっても十分に取り組まれることのない社会性と相互依存の形式において。人間的生において生きるとは何かについて語ることは、人間的な生き方が既に生の非人間的様態と結び付いていることを認めることである。実際、非人間的生とのつながりは、私たちが人間的生と呼ぶものにとって不可欠である。ヘーゲル的用語で述べるなら次のようになる。もし人間的なものが非人間的なものなしでは人間的なものでありえないとすれば、そのとき、非人間的なものは人間的なものにとって不可欠《エッセンシャル》であるだけでなく、人間的なものの本質《エッセンス》として設定されている。これこそレイシストが、最終的には彼らが否定することのできない人間性を保持した人々への憎悪に絶望的に依拠する一つの理由である。

重要なのは、人間以外のもの、あるいは非人間的なものという名の下に私たち皆が集うような諸関係を、単に転倒することではない。また確かに、集合するあるいは抵抗する能力を持たない「剝き出しの生」として排除された者の地位を受け容れることではない。むしろ私たちは、「人間的生」――そこにおいて「人間的」と「生」という構成要素が互いに完全に一致することはない――という新しい思考においてのみ明白なパラドックスを心に留めることから始めるだろう。言い換えれば、たとえそれが一つの用語として、時折互いに反発しあう、あるいは異なる方向に働く二つの語を包含しようとするとしても、私たちはこの用語を手放してはならない。人間的生は決して生の全体ではなく、それが依拠するすべての生の過程を名指すことはできない。また、生は人間の唯一規定的な特徴ではありえない。それゆえ、私たちが人間的生と呼びうるものはどれも、必然的にこの緊張関係との交渉から構成されている。恐らく、人間的なものとは、生き物の中の生き物であることから、また私たちを超えた生の諸形式の直中において生き物であることから生じるこの交渉そのものに、私たちが与える名称である。

相互依存性のある種の諸形式を明言して提示する諸々の方法は、現れの領域そのものを変容させるチャンスである、というのが私の仮説である。倫理的に考えると、一連の結束と連携を見出して築き上げ、相互依存性を平等価値の原理に結び付ける方法が存在しなければならず、承認可能性を差別的に配分する諸力に抗する仕方で、あるいはその当然視された機能を混乱させる仕方でこれを行う方法が存在しなければならない。というのも、いったん生が等しく価値があり相互依存的なものとして理解されれば、ある種の倫理的定式が帰結することになるからだ。『戦争の枠組』において私が示唆したのは、たとえ私の生が戦争によって破壊されないとしても、他者の生と生の過程が戦争で破壊されるときには、私の生の何かが戦争で破壊される、ということである。(4) これはどのように帰結するのか。私を超えた生の一部として理解される私以外の様々な生は私が誰であるかの条件であるがゆえに、私の生は生について独占的な主張をすることはできず、私自身の生は他のすべての生ではないし、他のすべての生ではありえない。換言すれば、生きていることは既に、私自身を超えているだけでなく、私の人間性を超えて生きているものと結び付いていることであり、いかなる自己もいかなる人間も、人間的動物の領域を超える生の生物学的ネットワークとのこのつながりなしで生きることはできない。価値ある構築された環境と支持的インフラストラクチャーを破壊することは、理想的には生存可能な仕方で生を組織し維持すべきものを破壊することである。水道水は端的な事例だろう。これは、人々が戦争に反対する際に、他の人間の生の破壊（実際に破壊しているのだが）に反対するだけでなく、環境汚染や生物界へのより一般的な攻撃に反対する一つの理由である。それは、依存的な人間は有害な土壌の上で生存できない、というだけでなく、土壌を汚染する人間は、共有の世界――「自分自身の」生の見通しが他の全員のそれと常に結び付いているような世界――における彼あるいは彼女自身の生存可能性の見通しを掘り崩している、ということなのである。

行為能力《エイジェンティック》のある生物としての人間――他者や生の過程への依拠が行動能力そのものの源泉となっているような生物――が出現するのは、生物界の文脈においてのみである。生きることと行為することは共に、誰もが生きることを可能にする諸条件が政治的な省察や行動の対象そのものの一部となるような仕方で、結び付いている。私はどう生きるべきかという倫理的な問い、あるいは、私たちはどう共に生きるべきかという政治的な問いは、そうした問いを有意義に考えることを可能にする生の組織化に依拠している。従って、何が生存可能な生を生み出すのかという問いは、私が生きるのはいかなる種類の生なのかという問いに先立つものである。それが意味するのは、生政治的なものと呼ばれているものが、私たちが生について提起する規範的な問いを条件付けている、ということだ。

私はこれを、ハンナ・アーレントのような政治哲学者への重要な批判的応答だと考えている。アーレントは『人間の条件』の中で、独立した行動の領域としての公的領域と、依存と非行動の領域としての私的領域を断固として区別している。私たちは私的なものから公的なものへの移行についてどう考えるべきだろうか。また、私たちが確立された公的領域の中で自立した行為者として現れているときでさえ、私たちの誰が依存の領域を「背後に」置き去りにしているだろうか。行動が独立したものとして定義され、依存との根本的な違いを含意する場合、行為者としての私たちの自己理解は、私たちの生が依拠している生とその相互依存関係の否認に基づいている。私たちがエコロジー、家事の政治、保険医療《ヘルス・ケア》、住宅、グローバルな食糧政治、非軍事化の重要性を確立しようとする政治的行為者であれば、そのとき、私たちの活動を支える人間的で動物的な生をめぐる考えは、行為と相互依存性の間の分裂を克服するものになると思われる。私たちは皆、私たちの持続や繁栄を保証する相互依存性の諸条件を認識する生き物としてのみ、存在の社会的諸条件そのものが経済的、政治的攻撃の対象になる時代の中で、それら重要な政治的目標を実現すべく闘争することができるのである。

政治的な行為遂行性にとっての含意は重要だと思われる。行為遂行性が行為能力を含意する場合、行為能力の生的、社会的諸条件とは何だろうか。行為能力が発言に特有の力であり、また言語行為が政治的行動のモデルである、ということはありえない。『人間の条件』におけるアーレントのこうした前提は、身体は言語行為に参入せず、言語行為は思考と判断の様式と理解される、と想定している。言語行為が範例的な政治的行動として認める公的領域は、彼女の見解では、私的領域、女、奴隷、子供、そして働くには高齢のもしくは衰弱した人々の領域からは既に切り離されたものである。ある意味では、そうした住民は皆、存在の身体的な形式――その働きの「一時性」によって特徴付けられ、文化的作品の制作や語られた行為を含む真の行為と対比されるもの――と結び付けて考えられている。『人間の条件』における身体と精神の暗黙の区別は、しばらくの間、フェミニズム理論家の批判的な注目を集めてきた。(5) 重要なことは、私的領域に属する、異質で非熟練の女性化された身体というこの見解が、語る男性市民（恐らく誰かに養われ、どこかに住居《シェルター》を持ち、食物や住居《シェルター》は権利を剝奪された何らかの住民などによって何らかの定期的な仕方で世話をされている）の可能性の条件である、ということだ。

公正を期すために言うと、『革命について』の中でアーレントは、革命とは身体化されることだと述べている。彼女は、「流れるように街頭に繰り出した貧者」に言及しつつ、「不可抗力的な」何かが貧者を動機付け、またこの「不可抗力性は、「革命」という言葉の本来の意味と非常に密接に結び付いており、この貧者の流れの中に身体化されている」と述べている。だが、すぐに彼女は、この「不可抗力性という要素」を「私たちが自然的過程に帰している必然」と結び付ける。「というのも、私たち人間が、有機体として必然的で不可抗力的な過程に従属しているという意味で、必然性を経験しているからだ」。貧者が街頭に繰り出すとき、彼らは必然性から、飢えから、必要から行動し、また彼らは「〔生命の必然性からの〕このような解放を、〔……〕暴力によって成し遂げた」。その帰結として彼女はこう語る。「人々が真に自由でありうる唯一の領域、すなわち政治的領域に、必然性が侵入した」と。(6) 飢餓によって動機付けられた政治運動は、自由ではなく必然性によって動機付けられていると理解されており、それが求める解放の形式は自由ではなく、生の必然性から解放されるための不可能で暴力的な努力である。そこから帰結するように思われるのは次の点だ。貧者の社会運動は、貧者を貧窮からではなく必然から解放しようとしているのであり、またアーレントが明確に述べているように、生の必然性が既に世話されている男たちの暴力は、貧者によってなされる暴力より「恐ろしくない」。アーレントの考えによれば、「今日、政治的手段によって人類を貧困から解放しようとすること以上に時代遅れなものはない、と言えるだろう」(7)。「解放」と「自由」の間には機能的な区別が存在する――それが含意するのは、解放運動は決して「真の」ものとは言えない自由の感覚によって機能している、ということだ――だけでなく、政治的領域もまた経済的必然性の領域とは断固として区別されている。アーレントにとって、必然性に依拠して行動する者たちは身体に依拠して行動するが、必然性は決して自由の形式にはなりえず（両者は正反対である）、自由は健康で、飢えていない者たちによってのみ達成されうる、ということのようだ。だが、ある者が飢え、怒り、自由で、そして理性的である、という可能性についてはどうだろうか。また、食料配給の不平等を克服するための政治運動が公正で公平な政治運動である、という可能性についてはどうだろうか。もし身体が必然性のレヴェルに留まるならば、そのとき、自由をめぐるいかなる政治的説明も身体化されたものではありえないように思われる。

リンダ・ゼリーリの見事な議論によれば、必然性の領域としての身体へのアーレントの言及は、はかなさ＝一時性［transience］というリズム形式——人間の工作物が世界に参入し、この世を去る、という事実——を徴し付けるためのものであり、そして、死すべき運命というこの事実が、人間の制作（ポイエーシス）と実践（プラクシス）の形式に影を落としている[8]。私たちが繰り返される容赦なき身体の死と理解しているものは、人間の行動によって解決されたり緩和されたりすることはない。自由そのものを喪失することなく、「必然」と見なされる「身体化された実存から逃れること」はできないのである。自由には、必然性とのこうした和解が必要である。この定式化は、「身体化された行動」が「必然性」と同一視される限りにおいて理に適っているが、自由が身体化される場合、その定式は過度に広範なものになってしまう。死を克服することができる人間の行動形式を追求することは、それ自体不可能かつ危険であり、私たちを生の不安定性《プレカリアスネス》の感覚からよりいっそう遠ざけてしまう。こうした観点において、身体は、謙虚さの原理と、あらゆる人間の行動に不可欠な限界の感覚を課しているのである。

しかしながら、不安定性《プレカリティ》の人口への不平等な配分という観点からこの問いに接近するなら、そのとき私たちは次のように問わねばならないだろう。誰の生がより容易に切り詰められるのか。誰の生がより大きなはかなさと早世の感覚に陥っているのか。死へと差別的に曝されているという事態はどのように管理されているのか。言い換えれば、私たちははかなさや死すべき運命について考えるとき、既に政治的なものの中にいるのである。それは、公正な世界の中では死すべき運命は存在しないだろう、という意味ではない！　そういう意味ではまったくない。それが意味しているのはただ、平等と正義への取り組みは、しばしば組織的レイシズムないし計画的遺棄の結果として服従化された人々や不安定《プレカリアス》な人々の生を現在特徴付けている、死と臨終への差別的な曝されにあらゆる制度的な次元で取り組むことを必要とする、ということである。ルース・ギルモアのレイシズムに関する今や有名な記述は、最も明確に要点を指摘している。「とりわけレイシズムは、時期尚早の死への集団的に差別化された曝され＝可傷性《ヴァルネラビリティ》を、国家が容認した、あるいは超法規的な仕方で生産し、搾取することである(9)」。

　こうした明白な限界にもかかわらず、アーレントは、まさに「ブラック・ライヴズ・マター」という名の下でのデモのような現れの空間を確立ないし再確立するために、集会や集合がいかに機能しているのかを理解する端緒を与えてくれる。というのも、身体の死すべき運命が純粋に前政治的な生の条件であると認めることはできないとしても、私たちは彼女の著作の中に、複数的な人間行動の身体化された特徴を理解する幾つかの重要な方法を見出すことができるからである。恐らくここでの一つの目的は、アーレントによるこれらの区分を再考し、身体、あるいはむしろ協調した身体的行動――集合すること、身振りで示すこと、黙って立っていること、口頭の発言にすぐさま同化されることのない「集会」のあらゆる構成要素――が自由と平等の原理を意味しうると示すことである。

私は、ハンナ・アーレントが提示した身体の政治の幾つかの次元を批判しつつも、[10]権利なき人々の権利の問いをめぐる彼女のテクスト「国民国家の没落と人権の終焉」に注目したい。[11]無国籍者でさえ「諸権利を持つ権利」を持つ、というアーレントの主張は、ボニー・ホーニッグらが巧みに論じてきたように、それ自体が一種の行為遂行性の行使である。アーレントは彼女の主張そのものを通じて諸権利を持つ権利を確立しており、この主張の根拠は主張そのものの外部にはない。また、その主張は純粋に言語的なものと理解されることもあるが、その主張が身体的動作、集会、行動、そして抵抗を通じて行為化されることは明らかである。二〇〇六年に、滞在許可書を持たないメキシコ人労働者は、スペイン語で公にアメリカ国家を歌うことで自らの諸権利への権利を主張した。彼らは、声に出すことそのものの権利を、声に出すことによって主張したのである。また、ロマ――ジプシー――のフランスからの追放に抗して闘った人々は、ロマのために声を上げただけでなく、その住民の一部を無国籍状態へと追放する恣意的で暴力的な国家権力に対して反対の声を上げたのだ。同じように、フランスでヴェールを着けた女性たちを逮捕し追放する許可を国家が警察に付与したことは、マイノリティを対象にし、彼女らが望むように公に現れる権利を明確に否定する、差別行動のもう一つの事例であると言えよう。普遍主義者を名乗るフランスのフェミニストたちは、フランスの街頭においてヴェールで顔を覆った女性を逮捕し、拘留し、罰金を科し、追放する権限を警察に与える法を支持していた。公的領域において宗教的マイノリティの女性を監視し規制するために国家の警察機能を強化するような政治とは、いかなるたぐいの政治なのか。トランスジェンダーの人々が警察のハラスメントなしに自由に公共の場に現れるための諸権利を公然と肯定する同じ普遍主義者が、なぜ同時に、公共の場で宗教的な衣服をまとったムスリム女性の警察による拘禁を支持するのか。そのような禁止を支持した人々は、普遍主義的フェミニズムの名の下で議論し、ヴェールは普遍主義の感覚を損なうものだと主張していた(12)。では、着衣行動の規則に従う宗教的マイノリティの諸権利を尊重できない、非常に特殊な世俗的伝統に根ざした普遍主義とは、いかなるたぐいの普遍主義なのか。たとえそうした普遍主義という問題含みの枠組の中に留まっていたとしても、なぜトランスジェンダーの人々は警察暴力から保護され、公の場に現れるすべての権利を付与されるべきであり、他方で、なぜムスリム女性――宗教的な徴しを身にまとったキリスト教徒の女性、ユダヤ人女性はそうではない――は、彼女たちの宗教的帰属を示す仕方で公に現れる権利を剝奪されるべきなのか、という点について一貫した矛盾のない判断基準を見出すことは困難だろう。世俗的規範に従う者たち、そして法の保護にふさわしいと見なされる宗教に属する者たちにとってのみ諸権利は普遍化可能であるとすれば、そのとき確実に、「普遍的な」ものは意味を失い、さらに悪いことに、差別、レイシズム、排除の手段となってしまう。もし現れの権利が「普遍的に」称賛されるべきなら、それはこうした明白かつ耐えがたい矛盾を生き延びることはできないだろう。

私たちが時に現れの「権利」と呼ぶものは、ある種の主体だけにその権利を行使する資格を付与する統制的図式によって、暗黙に支えられている。そのため、現れの権利が「普遍的」であるとどれほど主張しても、その普遍主義は、誰が現れうる者で誰が現れえぬ者かという資格を付与する権力の差別的な諸形式によって、骨抜きにされている。「不適格」と見なされた者たちにとっては、連携を形成する闘争が最も重要であり、またその闘争は、以前には存在しなかった適格さの複数的で行為遂行的な措定を必然的に伴っている。この種の複数的な行為遂行性は単に、既存の現れの領域の中に以前には数えられなかった不安定《プレカリアス》な人々の場を確立しようとするものではない。むしろそれは、現れの領域の中に裂け目を作り出そうとし、普遍性への要求を措定すると同時に無効にするような矛盾を露呈しようとする。現れの領域への参入は、現れの領域を構成する権力の差別的諸形式を批判することなしには不可能であり、また、そうした権力の差別的形式を乗り越えようとする新しい現れの諸形式を確立するための、数えられない人々、不適格な人々——不安定《プレカリアス》な人々——の批判的連携なしには不可能である。現れの形式はどれも恐らくその「外部」によって構成されているだろうが、それは闘争を続行しない理由にはならない。実際それは、闘争が進行中であることを力説する理由でしかない。

不安定性《プレカリティ》から出発した、不安定性《プレカリティ》に抗する闘争において行為遂行的な政治を理解しようとする際に頻繁に問題になる、ある種の日常的行為が存在する。ご存じのように、ハラスメントを受けることなく街頭を歩く、あるいはバーに入る力は、誰にとっても当たり前のものではない。警察によるハラスメントなしに一人で街頭を歩くことは、厳密には他人を伴って歩くことと同じではない――それがどれほど非警察的な諸形式の保護であろうと。だが、トランスジェンダーの人がアンカラの街頭を歩くとき、あるいはボルティモアのマクドナルドに入るとき、(13)その権利がただ一人の個人によって行使されうるだろうか、という疑問がある。ある人が並外れて自己防衛に長けていれば、恐らく可能だろう。もしそれが容認される文化的空間の中であれば、確かに可能である。だが、日常生活そのものが暴力の恐怖なしで成立し、保護されていなくても安全に歩けるようになるとすれば、間違いなくそれは、たとえその権利がたった一人によって行使される場合でさえ、多くの人々がその権利を支持しているからだ。その権利が行使され尊重されるとすれば、それは、他の誰かがその場にいるかどうかにかかわらず、そこには多くの人々がいてその権利を行使しているからだ。それぞれの「私」が、保護されていない構内にいること、あるいは街頭に曝されていることに気付き、彼あるいは彼女がドアを出入りする際に「私たち」をもたらしている。そこには歩いている集団が、いや連携が存在する――それがどこにでも見られるかどうかは別にしても――、と言えるかもしれない。もちろん、そこを歩き、そこを歩くリスクを引き受けているのは一人の人間であるが、その固有の足取りと歩行、世界に唯一のその運動を横断するのは社会的カテゴリーでもある。そして、もし攻撃があれば、それはその個人と社会的カテゴリーを同時に標的にしている。恐らく私たちはなお、このジェンダーの行使と、公共空間におけるこの社会的カテゴリーを伴った、そのカテゴリー内部での平等、暴力からの保護、そして移動する能力への権利の身体化された政治的要求との両者を、「行為遂行的」と呼ぶことができるだろう。歩くことは、ここはトランスジェンダーの人々が歩く公共空間である、ここは様々な形式の衣服を身にまとった人々が、どれほどジェンダー化されていようと、あるいはどの宗教を表明していようと、暴力に脅えることなく自由に移動できる公共空間である、と述べることなのである。

政治の参加者であり、協調的で集団的な行動の一部になるためには、単に平等（平等な権利、平等な待遇）への権利を主張するだけでなく、平等な関係の中で、他者とともに平等に立ち上がる行為者として請願し行動する必要がある。街頭に集合するコミュニティは、そうした仕方で、彼らが反対しているものとは別の平等、自由、そして正義の考え方を行為化し始めるのである。こうして「私」は、ありえない統一体に融合されることなく、同時に「私たち」となる。政治的行為者であることは、平等な関係に基づいて他の人間たちと共に行動するという機能であり、特徴である――この重要なアーレントの定式は、現代のデモクラシー的闘争と関連している。平等は、政治的行動そのものの条件、特徴であると同時に、その目的である。自由の行使はあなたや私から生じるものではなく、私たちの間にあるものから、私たちが共に自由を行使するときに作る絆、それなしでは自由などまったく存在しないような絆から、生じるものである。

私は二〇一〇年に、トルコのアンカラで行われた同性愛嫌悪《ホモフォビア》とトランスフォビアの国際会議に参加した。これはトルコの首都アンカラではとりわけ重要な出来事だった。アンカラでは、トランスジェンダーの人々は公共の場所に現れるとたびたび罰金を科せられ、殴られており――時には警察に殴られている――、近年では、特にトランスジェンダーの女性はほぼ月に一度は殺害されていた。トルコのこの事例を紹介するからといって、私はトルコが「遅れている」と指摘しているのではない――デンマークの大使館員は即座に私に「遅れている」と言ったが、私はそれと同じくらい即座にその発言を受け容れることを拒否した。断言するが、ロサンゼルスやデトロイトの郊外、ワイオミング州やルイジアナ州では同様に残忍な殺人がなされ、ボルティモアやニューヨーク市のペンシルベニア駅では、私たちも知るように、ハラスメントや殴打がなされている。むしろ、そこでの連携について模範的事例だと思われたのは、幾つかのフェミニスト組織がクィア、ゲイ／レズビアン、そしてトランスジェンダーの人々と協働して警察暴力に反対して、それだけでなく、軍国主義、ナショナリズム、そしてそれらを支持している男性優位主義《マスキュリニズム》の諸形態にも反対したことである。それゆえ街頭では、会議の後、フェミニストたちがドラァッグ・クィーンと、ジェンダー・クィアが人権活動家と、そしてリップスティック・レズビアンがバイセクシュアルやヘテロセクシュアルの友人と連携して列をなした。デモ行進には世俗主義者もイスラム教徒もいた。彼女らはこうコールした。「私たちは兵士になることはないし、殺すこともない」。従って、トランスの人々に対する警察暴力に反対することは、軍事的暴力とナショナリスト的な軍国主義の加速に公然と反対することだった。それはまた、クルド人に対する軍事侵略や彼らの政治的主張への不理解にも反対することであり、また、アルメニア人虐殺の記憶の中で行動し、他の様々な方法で暴力を続ける諸国家の側の否認の諸様態に反対することでもあった。

それゆえトルコでは、フェミニストたちはトランスの活動家らと共に街頭に出たが、多くのフェミニスト・サークルではその種の連携を行うことへの抵抗が存在し続けている。例えばフランスでは、左翼さらには唯物論者を自認しているフェミニストたちの一部が、トランスセクシュアリティは一種の病理であるという考え方にまとまっていった。もちろん、公共の場に現れるクィアやトランスジェンダーの人々を犯罪化することと、病んでいると病理化する人々の間には違いがある。前者の立場は道徳的な立場であり、たいていは公的な道徳性という偽りの概念に依拠している。住民を犯罪化することは、警察からの、またその他の諸形態の公的暴力からの保護を彼らから剝奪するだけでなく、非犯罪化や権利付与を求めて闘う政治運動を弱体化させることでもある。「疾病」モデル――もしくは、実際には「精神病」モデル――への移行は、他者に害を及ぼさないある種の身体化された存在諸様態の信用を落とす目的で、疑似科学的な説明を採用することである。実際、この病理化モデルはまた、セクシュアル・マイノリティやジェンダー・マイノリティが諸権利よりも「治療」を必要としていることを含意しているため、権利付与を求める政治運動を弱体化させる方向に機能している。結果として、スペイン政府が行ったような、トランスセクシュアルの諸権利を付与する努力が同時に、彼らがその権利を擁護する住民そのものを病理化するようなメンタルへルスの諸基準を採用する場合には、そうした努力には慎重であるべきだ。また、精神障害の診断と統計マニュアル（「DSM」）が支配的であるアメリカ合州国及びその他の国々では、私たちはまた「転換」を規定する諸様式――トランスの人々に、彼らの転換のための経済的支援にふさわしく、またトランスあるいは希望のジェンダーとしての法的承認にふさわしい病理的条件を確立するよう要求する諸様式――にも同様に慎重でなければならない。

トランスの人々が時に、彼らの欲望が非病理的であることを理解し、生存可能な生の身体化された方法を確立するための方法として「病理化」を通過しなければならないとしたら、そのときそうした事例の帰結は、権利付与の対価が病理化を通じて生きることである、ということになる。これはいかなるたぐいの権利付与なのか、また、どうしたらそのような恐ろしい対価を支払わずにすむのだろうか。私たちが使う手段は、使えば使うほど強くなり、よりしばしば望んだ結果を達成するようになる。だが、望まれた結果は必ずしも、より広範な社会的、政治的効果と同じではない。従って、私たちはトランスセクシュアリティが行っているような主張、つまり、公の場に現れ、この種の自由を行使する権利に結び付いた主張、また、暴力に脅えることなく街頭に現れるためのその他すべての闘争と暗黙に結び付いた主張について考えなければならないように思われる。この意味において、現れの自由はいかなるデモクラシー的闘争にとっても中心的なものである。それが意味するのは、現れの政治的な諸形式――そうしたあらゆる自由が現れる手段である制限と媒介の諸形式を含む――の批判が、その自由が何でありうるか、またどのような介入が必要とされているのかを理解することにとって決定的に重要である、ということだ。

もちろん、これはすべてまだ、現れが何を意味しているのか、また現れの権利が身体的現前という概念やいわゆる「現前の形而上学」を特権化していないか、という点を手つかずのまま放置している。メディアは、何が現れうるか、誰が現れうるかを選択していないだろうか。また、できれば現れたくない人々、別の方法でデモクラシー的アクティヴィズムに取り組む人々についてはどうだろうか。政治的活動は影や周縁から着手された時にいっそう効果的な場合があり、それは一つの重要なポイントである。例えば、ＢＤＳ運動［イスラエルに対するボイコット、投資撤収、経済制裁］を行うパレスチナ人クィア協会は、クィア・アクティヴィズムは完全なる公的露出を要求する、という考えに疑問を呈した。(14) 確かにあらゆるアクティヴィストは、彼あるいは彼女の政治的目的を達成するために、どの程度の公的露出がどのような形で必要なのかを交渉する必要がある。それは、保護の必要性と、公的リスクを引き受けよという要求との間での交渉の方法であると言えるかもしれない。その公的な顔が一連の言葉となる場合もあれば、街頭の身体が自分自身の要求を行うために発言する必要がない場合もあるのだ。

いかなる人も、彼あるいは彼女がジェンダーを公開したからといって犯罪化されるべきではない。また、自分のジェンダー公開の行為遂行的な特性ゆえに、不安定《プレカリアス》な生をもって脅かされるべきではない。だが、人々がいかなるジェンダーとして現れようとハラスメントと脅迫、犯罪化から保護されるべきだ、というこの主張はいかなる仕方でも、現れるかどうか、いかに現れるかを規定するものではない。実際、政治的なコミュニティを作り、自らの自由のために闘う別の方法を持っている人々に、合州国を基盤とした過度な可視性の諸規範を課さないことは重要である。むしろ重要なのは、ジェンダーの公開を犯罪化するという不正義を露わにすることである。ジェンダーの公開や現れに基づく犯罪化を正当化する刑法は、それ自体が犯罪的であり違法である。そして、ジェンダー・マイノリティあるいはセクシュアル・マイノリティが、彼らがいかに現れるか、彼らがいかに公共空間への権利を主張するか、彼らがお互いを理解する言語、彼らが愛や欲望を表現する手段、彼らが公然と連合し、近しい関係になるよう選択し、あるいは性的関係を結ぶ人々、または彼らが身体的自由をどう行使するのか、という点を理由として犯罪化あるいは病理化されるとすれば、そのときこれら犯罪化の行為はそれ自体が暴力であり、その意味において、それらは不正であり、犯罪である。ジェンダーを警察力によって規制することは犯罪行為、警察が犯罪者になる行為であり、暴力に曝された人々は保護を失ってしまう。マイノリティのコミュニティに対する国家の警察の暴力を防止できないことは、それ自体が犯罪的怠慢であり、その時点で警察は犯罪を犯し、マイノリティは街頭において不安定《プレカリアス》なまま放置されることになる。

私たちが今の自分のジェンダーであることへの権利を行使するとき、あるいは誰も傷付けることのない性的実践に関わる権利を行使するとき、確かにある種の自由を行使している。従って、自分はセクシュアリティやジェンダーを選択しなかった、それは自然によって、あるいは何か他の外的権威によって与えられたものだと感じるときでさえ、状況は同じである。すなわち、そうしたセクシュアリティを、それが犯罪的なものまたは恥ずべきものであると見なす一連の法や規則をめぐる権利、またそれに反対する権利として主張すべきだとすれば、その主張そのものは行為遂行的である、ということだ。これは、まさしくそうした権利の行使を保護するローカルな法律が存在しないとき、その権利の行使に名前を与える一つの方法である。もちろん、ローカルなコミュニティや一連の国際的な先例が存在するかもしれないが、ご存じの通り、それはローカルな仕方で主張する者を常に保護するとは限らない。しかし私の考えでは、最も重要なことは、人が公にそうした立場を主張し、街頭を自由に歩き、差別されることなく雇用と住居を見つけ、街頭の暴力や警察の拷問から保護されることである。

自分が誰であるかを選択するときでさえ、また自分が誰で「ある」かは選択できないと考えるときでさえ、人は自由をそうした社会的プロジェクトそのものの一部にしてきた。人は自分のジェンダーとして始め、次にいかに、そしていつジェンダーを行為化するかを決定する、というわけではない。行為化は、「私」のあらゆる行動に先立って始まるのであり、まさしくジェンダーの存在論的様態の一部である。それゆえ、その行為化がいかに、いつ、そしてどのような結果を伴って生じるのかが重要である。なぜなら、それらすべてがまさしくその人が今そうで「ある」ジェンダーを変えるからだ。従って、今の私たちのジェンダーや私たちが関わっているセクシュアリティを、私たちそれぞれが公の場で、自由に、そして暴力から保護された状態でその現実を主張する権利から分離することは不可能である。ある意味で、セクシュアリティが権利に先立つことはない。セクシュアリティの行使は、まさしくそれを行う権利の行使である。それは私たちの親密な生の中の社会的契機であり、平等への権利を主張する社会的契機である。ある意味で行為遂行的なのは、単にジェンダーやセクシュアリティだけではない。それらの政治的な分節化、それらのためになされる主張もそうなのである。

こうして私たちは、いかなる権利も持たないときに諸権利への権利を主張することが何を意味するのか、という問いに立ち戻ることになる。それが意味するのは、その否定を露わにし、その否定を妨げるために、否定された力そのものへの権利を主張することである。住居の権利を主張する基盤を確立するために、住居のない人々が建物へと移動するブエノスアイレスのスクウォッター運動のように、[15]まず力を持ち、次に行動できるようになることが問題にならないときもある。時として、行動することが問題であり、行動において、必要な力への権利を主張することが問題なのだ。これが私の理解している行為遂行性であり、それはまた不安定性《プレカリティ》から出発し、不安定性《プレカリティ》に抗する行動の方法でもある。

不安定性《プレカリティ》は、女性、クィア、トランスジェンダーの人々、貧者、身体障害者、無国籍者、また宗教的、人種的マイノリティを集合させる概念である。それは社会的、経済的条件であるが、アイデンティティではない（実際、不安定性《プレカリティ》はこれらのカテゴリーを横断し、互いが互いに帰属していることを認識していない人々の間に潜在的な連携を生み出す）。そして、私の考えでは、私たちがそれを垣間見たのはオキュパイ・ウォール・ストリートのデモだった――いかなる者も、そうしたデモにアクセスする前に身分証明書を作るよう求められたりすることはない。あなたが街頭に身体として現れるなら、そこに集い執拗に存在する複数的な一連の諸身体から生じる主張を行うために役立つことになる。もちろん、そうしたことが起きるのは、あなたが現れうる場合であり、街頭がアクセス可能であり、またあなた自身が監禁されていない場合に限られる。私たちはこの問題に、第五章で「集会の自由」を考察する際に立ち戻ることにしよう。

行為遂行性がどのように不安定性《プレカリティ》と結び付いているのか、という問いは、次のようなより重要な問いに要約されるだろう。語ることのできない住民はどのように語り、どのように主張するのか。これは権力の領域におけるいかなる種類の混乱なのか。またそのような住民は、存続するために必要なものへの権利をどのように主張しているのか。私たちは行動するために生きなければならないだけでなく、存在の諸条件を確保するために行動しなければならず、政治的に行動しなければならない。時には、承認の諸規範が、私たちの生きる能力を損なうような仕方で私たちを束縛することもある。私たちが承認可能であるために必要な諸規範を確立するジェンダーが、私たちに暴力を振るい、私たちの生存を危うくするとしたらどうだろうか。そのとき、私たちに生を約束するように見えるカテゴリーそのものが、私たちから生を取り上げているのである。重要なのは、そのようなダブル・バインドを受け容れることではなく、行為遂行的諸行為が不安定性《プレカリティ》と闘うような生の諸様態のために闘争することである。私たちが新たな社会的存在様態において生きる未来を切り開こうとする闘争は、承認可能なものの危機的な境界上で行われることもあれば、主要メディアのスポットライトの中で行われることもある——しかし、いずれの場合も、あるいはその間に、予め確立された集団的主体のない集団的行動が存在している。いやむしろ「私たち」は、複数的で、持続的で、行動し、自分たちを見捨てた公的領域への権利を主張する、諸身体の集会によって行為化されているのである。

恐らく、ここで作動している警察の諸機能を理解するために、私たちが考えなければならない暴力の諸様態がある。結局のところ、ジェンダーは常に別の仕方ではなく、ある仕方で、あるいはある着衣の形で現れなければならないと主張する人々、非規範的な仕方でジェンダーやセクシュアリティを生きる人々を犯罪化ないし病理化しようとする人々は、警察力に属しているかどうかにかかわらず、現れの領域の警察として行動している。私たちが知っているように、時に国家の警察力こそが、セクシュアル・マイノリティ、ジェンダー・マイノリティに暴力を振るうのであり、また時に警察こそが、トランスジェンダーの女性たちの殺害の捜査を行わず、それを犯罪として起訴せず、トランスジェンダーの住民たちへの暴力を阻止しないのである。

アーレントの用語を使えば、現れの空間から排除されること、現れの空間を存在させる複数性の一部であることから排除されることは、諸権利を持つ権利を剝奪されることである、と言うことができる。複数的で公的な行動は、場所と帰属への権利の行使であり、この権利の行使は、現れの空間が前提とされ、存在へと至る手段である。

　アーレントを引用しながらも私が幾つかの点でアーレントに抗う理由を明確にするために、私が論述を始めたジェンダーという概念に戻ることにしよう。ジェンダーは自由の行使である、と私たちが言うとしても、ジェンダーを構成するすべてが自由に選択されている、と言いたいわけではない。私たちが主張しているのは、構成的であろうと獲得されたものであろうと、極めて「固有で変化しにくい《ハードワイヤード》」と思われるジェンダーの次元でさえ、自由な仕方で主張し行使できるべきだ、ということだけである。この定式ゆえに、私はアーレントの定式からある種の距離を取ってきた。この自由の行使は、法の下のあらゆる他の自由の行使と同じように、等しく同様に与えられなければならない。そして、政治的には、私たちはこうした身体化された自由の形式を含むべく、平等に関する私たちの概念の拡張を要求しなければならない。では私たちは、セクシュアリティやジェンダーは自由の行使であると言うとき、何を意味しているのだろうか。繰り返そう。私が言いたいのは、私たち誰もがジェンダーやセクシュアリティを選択する、ということではない。私たちは確かに言語や文化によって、歴史によって、私たちが参加する社会闘争によって、心理的で歴史的な諸力――それらは相互作用する――によって、生物学的状況が独自の歴史と効力を持つそのあり方によって、形成されている。実際、恐らく私たちが感じているのは、私たちが何をどのように欲望するかは、私たちとは誰なのかに関わる極めて固定的な、消すことのできない、あるいは不可逆的な特徴である、ということだ。だが、私たちが自分のジェンダーやセクシュアリティを選択されたもの、あるいは所与のものとして理解するかどうかにかかわらず、私たちはそれぞれ、そのジェンダーを主張し、そのセクシュアリティを主張する権利を持っている。また、私たちがそれらを主張できるかどうかには、大きな違いがある。他に選択肢がないように感じられるときでさえ、私たちが既に今そうであるようなジェンダーとして現れの権利を行使するとき、私たちは依然としてある種の自由を行使しており、またそれ以上の何かを行っている。

自分が既にそうであるような存在への権利を自由に行使するとき、またその存在様態を説明するためにある社会的カテゴリーを主張するとき、実際には人は、自由をその社会的カテゴリーそのものの一部にしているのであり、存在論を論証的に変化させているのである。私たちがそうであると主張する複数のジェンダーや私たちが関わっている複数のセクシュアリティを、私たち誰もがそれらの現実を公的あるいは私的な場――あるいはその両者の間に存在する数多くの閾――で、自由に、すなわち暴力に脅えることなく主張する権利から分離することは不可能である。ずいぶん前のことになるが、私がジェンダーは行為遂行的であると述べたとき、それが意味していたのは、ジェンダーとはある種の行為化である、ということだった。その意味は、人は最初から自分のジェンダーであるのではなく、後になっていかに、いつそれを行為化するのかを決定する、ということだ。行為化はジェンダーの存在論そのものの一部であり、ジェンダーの存在論的様態を再考する方法である。従って、その行為化がいかに、いつ、どのような帰結を伴って生じるのかが問題となる。なぜなら、そのすべてが、人が今そうで「ある」ジェンダーそのものを変えるからである。

例えば私たちは、最初のジェンダーの割り当てを拒絶ないし変更する重要な諸行為において、その変化を理解することができる。言語は、このジェンダー、あのジェンダー、あるいは別のジェンダーとして名付けられる行為において、身体に独特の行為遂行的効果を及ぼす。言葉がまだ不完全な幼少期に、特定の肌の色、人種、ナショナリティ、あるいは障害者、貧者として言及されるときも同じである。そこから理解されるように、人がこれらいずれかの観点でどのように見られているかは、その人が知らなかった、あるいは選択しなかった名によって要約されており、いつ最初にその人に作用し始めるのかを恐らく理解できない仕方で作用する言説によって包囲され、浸透されている。私たちは「私はそういう名前なのか」と問うことができるし、実際そのように問うている。(16) そして時に私たちは、自分はそういう名前なのか、そうでないのか、あるいは、自分たちが生きたいと願う生のより良い名前を見出そうとしているのか、あるいは、あらゆる名前の隙間で生きようとしているのか、という点を決定するまでそれを問い続けるのである。

私たちが語る存在として言語の中に現れる以前に、私たち自身のあらゆる言語行為の能力に先立って、私たちが呼ばれるそうした名前の力や効果について、私たちはどう考えればよいのだろうか。言語行為は私たちの発話に先んじて作用するのだろうか。そして、もしそれが私たちに作用しない場合、そもそも私たちは話すことができるのだろうか。恐らく、それは単なる順序の問題ではない。つまり、発話は私たちが話しているまさにその瞬間に私たちに作用し続け、その結果として、私たちは恐らく自分が行為していると考え、また同時に作用を受けていると考えるのではないだろうか。

以前にイヴ・セジウィックが強調したのは、言語行為はその目的から逸脱し、非常にしばしばまったく意図しない、またしばしば極めて適切な結果を生み出す、ということだった[17]。例えば、結婚の誓約をすると、この行為は実際、結婚とはまったく別に行われ、しばしば人に気付かれないよう続行される性生活の域《ゾーン》を切り開くことになる。従って、結婚には一夫一婦制や夫婦関係という観点からセクシュアリティを組織する目的があると思われているが、それは公的な詮索や承認に曝されることのないセクシュアリティのための欲望域を確立できるのである。セジウィックは、言語行為(「私はあなたたちを夫であり、妻であると宣言する」)が外見上の諸目的からいかに逸脱しうるかを強調し、またこの「逸脱」がクィアという語の一つの非常に重要な意味であり、クィアという語はアイデンティティとしてはそれほど理解されず、むしろ明白に承認されたものとは正反対の方向に動く思考、言語、行動の運動として理解される、と強調した。承認は、生存可能な生の前提条件のように思われるのと同程度に、監督、監視、そして規範化――そこからのクィア的逃走は、まさしくその諸関係の外部で生存可能性を達成するために必要である、ということになるのかもしれない――に役立ちうるのである。

初期の著作において私が関心を持っていたのは、ジェンダーに関する幾つかの言説が、ある種のジェンダー的諸理想を作り出し、それらを自らの中に事後的に表現される自然的本質あるいは内的真理と解釈することで、ある種のジェンダー的理想をいかに作り出し、循環させているように思われるか、ということだった。従って、言説の効果――この場合は一連のジェンダー的諸理想――は、人の欲望や振る舞いの内的原因、人の身振りや行動の中に表現される中核的現実として、広く誤解されてきた。そうした内的原因ないし中核的現実は、社会的規範の代わりとなるだけでなく、その規範の機能を効果的に覆い隠し、助長してきたのである。「ジェンダーは行為遂行的である」という定式は、二つのまったく正反対の解釈を引き起こした。第一に、私たちは自らのジェンダーを根本的に選択している、という解釈であり、第二に、私たちはジェンダー諸規範によって完全に決定されている、という解釈である。そうしたまったく異なった反応が意味していたのは、行為遂行性を説明する二重の次元について何かがうまく分節化されず、把握されてこなかった、ということだ。というのも、私たちが行為する以前に言語が私たちに作用し、私たちが行為するたびに言語が作用し続けるとすれば、そのとき私たちは、ジェンダーの行為遂行性を、まず「ジェンダーの割り当て」として考えなければならないからだ――そうしたあらゆる方法において、私たちは、ジェンダー諸規範が私たちにどう作用して私たちを形作るのかについて何かを理解する以前に、そして、私たちが選択するかもしれない仕方でそれら諸規範を再生産する能力に先だって、言わば名前を呼ばれ、ジェンダー化されてきた。実際、選択はこの行為遂行性の過程に遅れてやってくる。そしてそのとき、私たちはセジウィックに従って、「クィア」な何かがジェンダー的行為遂行性の核心で機能していること、つまり、デリダが引用としての言語行為と説明する、反覆可能性がもたらす逸脱とそれほど異ならないクィア性を示唆しながら、それら諸規範からの逸脱がいかに生じうるのか、また実際に生じるのかを理解しなければならない。

従って、行為遂行性とは作用を受ける過程と行為する条件、可能性との両方を記述しており、私たちはその両方の次元なしにその機能を理解することはできない、と仮定してみよう。諸規範が私たちに作用するという事態が含意しているのは、私たちが諸規範の働きかけの影響を受けやすく、ある種の名前を呼ぶこと《ネーム・コーリング》＝中傷に対して最初から可傷的である、ということだ。またこのことは、あらゆる意志の働きの可能性に先立つレヴェルに書き込まれている。ジェンダーの割り当てを理解するためには、この非意志的な受容性、感受性、可傷性の領域、つまり、言語行為を形成ないし行為化するあらゆる可能性に先立って言語に曝されるという仕方に取り組まねばならない。こうした諸規範は、どれもある形式の身体的可傷性を必要とし、またそれを設立しており、それがなければ諸規範の機能を考えることはできないだろう。だからこそ私たちは、それらの諸規範が医学、法学、精神医学の諸制度によって制定され、適用される際に、ジェンダー諸規範の強力な引用力を記述できるし、そして実際に記述するのであり、また、それら諸規範が病理的、犯罪的な用語によってジェンダーの形成と理解に与える効果に反対するのである。しかしながら、まさしくこの感受性の領域、触発を受けることのこの条件はまた、クィアな何かが生じうる場、規範が拒絶もしくは改定される場、あるいはジェンダーの新しい諸定式が始まる場でもある。「触発を受ける」この領域の中で不慮の予期せぬ何かが起こりうるからこそ、ジェンダーは、反復の機械的パターンを断ち切り、そこから逸脱する方法の中で生じることができるのであり、そうしたジェンダー規範性からなる引用の連鎖を再意味化し、時としてきっぱりと破断して、ジェンダー化された生の新しい諸形式のための場所を作るのである。

ジェンダーの行為遂行性は、単に私たちが何を行っているかを特徴付けるだけでなく、私たちが自分「自身」の行動と呼ぶものとの関係で自らを抑制し、運動させることで、言説と制度的権力がいかに私たちを触発するのかを特徴付けている。私たちが呼ばれる名前が、私たちが自らを呼ぶ名前と同じくらい行為遂行性にとって重要である、ということを理解するためには、ジェンダーを割り当てる広範な戦略の中で機能している慣習を特定しなければならない。このとき私たちは、言語行為が身体化された仕方でいかに私たちを触発し、生を与えているのかを理解することができる——感受性と触発の領域は、既にある種の身体的な書き込みの問題なのである。実際、ジェンダーとパフォーマンスの両方が含意する身体化は、制度的諸構造とより広範な社会的世界に依拠している。私たちは、何が身体を支援しているのか、また身体の支援への関係——あるいは支援の不在への関係——とは何でありうるのかを知ることなく、身体について語ることはできない。このように身体は、統一体ではなく、生の諸関係の総体なのである。身体は、その生や行為のインフラストラクチャー的、環境的な諸条件から完全に切り離されることはありえない。身体の行為は、常に条件付けられた行為であり、それは身体の歴史的特徴の一つの意味である。さらに、人間や他の動物のインフラストラクチャー的支持体《サポート》への依存は、私たちが支援《サポート》されていないときに、そうしたインフラストラクチャー的諸条件が解体し始めるときに、あるいは、私たちが不安定性《プレカリティ》の諸条件において根本的に支援されていないことを理解するときに私たちが抱えている、ある特有の可傷性を露わにする。そうした支援なしで、支援という名の下に行動することは、不安定性《プレカリティ》の諸条件下における複数的で行為遂行的な行動のパラドックスなのである。(18)

第二章　連携する諸身体と街頭《ストリート》の政治

第一章において私は、ジェンダー・ポリティクスは不安定《プレカリアス》と広く特徴付けられる他の住民たちと連携しなければならない、と示唆した。私が指し示したのは、ジェンダー・マイノリティあるいはジェンダー不一致の人々が、街頭《ストリート》を自由に歩き、雇用を維持し、ハラスメント、病理化、有罪化に抵抗する権利を確立しようとする、ジェンダー動員のある種の形式である。ジェンダー・マイノリティとセクシュアル・マイノリティの諸権利のための闘争が社会正義の闘争であるためには、すなわち、それがラディカル・デモクラシーのプロジェクトとして特徴付けられるためには、私たちが不安定性《プレカリティ》と権利剥奪の諸条件に曝されてきたし、曝されうる、まさに一つの住民であると認識することが不可欠である。さらに、私たちの闘争の目的である諸権利とは複数的な諸権利であり、その複数性は予め同一性によって領域画定されることはない。すなわち、それはあるいくつかの同一性のみが帰属できる闘争ではなく、また無論、「私たち」と述べるときに、私たちが意味することを拡張しようとする闘争なのである。従って、ジェンダーの、ジェンダー諸権利の公的実践は、言わば既に社会運動であり、個人主義のいかなる概念よりも人々の間の結び付きに強く依拠した社会運動である。その目的とは、私たちを不安定性《プレカリティ》へと曝すような軍事的、規律的、統制的な諸力と体制に対抗することである。生は多数の病気や自然災害ゆえに不安定《プレカリアス》にされうるが、依然として真実なのは――私たちが二〇〇五年のカトリーナ台風の最中とその後にニューオーリンズで劇的に見たように――病気が現存の諸制度によってどのように扱われ、あるいは扱われないか、ある地域にとっての自然災害がある住民にとってはどれほど予防可能であり、他の住民にとってはそうではないか、これらすべてが不安定性《プレカリティ》の人口への配分をもたらしている、ということである。そしてこのことは、インフラストラクチャー的条件が消失し、あるいは新自由主義が社会民主主義の支持的な諸制度を企業家倫理――最も無力な人にさえ、誰にもあるいは他の何にも依存することなく、自分自身の生に対する責任を負うよう諭す倫理――によって置き換えるとき、ホームレスや貧者にとってだけでなく、また破壊的な不安定さ《インセキュリティ》と傷付けられた未来の感覚に曝されている人々にとってもより広範に真実である。あたかも現代の諸条件の下では、相互依存という考え、私が別の場所で「諸々の生の生存不可能性を最小化しようとする関与の社会的ネットワーク」と呼んだものに対する戦争が存在するかのようである。従って、これら複数的な一連の諸権利、私たちが集団的で身体化されたものと見なすべき諸権利は、私たち皆が生きることができるはずの世界を肯定する様式ではない。むしろそれら諸権利は、不安定性《プレカリティ》の条件は差別的に配分されており、不安定性《プレカリティ》に対する闘争あるいは抵抗は、諸々の生が平等に取り扱われるべきであり、平等に生存可能であるべきだという要求に依拠しなければならない、という理解から現れるのである。それが意味するのはまた、抵抗の形式そのもの、すなわち不安定性《プレカリティ》に抵抗するべく諸々の共同体が組織される仕方が、これら共同体の闘争の目的である諸価値そのものを理念的に例示する、ということだ。私の考えでは、ジェンダー・マイノリティとセクシュアル・マイノリティの権利を行使するために形成された連携は、どれほど困難であれ、それ自体の多様な住民たちとの結び付き、そして、私たちの時代に引き起こされている不安定性《プレカリティ》の諸条件に服従する他の住民たちとの結び付きを形成しなければならない。そして、この結び付きの過程は、どれほど困難であれ不可欠である。というのも、ジェンダー・マイノリティとセクシュアル・マイノリティの住民はそれ自体多様――この言葉は、私が述べたいことにとって十分に正確なものではないが――であって、この集団は様々な階級的、人種的、宗教的背景からなり、言語や、言語を形成するコミュニティを横断しているからだ。

私が連携と呼んでいるものは、単に未来の社会的形式ではない。それは時に潜在的であり、あるいは、連携が単一の主体の中で起こり、「私自身が連携である、あるいは、私は私自身もしくは私の様々な文化的変化と連携している」と言うことができる場合、時に顕在的に私たち自身の主体形成の構造である。それが述べているのは単に、問題となっている「私」があるマイノリティの立場、あるいは不安定性《プレカリティ》のある生きられた場を、他のどんなもののためであれ背景に置くことを拒否する、ということでしかない。それは次のように言うことである。「私は私がそうであるような複雑さであり、これが意味するのは、私はこの「私」のどんな援用にとっても本質的な仕方で他者に結び付けられている、ということだ」と。一人称代名詞に社会的関係性を関与させるこうした見方は、連携の問題を考えるためには同一性に基づく存在論では不十分であることを理解するよう私たちに促している。というのも、重要なのは、私が諸々の同一性の集合であるという点ではなく、私は既に集合《アセンブリ》であり、全体集合《アセンブリ》、あるいは――ジャスビア・プアがジル・ドゥルーズの言葉を転用して述べたように――動的編成《アセンブリッジ》[1]でさえある、という点である。(1) しかし、恐らく最も重要なのは、雇用を失い、銀行に家を没収される危険のある人々の横断性、街頭でのハラスメント、有罪化、投獄、病理化への危険を差別的に持つ人々の幅、戦争を起こす者たちによってその生が重要でないと標的にされる特定の人種的、宗教的背景——これらについての高い意識によって駆り立てられた、動員の諸形式である。私の考えでは、こうした見方は、不安定性《プレカリティ》に対するより全般化された闘争の必要を含意している。緩慢な死として生きられた不安定性《プレカリティ》の感覚、毀損された時間感覚、恣意的な喪失、侵害、あるいは剝奪へと曝されていることから生じる闘争——これは単独的であると同時に複数的な感覚である。重要なのは、私たち皆を平等に生存不可能な条件に追い込むような平等の様態に結集することではない。反対に重要なのは、要求を行う人々によって行為化されてもいる、平等に生存可能な生を要求することであり、それは公共財の平等主義的な配分を必要とする。不安定性《プレカリティ》の反意語は安全《セキュリティ》ではなく、むしろ、生存可能な相互依存が可能になるような、平等主義的な社会秩序、政治秩序のための闘争である——それはデモクラシーという私たちの自己統治の条件であると同時に、その持続的な形式は、そうした統治そのものの必須目標の一つである。

もし私がジェンダーの問題から逸脱しているように思われるとすれば、ジェンダーはまだここにあると断言しておきたい。というのも、女性、セクシュアル・マイノリティ、ジェンダー・マイノリティへの権利付与を代表するどんな集団もが考慮しなければならない問いの一つは、次のような問いだからである。(フランスやオランダにおいて私たちが見たように)国家の政府あるいは国際機関が、反移民キャンペーンを明示的に行うべく私たちの権利を擁護しようとするとき、私たちは何をするのだろうか。あるいは、国家が女性、レズビアン、ゲイ、トランスジェンダーについての相対的に進歩的な人権実績に興味を引き付け、自己決定、運動、集会《アセンブリ》の基本的権利が否定されている住民たちについてのひどい人権実績から目を逸らせようとするとき（イスラエルのピンクウォッシング・キャンペーン[2]が、その占領、領土没収、強制排除政策という巨大な犯罪行為から目を逸らせようとする場合のように）、私たちは何をするのだろうか。私たちは、自分自身の諸権利の承認を望むのと同程度に、他者たち——この場合、パレスチナにおいて基本的な市民権なしで生きている女性、クィア、ジェンダー・マイノリティ、セクシュアル・マイノリティ——にとっての大規模な権利剝奪から目を逸らし、それを覆い隠すために私たちの諸権利の公的承認を展開することに反対しなければならない。私は第三章でこの問題に立ち戻るが、そこで私は、互いに連携することが何を意味するのかを考察するだけではなく、互いと共に生きることが何を意味するのかを考察する。私が示そうとするのは、連携の政治は共生の倫理に依拠するし、またそれを必要とする、ということである。しかし、今のところは次のように述べておきたい。もしある集団への諸権利の付与が他者の基本的資格の剝奪のための手段にされるなら、そのとき資格付与された集団は確実に、政治的で法的な承認と諸権利が与えられる条件を拒絶することを義務付けられる、と。これが意味するのは、私たち皆が既存の諸権利をあきらめるということではなく、諸権利は社会正義のためのより広範な闘争の中でのみ意味を持つということであり、また、諸権利が差別的に分配されるとすれば、そのとき不平等はゲイ・レズビアンの諸権利の戦略的展開と正当化を通じて制度化される、ということである。結果として私は、次のことを忘れないようにすることを提案する。すなわち、クィアという用語はアイデンティティではなく連携を指し示すのであり、社会的、政治的、経済的正義のための闘争においては困難で予測不可能な連携を行う際に用いるには適切な用語である、ということを。

大衆デモは繰り返し街頭で、広場で起こるが、それらは極めてしばしば異なった政治的目的によって動機付けられているにもかかわらず、類似した何かが起きている。すなわち、諸身体が集合し、共に運動し、語り、公共空間としてのある空間への権利を主張するのである。ここで、これらのデモあるいは、まさしくこれらの運動は、公共空間で主張すべく共に到来する諸身体によって特徴付けられる、と述べることは簡単だが、そうした定式化は、公共空間は所与のものであり、そうしたものとして既に公的であり、承認されている、ということを前提としている。もし私たちが、こうした群衆が集まる際にその空間の公的性格そのものが議論されており、争われてさえいる、という点を理解し損ねるなら、これら民衆デモについて重要な何かを見逃すことになる。従って、これらの運動は舗道、街頭、広場が事前に存在していることに依存していたし、しばしばタハリールのような広場に十分な数の人間が集まったその政治的経緯は強い力を持つにもかかわらず、同じように正しいのは、集団行動は空間そのものを集合させ、舗道を集め、建築を活気付け組織化する、ということだ。私たちは、民衆集会と公的発言のための物質的諸条件が存在する、という点を強調するのと同程度に、集会と発言がどのように公共空間の物質性を再構成し、そうした物質的環境の公的性格を生産あるいは再生産するのかを問わなければならない。また、群衆が広場の外へと、脇道あるいは路地へと、未だ舗装されていない街路がある地区へと移動するとき、それ以上のことが起きるのである。

そのとき政治は、私的領域と区別された公的領域においてのみ生起すると定義されることはなく、繰り返しそれらの境界を越え、政治が既に家に、街頭に、地域に、あるいはさらに、家や広場のような建築によって拘束されない潜在的空間に存在するというその仕方に注意を喚起する。従って私たちは、群衆、増大する群衆の中に集合することは何を意味するのか、また、公私の区別に異論を唱えるような仕方で公共空間を移動することは何を意味するのかを考えるとき、その複数性における諸身体が公的なものへの権利を主張する何らかの仕方を理解するし、物質的諸環境の問題を把握し再構成することを通じて、公的なものを見出し生産する何らかの仕方を理解する。同時に、これら物質的諸環境は行動の一部であり、それらが行動のための支持体《サポート》になるとき、それら自体が行動する。同じように、トラックあるいは戦車が動けなくされ、発言者たちが群衆に呼びかけるために突然それらの上によじ登るとき、軍事的機械そのものが非軍事的抵抗、いや恐らくは軍事的なものそのものへの抵抗のための支持体あるいはプラットフォームになる。そのとき、物質的諸環境は積極的に再構成され、ブレヒトの言葉を使うなら、機能転換（Umfunktionierung）[3]される。そのとき、行動に関する私たちの考えは再考される必要がある。

第一に、何者も、他者と共に移動し集合することなしに、自由に移動し集合すると主張することはない。第二に、広場と街路は、行動のための物質的支持体であるだけでなく、それ自体、私たちが提案する身体的な公的行動に関するあらゆる説明の一部をなしている。人間の行動はあらゆる種類の支援《サポート》に依拠している——それは常に、支援された行動なのである。私たちは、障害研究から、移動する能力は運動を可能にする道具と表面に依拠していることを、また、身体運動は非人間的対象と行為能力《エイジェンシー》のためのその個別の能力によって支援され手助けされていることを知っている。民衆集会のケースにおいて私たちは、それが公共空間とは何かをめぐる闘争であり、また、諸身体が世界の中でどのように支援されるかをめぐる基本的闘争——若干の例を挙げるなら、雇用、教育、公正な食物分配、生存可能な住居《シェルター》、運動と表現の自由のための闘争——でもあることを明確に理解する。

もちろん、これはある種の困惑を生み出すことになる。私たちは支援なしに行動することはできないのであり、私たちに行動を許す支援、あるいはまさに、私たちの行動の本質的な構成要素である支援＝支持体《サポート》のために闘争しなければならない。集会と自由な発言、行動と諸権利の行使の権利に関するハンナ・アーレントの理解の背景を形成していたのは、公共の広場に関するローマ的考えであった。ハンナ・アーレントは、すべての政治的行動が「現れの空間」を必要とすると主張したとき、古代ギリシアのポリスとローマの広場のことを確実に念頭に置いていた。例えば、彼女は次のように述べている。「正確に言えば、ポリスとは、ある一定の物理的場所を占める都市‐国家ではない。それはむしろ、共に行動し、共に語ることから生まれる人々の組織である。そして、ポリスの真の空間は、共に行動し、共に語るという目的のために共生する人々の間に生まれるのであって、それらの人々が、たまたまどこにいるかということとは無関係である」(2)。そのとき、「真の」空間は「人々の間」に存するのであり、それが意味するのは、あらゆる行動がどこかの場所に生起するのと同程度に、それはまた、厳密に連携そのものに属する空間を設立する、ということだ。アーレントにとって、この連携は、その場所に結び付けられてはいない。実際、連携とはそれ自体の場所をもたらすのであり、高度に移動可能なのである。彼女は述べている。「行動と発言は、それに参加する人々の間に空間を作るのであり、その空間は、ほとんどいかなる時いかなる場所にもそれにふさわしい空間を見つけることができる」(3)。

それでは、この無限にではないにせよ高度に移動可能な政治的空間の概念を、どのように理解すればよいのだろうか。アーレントは、政治は現れの空間を必要とすると主張するが、また、空間が政治をもたらすとも主張している。「この空間は、最も広い意味での現れの空間である。すなわち、それは私が他者にとって現れ、他者が私にとって現れる空間であり、人々＝男たち《メン》（原文ママ）が単に他の生物や無生物のように存在するのではなく、その現れを明確に示す空間である」(4)。彼女がここで述べていることの一部は明らかに正しい。空間と場所は複数的行動を通じて作り出される。しかし、彼女の考えでは、行動はその自由と力において、場所を作り出す独占的な能力を持っている。こうした考えは、行動は常に支援されており、それは変わることなく身体的なものである――私が後に議論するように、その潜在的な諸形式においてであれ――という点を忘却あるいは拒否している。行動にとっての物質的支援は、行動の一部であるだけでなく、とりわけ、政治が食物、雇用、可動性《モビリティ》、諸制度へのアクセスをめぐって闘争する際の、闘いの目的でもある。私たちの時代の民衆デモの力と効果を理解するために現れの空間について再考するなら、私たちは行動の身体的次元をより緻密に考察する必要があるだろう。行動の身体的次元とはとりわけ、諸身体の集団行動が歴史的変容をもたらすような歴史的空間に共にある諸身体について私たちが考えなければならない場合に、身体が何を求めているのか、身体が何をなしうるのか、ということである。(5) すなわち、何がそこで諸身体を共に保持するのか。そして、諸身体の不安定性《プレカリティ》と曝されとの関係において、何が諸身体の持続と力の条件なのか。

私は、現れの空間から現代の街頭の政治へと旅するこの道程について考察してみたい。こう述べるからといって、私たちが見たすべての形式のデモ――そのうちの幾つかは一時的なものであり、そのうちの幾つかは進行中で頻発する社会的で政治的な運動の一部であり、そのうちの一部は革命的なものである――を集合させようと望むことはできない。私が考えたいのは、何がこれらの集会、これらの民衆デモを集合させうるのか、ということだ。二〇一一年冬の間、それらは、北アフリカと中東の専制的体制に対するデモ、ヨーロッパと南半球の労働者の拡大する不安定化《プレカリタイゼーション》に対するデモ、アメリカ合州国とヨーロッパ全土、より最近ではチリにおける公教育のための闘争、そして、女性、ジェンダー・マイノリティ、セクシュアル・マイノリティ、トランスジェンダー――こうした人々の公的な現れは、法的な暴力、不法な暴力によって非常にしばしば処罰されうる――にとって街頭を安全なものにするための闘争を含んでいた。トランスジェンダー、クィアの人々の民衆集会においてしばしば主張されるのは、街頭が犯罪行為に共謀する警察から安全なものにされなければならない――とりわけ、警察が犯罪的体制を支援する場合、あるいは例えば、犯罪を予防すると想定されている警察が、セクシュアル・マイノリティ、ジェンダー・マイノリティに対する犯罪そのものを犯す場合――ということである。デモはとりわけ、集会が警察力によって封じ込めるにはあまりに大きく、可動的で、凝縮的で、拡散的になる場合には、また、集会がその場所で自らを再生する手段を持つ場合には、警察力を打ち負かす数少ない手段の一つとなる。

恐らく、ある体制あるいはその法の正当性が疑問に付されるが、いかなる新たな法的体制もまだそれに取って代わるに至っていない、という場合、デモは無政府的瞬間あるいは無政府状態への移行であるだろう。この空隙の時間は、集合した諸身体が人民意志のための新たな時間と空間を分節化するものである。この人民意志とは、同一の意志でも単一の意志でもなく、その行動と非行動が異なった未来を要求するような別々の隣接した諸身体の連携として特徴付けられる。彼らは共に、まだ法へと成文化されておらず、完全には法へと成文化されえないような仕方で、公的なものに対する権利を主張する行為遂行的《パフォーマティヴ》な力を行使する。そして、この行為遂行性《パフォーマティヴィティ》は単なる発言ではなく、身体的行動、身振り、運動、集会、持続による要求、そしてありうる暴力への曝されによる要求である。私たちは、確立された体制の構造と時間性の外部にそれらに対抗する時間と空間を切り開くこのような共同行動、物質性への権利を主張し、その支援に依拠し、そうした支援の機能を作り直すために物質的で技術的な次元から現れる共同行動を、どのように理解すればよいのだろうか。こうした行動は、何が公的であるか、何が政治空間であるかを再構成するものである。

私は、自分自身の立場を明らかにするためにハンナ・アーレントに依拠する際にも、彼女に抗して進んでいる。彼女の仕事はここで私の行動を支えているが、私はそれをある仕方で拒否してもいる。アーレントの考えは、それが事実上、政治の領域を男性に、再生産的労働の領域を女性に委ねる公的領域と私的領域の区別に依拠しているがゆえに、それ自体のジェンダー・ポリティクスによって裏切られている。もし公的領域に身体が存在するなら、それは推定上、男性であり、誰にも支援されておらず、推定上、自由に創造する身体であり、創造される身体ではない。また、私的領域にいる身体とは女性、老人、外国人、あるいは子供であり、常に前政治的である。私たちがアドリアナ・カヴァレロの重要な仕事から知っているように、(6)アーレントは出生の哲学者であったが、彼女は何かを作り出すこの能力を、政治的な発言と行動の機能として理解していた。実際、男性市民たちが、正義、報復、戦争、解放の問題について議論すべく公共の広場に入るとき、彼らは光に照らされた公共の広場を、自分たちの発言の建築学的に領域画定された劇場として当然視している。そして、彼らの発言は私的住居から物理的に切り離された行動の範例的形式となり、私的住居はそれ自体、暗闇の中に覆い隠され、語に固有の公的な意味で行動とは言えない諸活動を通じて再生産される。男性たちは私的な暗闇からそうした公的な光へと赴き、いったん光に照らされれば、彼らは話し、彼らの発言はそれが分節化する正義の原理を問い、それ自体が批判的探究とデモクラシー的参加の一形式になる。アーレントにとって、政治的近代の中でこの古典的光景を再考することで、発言は諸権利の身体的で言語的な行使として理解される。身体的で言語的——私たちはここで再び、これらの語と両者の関連付けを、労働のジェンダー化された区別という仮定を超えて、どのように再考すればよいのだろうか。

アーレントにとって、政治的行動は身体が現れるという条件で生起する。私は他者たちに対して現れ、彼らは私たちに対して現れるが、それが意味するのは、私たちの間の幾らかの空間が各自の現れを許す、ということである。私たちは、自分たちがある空間に現れる、あるいは空間の物質的組織化によって支援されている、と考えるかもしれない。しかし、彼女の議論はそうしたものではない。現れの領域は単純なものではない。というのも、それはある種の間主観的対決という条件においてのみ生じるように思われるからだ。私たちは単にそれぞれの他者にとっての視覚的現象ではない——私たちの声は記録されねばならないし、従って私たちは聴き取られねばならない。むしろ、私たちが身体的に誰であるかは、既に「対」他存在という仕方であり、私たちが見ることも聞くこともできないような仕方で現れる。つまり、私たちは、自分自身が完全に予期も管理もできないような視点を持った他者に対して、身体的に取り扱い可能となるのである。こうした仕方で私は、一つの身体として、私自身に対してのみ存在するのでなく、第一に私自身にとって存在するのでさえない。もし私がともかく私自身を見出すなら、私は私自身を、他者たちの視点によって構成され脱占有された［dispossessed］ものとして見出す。従って、政治的行動にとって、私は、私が知ることができない仕方で他者たちに対して現れなければならないし、こうした仕方で私の身体は、私がその視点に住まうことはできないが、確かに私に住まっている視点によって確立されている。これは重要な点である。というのも、身体が私自身の視点のみを確立する、というのは正しくないからだ。身体はそうした視点を転位させ、その転位を必然的にするものでもある。こうしたことは、私たちが共同で行動する諸身体について考えるとき、最も明確に起きる。いかなる一身体も現れの空間を確立することはないが、この行動、この行為遂行的な行使は、諸身体の「間」で、私の身体と他者の身体の間のギャップを構築するような空間において生起する。こうした仕方で、私の身体は、それが政治的に行動する際に一人で行動するのではない。実際、行動は「間」から、結び付け差異化する関係の空間的形象から生起するのである。

アーレントにとって、現れの空間は建築学的な所与であるだけではない、という点は問題であると同時に興味深くもある。彼女は次のように述べている。「現れの空間は、人々が発言と行動の様式を持って共生しているところでは必ず生まれる。従ってこの空間は、公的領域や様々な統治形態、つまり公的領域を組織する様々な形態が形式的に構成される以前に存在するものである(7)」。換言すれば、この現れの空間は、それを生じさせる複数的行動から分離されうる場ではない。それをもたらし構成するのは、行動の外部においてではない。しかしながら、もし私たちがこのような考えを受け容れるべきなら、行動する複数性がそれ自体どのように構築されるのかを理解しなければならない。複数性はどのように形成されるのだろうか、そしてどんな物質的支援がそうした形成にとって必要なのだろうか。誰がこの複数性に加わるのだろうか、また加わらないのだろうか、そしてどのようにそうした問題＝物質《マター》は決定されるのだろうか。

私たちは、複数的なものから排除されたこれらの存在の行動と状態を、どのように記述すればよいのだろうか。私たちは、そうした排除と、現に領域画定されているような現れの領域を打破する抵抗の諸形式とを記述するために、蓄えとしてどのような政治的言語を持っているのだろうか。現れの領域の外部に住む者たちは、政治的な生の脱生命化された「所与」なのだろうか。彼らは単なる生あるいは剝き出しの生なのだろうか。排除された者たちは単に非現実的で消失したと言うべきなのだろうか、あるいは、彼らはまったく存在を持たない――彼らは社会的に死んだ、単なる亡霊的なものとして、見捨てられるだろう――と言うべきなのだろうか。もしそのように述べるなら、私たちは特定の現れの体制の立場を採用するだけでなく、たとえ私たちがそうした視点を疑問に付すとしても、そうした視点を承認することになってしまう。こうした定式化は、現存する政治的アレンジメントによって剝奪された状態を記述しているのだろうか。あるいはそうした剝奪は、意図することなく、現れの領域そのものを統制し規制する者たちの視点を採用する理論によって、承認されているのだろうか。

賭けられているのは、剝奪された者が政治と権力の外部にいるのか、あるいは、特定の形式の政治的剝奪と、特定の形式の政治的行為能力と抵抗――それは現れの領域そのものの限界の規制を明らかにする――を生きているのか、という問いである。もし私たちが、剝奪は政治の領域の外部

――それは存在の脱政治化された形式に還元される――にあると主張するなら、そのとき私たちは暗黙に、政治的なものの諸限界を確立する支配的な方法を正しいと認めることになる。ある意味でこのことは、政治とは何であるべきか、誰が公共の広場に入る権利を持つべきか、誰が私的領域に留まるべきかについてギリシア的ポリスの内的視点を採用する、アーレント的立場の帰結である。こうした視点は、まさしく前政治的あるいは政治外と考えられる領域において生起し、現れの領域に外部からのように、その外部のように、内部と外部の区別を混乱させつつ侵入する政治的行為能力の諸形式を軽視し、それを低く評価する。革命的あるいは蜂起的瞬間において、私たちは何が政治空間として機能するかについてもはや確信が持てないし、私たちがいかなる時代に生きているのかについてしばしば確信が持てないのだが、それは、確立された空間と時間の体制が、その暴力と偶然的諸限界を露わにするような仕方で転倒されるからだ。先に述べたように、私たちはこのことを、滞在許可書《アンドキュメンテッド》を持たない労働者たちがロサンゼルス市で、市民であることなく、いかなる法的権利も持つことなく、集会の権利と市民権を要求して集まった際に理解するのである。彼らの労働は不可欠なものであり続けると見なされると同時に視界から覆い隠されているのであり、彼らの労働する諸身体が街頭に現れ、市民と同じように行動するとき、彼らは、自分たちがどのように現れるかのみならず、現れの領域がどのように機能するかを変化させる市民権を模倣的に要求する。実際、現れの領域は、搾取された労働者階級が、自分自身を表明するために、また、政治的なものとして現れるものの不可視の条件であることに反対の意を表明するために街頭に現れるとき、動員されると共に無力化されるのである。

「剝き出しの生」(8)というジョルジョ・アガンベンの概念の推進力は、アーレントの政治哲学におけるまさにこのポリス概念に由来するが、それはまさしく次のような問題を引き起こす危険がある、と私は示唆しておきたい。すなわち、もし私たちが排除そのものを政治的問題として、政治そのものの一部として考慮しようとするなら、そのとき、いったん排除されれば、これらの存在は政治的諸関係において現れあるいは「現実性」を失う、また、彼らはいかなる社会的あるいは政治的地位も持たない、あるいは追放されて単なる存在(行動の領域から排除された所与という諸形式)へと還元される、と述べるべきではないだろう。もし私たちが次の点に同意するなら、こうした途方もない形而上学的概念は必要ない——すなわち、政治的なものの領域がポリスという古典的概念によって定義できない一つの理由は、私たちはその概念を用いるとき、追放された者によって企てられる抵抗と行為能力の諸形式について語る言語を持つことも使うこともできない、という点にあるのだ。法の諸形式による基本的な政治的保護を持つことなく、暴力へと根本的に曝された立場にある者たちは、そうした理由から政治的なものの外部にあり、あらゆる形式の行為能力を奪われている、というわけではない。もちろん、私たちはこうした容認できない曝されの状態を記述する言語を必要としているが、私たちが使っている言語はそうした住民たちからさらに行為能力と抵抗のあらゆる形式を、互いのケア、支援のネットワーク確立のあらゆる方法を奪ってしまうわけではない、という点には注意が必要である。

アガンベンが生政治的なものについての概念を明確化すべくフーコーを借用しているにもかかわらず、「剥き出しの生」というテーゼはフーコーの生政治的なものの概念の影響を受けていない。結果として、私たちはその語彙の内部で、無国籍者、被占領者、権利剥奪者によって企てられる行為能力と行動の諸様態を記述することができない。というのも、諸権利を剥奪された生でさえまだ政治的なものの領域の内部にいるのであり、従って、単なる生には還元されないのであり、しばしば怒り、公憤を感じ、立ち上がり、抵抗しているからだ。確立された正当な政治的構造の外部にいることは、まだ権力諸関係の中にどっぷりと浸かっているという状態であり、この状態は、支配的で服従化された諸形式、包摂と正当化の諸様態、そして脱正当化と消失の諸様態を含む政治理論にとっての出発点である。

私の考えでは、幸いにもアーレントは、『人間の条件』によるこのモデルに恒常的に従ってきたわけではない。だからこそ例えば、一九六〇年代の初期に彼女は、難民と無国籍者の運命に再び目を向け、新たな仕方で諸権利への権利を擁護するようになった(9)。諸権利への権利は、その正当性をいかなる現存する特定の政治組織にも求めないような権利である。現れの空間と同じように、諸権利への権利は、その権利を成文化するような、あるいは保障しようとするようなあらゆる政治制度に先行し、それに優先する。同時に、それはいかなる一連の自然法にも由来しない。権利は、それが行使されるときに、また、協調して、連携して行動する人々によってそれが行使されるときに存在するようになる。現存の政治体から排除された人々、いかなる国民国家あるいは他の現代の国家形成体にも属していない人々は、現実の諸関係を独占しようとする人によってのみ「非現実的」と見なされるだろう。しかしながら、公的領域が彼らの排除を通じて定義された後も、彼らは行動している。組織的怠慢によって彼らが不安定性《プレカリティ》へと遺棄されるのであれ、あるいは死へと放置されるのであれ、協調した行動は依然として、彼らが共同で行動することから生起する。そしてこれは、例えば次のような場合に私たちが理解することである。すなわち、滞在許可書を持たない労働者たちが、そうする法的権利を持たないまま街頭に集まる場合、アルゼンチンにおいてスクウォッターたちが、生存可能な避難所《シェルター》への権利を行使する一つの方法として建物への権利を主張する場合、住民たちが、軍に属していた公共の広場への権利を主張する場合、難民たちが、避難所、食料や、避難所への権利を要求する集団的蜂起に参加する場合、住民たちが、法の保護もデモの許可もなく、不公正あるいは犯罪的な法の体制を終わらせるために、あるいは、多数の人々にとって雇用や教育の可能性を破壊する緊縮財政措置に抗議するために集合する場合である。あるいは、その公的な現れそのものが犯罪であるような人々——トルコにおけるトランスジェンダーの人々、あるいはフランスにおけるヴェールを着けた人々——が、そうした犯罪的地位に抗議し、現れの権利を主張するために現れる場合である。

公の「これ見よがしの」宗教的誇示や、顔を覆うことを禁止するフランスの法律は、衣服が世俗主義のシニフィアンであり、顔を曝すことが公的規範となるような公的領域を確立しようとしている。顔を隠すことの禁止は、女性がヴェールを着けずに現れる権利として理解される、現れの権利のある種のヴァージョンに奉仕する。同時にそれは、公的規範のために宗教的諸規範を無視するよう要求することで、そうした女性の集団そのものの現れの権利を否定する。宗教からの脱退というそうした要求された行為は、公的領域が宗教的な帰属の諸形式を乗り越える、あるいは否定するものとして理解される場合、義務的なものとなる。フランスの議論において優勢な、ヴェールを着けた女性はいかなる選択の感覚からもそうすることはできないだろう、という考えは、法律が行為化している宗教的マイノリティへの露骨な差別行為を言わばヴェールで覆い隠すべく、そうした議論において機能している。というのも、ヴェールを着けた人々の中で明白になされている一つの選択は、公的領域への参入を条件付けるこれら強制的脱退の諸形式に従わない、ということだからだ。ここでも他の場所でも、現れの領域は高度に統制されている。これらの女性たちがある仕方ではなく別の仕方で衣服を着けていることは、公的領域の衣服の政治を構成するが、また、強制的な「ヴェールを取ること」――それ自体、第一に公的なものに所属し、第二にあるいは私的にのみ宗教的コミュニティに所属するという徴しである――をも構成する。これはとりわけムスリムの女性について言われることであるが、彼女たちの複数のヴァージョンの公的領域、世俗的領域、宗教的領域への帰属は、恐らく重なり合っているのである。また、そのことが極めて明確に示しているのは、そうした場合に「公的領域」と呼ばれているものは、構成的排除と、否認の強制的諸形式を通じて構築されている、ということである。逆説的にも、ヴェールを取ることを要求する法律に従うという行為は、高度に妥協的で、暴力的でさえある「現れる自由」を確立する手段なのである。

実際、しばしば公的な哀悼行為に続く民衆デモにおいて——住民の半分が難民になる前にシリアでしばしば起ったことだが、そこでは哀悼する群衆たちが軍事的破壊のターゲットになった——私たちは、既存の公共空間が、そこに集まる既存の権利を持たない人々によって、また、集合して公的に主張することで、消失の領域から現れ、暴力と死に曝された諸身体になる人々によって、いかに占拠されるかを見ることができる。実際、暴力による脅迫や脅しを免れた彼らの集合する権利こそが、警察、軍隊、雇われギャング、傭兵によって組織的に攻撃されているのである。これら諸身体を攻撃することは、権利そのものを攻撃することである。というのも、これら諸身体が現れ、行動するとき、彼らは体制の外部で、体制に対して、体制の面前で権利を行使しているからだ。

街頭の諸身体が国家の正当性に対して声に出して反対を唱えるにもかかわらず、彼らはまた、保護なしでその空間を占拠し、そこに留まることによって、身体的諸関係において異議申し立てを行っているのであり、それが意味するのは、身体が政治的に「語る」とき、それは話し言葉あるいは書き言葉においてのみではない、ということだ。その曝された状態における身体の存続は、国家の正当性を疑問に付すのであり、まさしく身体に固有の行為遂行性を通じてそうするのである。(10)行動と身振りの両方が、行動と共に要求として、意味し、語るのであり、一方を他方から完全に分離することはできない。国家の正当性が、まさしく公に現れるという手段によって疑問に付される場合、身体そのものが、いかなる権利でもない権利を行使している。換言すれば、それは軍事力によって激しく戦いを挑まれ、破壊されているような権利を行使しているのであり、その権利は、力への抵抗において、その生き方を分節化し、その不安定性《プレカリティ》と共にその持続への権利を示している。この権利はどこにも成文化されていない。たとえその権利が時としてまさしくここに支えを見出すとしても、それはどこか他の場所から、あるいは既存の法律によって是認されているわけではない。それは実際、諸権利への権利なのであり、自然法あるいは形而上学的規定としてではなく、身体の衰弱あるいは根絶を追求するこれらの力に抗する身体の存続として、諸権利への権利なのである。こうした身体の存続が、確立された空間の体制の中に、動員されると同時に動員する一連の物質的支援を伴って侵入する必要がある。

明確にしておかなければならないが、私は生気論あるいは生そのものへの権利に言及しているのではない。私が示唆しているのはむしろ、政治的要求が諸身体によってなされるのは、諸身体が現れ、行動し、拒絶するときであり、そうした事実のみが脱正当化によって国家を脅かす、という条件下で諸身体が存続するときである、ということだ。諸身体は、それら政治権力へと曝されている限りで、曝されていたことに対して反応もする——反応のための条件そのものが破壊されたという事態を除いて。他者における応答能力を殺すことが可能であることを私はまったく疑っていないが、完全な破壊という形象を、収奪された者の闘争を記述する仕方と解釈しないよう警告しておきたい。権力が存在するどんな場所にも抵抗が存在すると主張し、別の方向へと道を誤ることは常にありうるとしても、権力が必ずしもその目的に従って機能するわけではないという可能性、そして、拒絶の本能的な諸形式が重大な集団的形式で突然発生するという可能性を否定することは誤りであろう。

これらの場合、諸身体はそれ自体、力の方向性が反転されうる権力の媒体《ヴェクトル》である。それらは、連携した行動に関与する身体化された解釈であり、別の種類、別の性質の力を対置する。一方でこれら諸身体は、生産的で行為遂行的である。他方でそれらは、環境、栄養、労働によって、社会性と帰属の諸様態によって支援されているときにのみ存続し、行為しうる。また、これらの支援がなくなり、不安定性《プレカリティ》が露わにされるとき、それら諸身体は別の仕方で動員され、既存の支援を利用して、社会的で制度的な支援、継続した雇用、相互依存とケアのネットワーク、住居《シェルター》と可動性への集団的権利なしでは身体化された生は存在しえない、と主張するのである。それら諸身体は社会的支援と政治的権利付与という考えのために闘争するだけでなく、それら諸身体の闘争は自分自身の社会的形式である。従って、最も理想的な場合、連携は、それ自体の社会性の様態を確立することで、それが実現しようとする社会秩序を行為化し始める。しかしながら、そうした連携は、諸個人の集団には還元できないのであり、厳密に言えば、それは行為する諸個人ではない。さらに、連携した行動はまさしく参加している人々の間で起きるのであり、これは想像上のあるいは空虚な空間ではない。そうした空隙は、社会性と支援の空間であり、自分自身の視点にも、諸構造――それなしではいかなる持続可能で生存可能な生も存在しない――への依存にも決して還元できない、社会性において構成された空間なのである。

私たちがこの数ヶ月に見た多くの大規模なデモと抵抗の諸様態は、現れの空間を作り出しただけではない。それらは既存の権力が浸透した既に確立された空間を占拠し、公共空間、公共の広場と、既存の体制の間の関係を切断しようとした。従って、政治的なものの限界が露わにされ、正当性の劇場と公共空間の間の結び付きが切断されたのである。そうした正当性の劇場はもはや問題なく公共空間の中に収まることはない。というのも、公共空間は今や、他の行動の直中で、まさしくその効果の領域を占拠することで正当性を主張する権力を転位するような行動の直中で生起しているからだ。簡潔に述べれば、街頭の諸身体は、政治的正当性の既存の諸形式に異議を唱え、それを否定するために、現れの空間を移動させる――そして、それら諸身体が時として公共空間を満たし、あるいは掌握するように、これら諸構造の物質的歴史もまた、それら諸身体に働きかけ、それらの行動そのものの一部になり、その最も具体的で堆積した策略の直中で歴史を作り直すのである。これらは服従化され、行為能力を持った行為者であり、既存の国家装置――その劇場的な自己構成を行うために、現れの公共空間の統制に依拠する――から正当性を奪取しようとする行為者である。その権力を奪取するとき、新たな空間が作り出され、言わば、新たな連携の行動を通じて諸々の既存の空間への権利を要求する諸身体の新たな「間」が作り出される。そして、これら諸身体は、それらが自分たちの意味を取り戻し、再意味化する行為そのものにおいて、これら既存の空間によって捉えられ、命を吹き込まれるのである。

こうした闘争は権力の空間的組織化に介入するが、この空間的組織化――その組織化には、またその組織化によって、どんな住民でも現れる可能性がある――は空間的位置の割り当てと制限を含むものであり、それが含意するのは、いつ、どのように「人民意志」が現れうるかをめぐる空間的統制である。誰が現れうるか――誰が現れの主体になりうるか――をめぐる空間的制限と割り当てについてのこの見方は、予めの排除《フォアクロージャー》と差別的割り当てを通じて働く権力の作用を示唆している。

そのとき、同時代の政治の中に現れることは何を意味するのだろうか。また、何らかの形で媒介《メディア》に依拠することなく、この問いを考えることができるのだろうか。何が現れるべきかを私たちが考慮するとき、そこから帰結するのは、私たちが誰かに対して現れており、私たちの現れは、私たち自身の感覚だけでなく、誰か他人の感覚によって登録されなければならない、ということだ。もし私たちが現れるとすれば、私たちは見られねばならないし、それが意味するのは、私たちの身体が見られ、彼らの発声された音が聴かれねばならない、ということである。すなわち、身体は視覚的で可聴的な領野に参入しなければならない。しかし、それは必然的に、労働する身体、性的身体であり、ある仕方でジェンダー化され、人種化された身体ではないだろうか。アーレントの考えは、ここで明確にその限界に逢着する。というのも、身体そのものが、話し、行動するために公的に現れる身体と、一般的に私的で前政治的な領域に格下げされた、性的で、労働する、女性の、外国人の、無言の身体へと分割されているからだ。こうした労働の分割は、まさしく、諸々の不安定《プレカリアス》な生が、連携の諸形式――それは現れの空間を獲得すべく闘争しなければならない――を取って街頭に集合する際に、疑問に付されるものである。もし身体的生の何らかの領域が、現れの領域のための隔離もしくは否認された条件として機能するなら、それは、公的領域を統治し可能にする、構造化する不在となるのである。

もし私たちが話し、行動する生きた有機体であるなら、そのとき私たちは明らかに、生きた諸存在の広大な連続体あるいはネットワークに結び付けられている。私たちはそれらの間で生きているだけでなく、生きた有機体としての私たちの存続は、そうした互いを支援する相互依存的諸関係のマトリックスに依存している。しかしながら、私たちが話し、行動することは、他の生物とは別の何かとして私たちを区別する。実際、私たちは、政治的行動について何が示差的に人間的なものなのかを知る必要はなく、結局のところただ、否認された身体の政治的領域への参入がどのように、人間と他の生物との本質的な結び付きを同時に確立するのかを知る必要があるのだ。従って、アーレント理論のような理論においてだけでなく、多くの形で持続している空間の政治的組織化（それはある意味で彼女の理論において自然化されている）においても、私的な身体が公的な身体を条件付けているのである。そして、公的な身体と私的な身体が完全に別個のものではないとしても（私的な身体は時として公的に「現れる」し、あらゆる公的に曝された身体はその私的な瞬間を持つ）、両者の分岐は、公的なものと私的なものの区別の維持と、否認と権利剝奪というその様式にとって、決定的に重要である。

身体的生の一つの次元が視界の外に留まりうるし、またそうでなければならないが、完全に別個のもう一つの次元は公に現れなければならない、といったことは、恐らく一種の幻想であろう。現れの領域には生物学的なもののいかなる痕跡も存在しないのだろうか。ブリュノ・ラトゥールやイザベル・スタンジェールと共に、現れの領域を取り決めることは、実際のところ生物学的な事柄であり、有機体の調査能力の一つである、と議論することはできないだろうか。いずれにせよ、世界に身体的に現れることなく、環境の中を進む、あるいは食物を入手する手段は存在せず、また、可傷性《ヴァルネラビリティ》と可動性――それは世界に現れることを含意する――から逃れる手段は存在しないのであり、そのことは、動物の世界における偽装や自己防衛の諸形式を説明している。換言すれば、現れとは必然的に、身体が話し、行動するためだけでなく、苦しみ、運動するために、他の諸身体を関与させるために、人が依拠する環境を取り決めるために、必要＝欲求《ニーズ》の充足のための社会的組織化を確立するために現れの危険を冒すような、形態学的な瞬間ではないだろうか。実際、身体は、それが話す方法に、あるいは身体の範例的審級としての話すことに異議を唱えるような仕方で、現れ、意味しうる。もし行動、身振り、静止、接触、共に運動することがすべて、発言を通じて思考を発声することへと還元可能であるとすれば、私たちはまだそれらを理解することができるだろうか。

労働という問題含みの部門の中でさえ、公的に話すことというこの行為は、所与の、受動的で、不透明で、従って政治的なものの慣例的定義から排除されている身体的生の次元に依存している。従って、私たちは次のように問うことができる。いかなる統制が、所与の身体、あるいは受動的身体を能動的身体へと発展させないようにしているのか。これらは二つの異なった身体なのか。もしそうだとすれば、それらを別個のものに保つためにどんな政治が必要とされているのか。これらは同じ身体の二つの異なった次元なのか。あるいはこれらは実際、新たな社会運動――性暴力に反対する闘争、生殖の自由《リプロダクティヴ・フリーダム》のための闘争、不安定性《プレカリティ》に反対する闘争、可動性の自由のための闘争――

によって激しく異議を申し立てられている、身体の現れのある種の統制の効果なのか。ここで私たちが理解できるのは、身体に関するある種の形態学的あるいは建築学的でさえある統制が、理論のレヴェルで起こっている、ということだ。重要なことに、政治的なものに関するアーレントの明示的な説明から排除されているのは、まさしくこの権力の作用――身体が現れるかどうか、そしてどのように現れうるかをめぐる、予めの排除《フォアクロージャー》と差別的な割り当て――なのである。実際、政治的なものに関する彼女の明示的な説明は、それが政治そのものの一部として考慮できていない権力の作用そのものに依拠している。

従って、私がアーレントから受容しているのは次のようなことである。自由は私に、あるいはあなたに由来するのではない。自由とは、私たちの間の、あるいは私たちの中の関係として生起しうるし、生起する。従って、これは各自の中に人間の尊厳を見出すという問題ではなく、むしろ、人間を関係的で社会的な存在――その行動は平等に依拠しており、平等の原理を分節化している――として理解するという問題である。実際、彼女の考えでは、もしいかなる平等も存在しないのであれば、いかなる人間も存在しない。いかなる人間も孤立した人間ではありえない。そして、いかなる人間も協調行動がなければ、また平等の諸条件に依拠した行動がなければ、人間ではありえない。私は次の点を付け加えたい。平等の要求は、話される、あるいは書かれるだけではなく、まさしく、諸身体が共に現れる際に、あるいはむしろ、それら諸身体の行動を通じてそれらが現れの空間を存在させる際になされるのである。この空間は行動の特徴、効果であり、それはアーレントによれば、平等の諸関係が維持されるときにのみ機能する。

もちろん、理想化された瞬間を不審に思う多くの理由が存在するが、理想化を最大限に警戒するあらゆる分析に慎重である理由もまた存在する。タハリール広場における革命的デモには二つの側面がある、という点を私は強調したい。第一の側面は、ある種の社会性が広場の中で確立された仕方に関係している。すなわち、ジェンダー差異を崩壊させる分業であり、それは、誰が話し、人々が眠ったり食べたりした場所を誰が掃除するかを交替制とすること、そして、環境を維持し、トイレを清掃する全員の作業スケジュールを作ることを含んでいた。要約すれば、抗議者の間の「水平的関係」と呼ばれるものが容易かつ方法的に形成されたのであり、平等を具体化するために闘争する連携は、性別間の平等な分業を含んでいたのである――これらは、ムバラク体制と、軍人、企業スポンサー、労働者の間の驚くべき貧富の差を含むその揺るぎなきヒエラルキーに対する抵抗の一部をなしていた。従って、抵抗の社会的形式は平等の原理を具現化し始めたのであり、その原理は、人々がどのように、いつメディアのために、そして体制に抗して話し、行動したかを統御するだけでなく、人々がどのように広場の中の自分たちの様々な区画、舗道の上のベッド、一時的な医療ステーション、トイレ、人々が食事を取る場所、人々が外部からの暴力に曝される場所の手入れをしたかを統御したのである。私たちは単に、途方もない身体的強さと、説得力ある政治的レトリックの行使を要した英雄的行動について語っているだけではない。時としてそこで、広場で眠るという単純な行為が、最も雄弁な政治的声明だった――そして、それは一つの行動と見なされるべきでさえある。これらの行動は、それらが公私の間の慣習的区別を崩壊させ、平等の新たな諸関係を確立したという単純な意味で、すべて政治的なものである。この意味において、これらの行動は、より広い政治的形式で彼らが実現しようと闘っていた諸原理を、抵抗の社会的形式そのものの中に具現化していたのである。

第二に、暴力的な攻撃や極度の脅しに直面したとき、二〇一一年の第一次エジプト革命〔4〕に参加した多くの人々は、silmiyyaという語をコールした。それはsalimaという動詞の語根に由来するが、salimaは「安全で健全な」、「無傷の」、「損なわれていない」、「傷付いていない」、「危険のない」を意味するが、また「異議のない」、「非難の余地がない」、「欠点のない」を、そしてまた「確かな」、「確立された」、「明白に証明された」を意味する。(11) この語は名詞silmに由来し、「平和」を意味するが、また取り替え可能な仕方で、重要にも、「イスラム教」をも意味する。この語のヴァリアントはhubb as-silmであり、「平和主義」のアラビア語である。最も通例的に、silmiyyaをコールすることは「平和に、平和に」という思いやりのある忠告の印象を与える。革命は大部分が非暴力的であったが、必ずしも原則的な暴力への反対によって導かれていたわけではない。むしろ、集団的コールは、根本的なデモクラシー的変革というより大きな目標を心に留めることで、軍事的攻撃——そしてギャングの攻撃——の模倣的な魅力に抗するよう人々を促す一つの方法であった。一時の暴力的やり取りへと押し流されることは、革命の実現に必要な忍耐を失うことである。ここで私の興味を引くのはコール、すなわち、言語が行動を誘発するためではなく、それを抑制するために機能するその仕方であり、それは、立ち現れつつある平等者たちの共同体――それが政治を行う主要な方法は暴力ではない――の名における抑制なのである。

エジプトの体制に変革をもたらしたあらゆる集会とデモは、公共の広場の感覚と現れの空間を生み出すメディアに依拠していた、ということは明白だ。あらゆる一時的な「公共の広場」の範例が設けられており、それは移動可能である。実際、それは、決して完全にではないにせよ、最初から移動可能であるように思われた。そしてもちろん、私たちはメディアなしに、広場の中でのこれら諸身体の移動可能性について考えることはできない。ある仕方で、チュニジアからのメディア映像は、タハリールにおける主要な諸々のメディア・イベントのための道を準備したのであり、そして、それはイエメン、バーレーン、シリア、リビアにおいて続いたのだが、それらすべては異なった道筋をたどったし、またたどり続けている。この数年間の民衆デモの多くは、軍事独裁あるいは専制的体制に向けられたものではなかったが、それらの多くは新たな国家形式あるいは戦争の諸条件を生み出した。それらは確かに、それらが取って代わったものと同程度に問題含みである。しかし、これらの蜂起に続いて起こった幾つかのデモ、とりわけ、そこから帰結する不安定性《プレカリティ》の諸形式を標的としたデモにおいて、参加者たちは独占資本主義、新自由主義、政治的諸権利の抑圧に明確に反対したのであり、新自由主義改革――それは社会民主主義と社会主義の諸形式を撤廃しようとし、雇用を根絶し、住民たちを貧困へと曝し、公教育と住宅への基本的権利を侵食する――によって見捨てられた人々の名の下でそうしたのである。

街頭の光景は、私たちが、ライブであるいは直後に伝えられたその光景の視覚的で聴覚的なヴァージョンを持っているとき、また持っている場合にのみ、政治的に強力なものになる。従って、メディアは単にその光景を伝えるだけではなく、光景と行動の一部になるのである。実際、メディアとは、延長され複製可能な視覚的で可聴的な次元を持った光景と空間である。これは言わば単に、メディアは光景を視覚的かつ可聴的に延長し、その光景の領域画定と移動可能性に参加する、ということだ。換言すれば、メディアが光景を構成するのは、そのローカルな具体化を含意すると同時にそれを超える時間と場所においてである。光景は確実にまた徹底してローカルであるにもかかわらず、どこか他の場所にいる人々は、彼らが受け取る映像と音声を通じて何らかの直接的なアクセスを得ているという感覚を持つ。それは正しいのだが、彼らは編集がどのように行われているかを知らないし、どんな光景が伝わり、伝播し、どんな光景が頑なにフレームの外に留まるかを知らない。光景が伝播するとき、それはそこであると同時にここである。そして、それが両方の場所――つまり、複数の場所――にまたがるとすれば、それは現実にそうあるのと同じ光景ではないだろう。その場所性は、光景がそれ自体を超えて伝達され、グローバル・メディアにおいて構成される、という事実によって否定されることはない。そのローカル性は、現実にそうあるような出来事として生起するために、媒介作用《メディエーション》に依拠している。これが意味するのは、ローカルなものは、それがローカルなものとして確立されるためには、それ自体の外部へと再編されねばならない、ということであり、これが意味するのは、ローカルなものが確立され、そこで何かが現実に起きるのは、グローバル化するメディアを通じてのみである、ということだ。もちろん、多くのことがカメラあるいは他のデジタル・メディア機器のフレームの外部で起きているのであり、メディアは検閲に反対するのと同様に、容易に検閲を実行することができる。決して記録され、放送されない多くのローカルな出来事が存在するのであり、それには幾つかの重要な理由が存在する。しかし、出来事が伝播し、世界的な憤激と圧力を呼び寄せ、維持するとき、それは市場を停止させる力、外交関係を断ち切る力を持つのであり、そのとき、ローカルなものは、各瞬間にローカルなものを超える回路の中に繰り返し確立されねばならない。

しかしながら、こうした仕方で伝播しえないし、実際にしないローカルな何かが残っている。そして、もし私たちが、ある人々が危険に曝されており、その危険がまさしく、これら諸身体が街頭にいることによってもたらされている、と理解しないとすれば、その光景は光景ではありえないだろう。もしそれら諸身体がある仕方で移動されるなら、諸身体は確かに別の場所に放置され、カメラあるいは携帯電話を持ち、対立する者たちに直面し、保護されず、侵害可能で、侵害され、反乱を起こさずともそこに存続する。重要なのは、それら諸身体が携帯電話を持ち、メッセージや映像をリレーすることであり、彼らが攻撃されるとき、それはよりしばしば、カメラあるいはヴィデオ・レコーダーとの関係において起こる。それは、カメラあるいはそのユーザーを破壊しようとする試みでありうるし、あるいは、警告あるいは脅しとして、メディア向けに作られたスペクタクルでありうる。あるいは、それはそれ以上の組織化を食い止めようとする方法でありうる。身体の行動はテクノロジーから分離可能だろうか。テクノロジーは新たな形の政治的行動を確立する助けにならないだろうか。また、検閲あるいは暴力がこれら諸身体に対して向けられるとき、それはまた、どんな映像が伝播し、どんな映像が伝播しないかをめぐるヘゲモニー的管理を確立するために、メディアへのアクセスに対しても向けられないだろうか。

もちろん、支配的なメディアは企業所有のものであり、それ独自の検閲や扇動を行使する。しかしながら、メディアがこれらの場所から放送する自由はそれ自体、自由の行使であり、諸権利を行使する様式である――とりわけそれが街頭からの、検閲を逃れた野生メディアであり、道具の活用が身体的行動そのものの一部である場合には。これこそ疑いなく、ホスニー・ムバラク［エジプト大統領］とデヴィッド・キャメロン［イギリス首相］の両者が、八ヶ月の間を置いて、ソーシャル・メディア・ネットワークの検閲に賛成する議論を展開した理由である。少なくとも幾つかの場合において、メディアは、様々な仕方で自由と正義への権利を主張している社会的で政治的な諸運動について報道するだけではなく、また、社会運動が闘争する目的であるこれら自由の一つを行使している。私はこの主張によって、すべてのメディアが政治的自由と社会正義のための闘いに関与していると示唆したいわけではない（もちろん私たちは、そうでないことを知っている）。もちろん、どのグローバル・メディアが、いかに報道しているかは重要である。重要なのは、プライベート・メディアの諸装置は時として、それらが抗議を報道する検閲の諸様態に打ち勝つまさしくその瞬間にグローバルになる、ということであり、それによって、それらは抗議そのものの一部になるのである。

諸身体がデモの際に街頭で行っていることは、根底において、コミュニケーションの諸装置とテクノロジーが、街頭で起こっていることを「報道」する際に何を行っているのか、という点と結び付いている。これらは異なった行動であるが、しかしいずれも身体を必要とする。一方の自由の行使は、他方の自由の行使と結び付いており、それが意味するのは、それらが両方とも諸権利の行使の方法であり、共同して現れの空間を存在させ、その移動可能性を確保している、ということである。Twitterやその他のヴァーチャル・テクノロジーが公的領域の脱具象化へと導いたため、諸権利の行使は現在、街頭における諸身体を大きく犠牲にして起こっている、と主張する人もいるが、私はその意見には一部不賛成である。私たちは、軍事的行動、あるいは警察的行動を対抗的に監視するような、「手のひらに乗る」メディア、あるいは「高く掲げられた」携帯電話の重要性について考えなければならない。メディアは、出来事が起きるためにこれら街頭の諸身体を必要としている――ちょうど、これら街頭の諸身体が、グローバルな活動の舞台に存在するためにメディアを必要とするように。しかし、カメラあるいはインターネット能力を持った人々が投獄され、拷問され、あるいは国外追放されるという条件下では、テクノロジーの使用は事実上、身体を関与させることになる。誰かの手による入力と送信が必要なだけでなく、その入力と送信の痕跡がたどられるとすれば、誰かの身体が賭けられていることになる。換言すれば、ローカル化は、グローバルに情報を伝達しうるメディアの使用によっては十分に乗り越えられない。そして、もし街頭とメディアのこの結合がまさしく公的領域の現代的なヴァージョンそのものを構成するとすれば、そのとき賭けられた諸身体は、そことここ、現在と当時、移動されたものと静止したものとして考えられねばならず、それらは、これら二つの時空間の様態から帰結する極めて異なった政治的帰結を持つことになる。

私たちがタハリール広場の最初の集会で見たように、そして世界の他の部分で目にし続けているように、公共の広場が人で溢れ返るとき、人々がそこで食事を取り、眠り、歌い、空間を明け渡すことを拒絶するときが重要なのである。同様に、他でもない公共の教育施設がアテネ、ロンドン、バークレーにおいて占拠されたことが重要なのである。バークレーのキャンパスにおいて建物が占拠され、その代償として不法侵入に対する罰金が支払われた。幾つかのケースでは、学生たちは私有財産を破壊したとして起訴された。しかし、これらの申し立てそのものが、大学とは公的なものか私的なものか、という問いを提起した。抗議――学生が建物を占拠し、そこに立てこもること――の公式な目的は、プラットフォームを獲得すること、つまり、公に現れるための物質的条件を確保することだった。こうした行動は一般的に、実効的なプラットフォームが既に利用可能である場合には起こることがない。学生たちはそこで、またより最近にはイギリスにおいても、それらの建物が現在も未来も公教育に正しく属すべきであると主張するための方法として、建物を占拠していたのである。それは、これらの建物が占拠されるときは常にそれが正当化可能である、という意味ではない。ここで賭けられていることに注意を向けさせてほしい。これらの建物を占拠することの象徴的な意味は、これらの建物は公的なもの、公教育に属するということであり、まさしく公教育へのアクセスこそが、授業料の値上げと予算削減によってその土台を掘り崩されているのである。そうした抗議が建物の占拠という形式を取って、行為遂行的に公教育への権利を主張し、公教育へのアクセスが閉じられようとしているまさしく歴史的瞬間に公教育の施設への文字通りのアクセスの保持を主張することに、私たちは驚くべきではない。換言すれば、いかなる実定法も、不正なあるいは排他的な権力形式の制度化に反対するこれらの行動を正当化することはない。そのとき私たちは、それでもやはりこれらの行動が権利の行使である、法が間違っている、あるいは法が失敗したまさしくそのときに生起する法なき行使である、と述べることができるだろうか。

街頭の身体は執拗に存続するが、また自らの自己保存の諸条件を探そうともしている。これら諸条件は不変的に、社会的なものであり、自らの存在を危険に曝されたものとして経験する人々のために社会的生の根本的な再編を要求する。もし私たちがよく考えているなら、そして私たちの考えがある仕方で私たちを生の保存へと委ねるなら、そのとき、保存されるべき生は身体的な形式を取ることになる。逆に言えば、これが意味するのは、身体の生——その飢え、その住居《シェルター》の必要と暴力からの保護の必要——が政治の主要な問題になる、ということだ。私たちの生の最も所与の、あるいは選択されざる諸特徴は、単に所与であるだけではない。それら諸特徴は、歴史と言語の中に、私たちの誰もが選択していない権力の媒体《ヴェクトル》の中に与えられている。同じく本当なのは、身体の所与の属性あるいは一連の規定的特徴は、身体の持続的な存続に依拠する、ということだ。私たちが決して選択することのないこれらの社会的カテゴリーは、別の仕方ではなくある仕方でこの所与の身体を貫いており、また、例えばジェンダーは、そうした身体を貫く仕方とその変容に名前を与えている。この意味で、私たちの生のこれら最も切迫し、大部分は非意志的な次元――飢え、住居の必要、医療、暴力からの保護、自然あるいは人間によって課せられたもの――は、政治にとって決定的に重要である。私たちは、閉じられ、食物が行き渡ったポリスの空間――そこでは、すべての物質的必要＝欲求は何らかの仕方で、どこか別のところで、そのジェンダー、人種、あるいは身分によって公的承認に適さないとされる誰かによって世話される――を想定することはできない。むしろ、私たちは身体の物質的切迫を街頭に持ち出さねばならないだけでなく、それらの必要＝欲求を政治的要求の中心に置かなければならないのである。

私の考えでは、たとえ不安定性《プレカリティ》が差別的に配分されているとしても、不安定性《プレカリティ》の共有された条件は私たちの政治的生にある位置を与えている。そして、私たちのうちの一部は、ルース・ギルモアが極めて明確にしたように、不均衡な形で侵害へのより高い傾向を、他者よりも早く死ぬより高い傾向を与えられている。(12) 人種的差異は、例えば、子供の死亡率に関する統計を見ることで正確に跡付けることができる。これが意味するのは、簡潔に述べるなら、不安定性《プレカリティ》は不平等に配分されており、生は平等に哀悼可能であるとは、あるいは平等に貴重であるとは見なされていない、ということだ。アドリアナ・カヴァレロが論じたように、もし私たちの身体の公共空間への曝されが私たちを根底において構成しており、社会的で身体化されたもの、可傷的で情熱的なものとしての私たちの思考を確立しているなら、そのとき、私たちの思考はまさしくそうした身体的な相互依存と交錯という前提なしには進展しない。身体は、それが住まうことのできない視点を通じて構成されている。他の誰かが私たちの顔を、私たちには不可能な仕方で見るのであり、私たちの声を、私たちには不可能な仕方で聴くのである。私たちはこの――身体的な――感覚において、常にあそこに、しかしここにいて、この脱占有が私たちの属している社会性を徴し付けている。位置付けられた存在としてであれ、私たちは常に別のどこかにいるし、私たちを超えた社会性において構成されている。このことが、私たちの曝されと私たちの不安定性《プレカリティ》を確立し、私たちが存続するために政治的で社会的な制度に依拠する方法を確立しているのである。

人々が歌い、話し、医療を手配し、仮の社会サービスを提供するようなデモにおいて、私たちは身体から生まれる発声を、物質的必要＝欲求と切迫性の別の表現から区別することができるだろうか。デモ参加者たちが公共の広場で眠り、食事を取り、トイレやその他の空間を共有するための様々なシステムを作るときに、彼らは姿を消すことを拒否し、家に帰るあるいは家に留まることを拒否し、自分たちにとっての公的領域――平等という条件に依拠した協調行動――を要求していただけではなく、必要＝欲求、欲望、必需品を持った存続する身体として自分たちを維持することをも要求していたのである。それはアーレント的であり、また確かに反アーレント的なことである。

というのも、自らの基本的な必要を組織化するこれら諸身体はまた、そこで何が起きていたかを記録し、その支援を知らしめ、そうして革命的行動そのものへと入っていくよう、世界に訴えていたからだ。諸身体は協調して行動したが、それらはまた公の場所で眠りもしたのであり、これら二つの様態において、それらは可傷的であると同時に要求的であり、基本的な身体的必要＝欲求に政治的で空間的な組織化を与えていた。このような仕方で、それら諸身体は自らを、視聴するすべての人々に投影される映像へと形成し、私たちに受け取り応答するよう訴え、そうしてメディア報道——それは出来事を覆い隠し、過ぎ去ったものにすることを拒絶する——への協力を求めていたのである。舗道の上で眠ることは、単に公的なものへの権利を主張し、国家の正当性に異議を申し立てる方法であっただけでなく、また極めて明確に、身体をその主張、頑固さ、不安定性《プレカリティ》において賭ける方法であり、革命の時のために公私の区別を乗り越える方法だったのだ。換言すれば、まさしく、私的なものに留まると想定されるこれらの必要＝欲求が街頭の昼夜になり、メディアにとっての映像と言説へと形成されたときにのみ、それはついに、出来事の時空を執拗に延長し、体制を打倒することを可能にしたのである。結局のところ、カメラは決して止まらなかったのであり、身体はそこにあり、ここにあった。それらは眠るときでさえ決して話すことをやめず、従って、沈黙させられ、隔離され、あるいは否定されることはなかった——革命は時として起こるが、それはすべての人々が家に帰ることを拒否し、彼らの収束的で一時的な共存の場としての舗道を固守するからなのである。

訳註

［1］assemblageはドゥルーズ（＝ガタリ）の概念agencement（動的編成）の訳語である。

［2］ピンクウオッシングとは、whitewashing（見かけのごまかし）とpink（ＬＧＢＴを指す）のカバン語で、ＬＧＢＴフレンドリーな見かけによって進歩的で寛容な外観を作り出し、製品や国家を宣伝するマーケティング、政治戦略を指す。

［3］ドイツ語原語は、本書のフランス語訳による。

［4］原書には「二〇〇九年の第一次エジプト革命」とあるが、年号を訂正した。

第三章　不安定《プレカリアス》な生と共生の倫理

私がここで取り組みたいのは、グローバルな特徴を帯び、また遠方でも近接した関係でも生じる倫理的義務についてである。私が関心を持つ二つの問いは、一見すると互いにまったく異なったものだ。第一の問いは、私たち誰もが、遠く離れた苦痛に倫理的に応答する能力、あるいは性向を持つのか、そしてそれが生じるとき、何がその倫理的遭遇を可能にしているのか、という問いである。第二の問いは、私たちが別の人や集団に対峙し、決して選択しなかった人々と自分が常に結び付いていることに気付き、また私が理解せず、あるいは理解したいと望んでさえいない言語での懇願に応答しなければならないとき、それが私たちの倫理的義務にとって何を意味するのか、という問いである。これは例えば、幾つかの競合する諸国家の境界で生じているが、しかしまた、私たちが「対峙性」と呼ぶ、地理的な近接性の様々な契機においても、つまり強制移住や国民国家の境界線の引き直しに起因する、意図しない隣接性という条件下に暮らす住民がもたらす結果においても生じている。もちろん遠さと近さに関する前提は、私たちが知る多くの倫理の説明の中に既に存在している。コミュニティのローカルで、一時的で、そして時にナショナリズム的な特徴を意に介さないコミュニタリアンがいる――彼らは、自分たちがそのコミュニティに倫理的に結び付けられていると考えており、その特定のコミュニティの諸規範が彼らを倫理的に結び付けていると見なしている。彼らは、他者と出会い、他者を知る条件として近さを重視しており、それゆえ、顔の見える人々、その名を知り発音できる人々、既に知己のある人々、馴染みのある姿形や顔つきの人々を結び付けて倫理的諸関係を考える傾向がある。近接性は、身体的統一性、非暴力、そして領土ないし財産権の主張という諸原理を尊重するためのある種の直接的諸要求を課す、としばしば想定されている。しかしながら、地球のある場所で起きている行動や出来事に対して、地球の別の場所で道徳的な怒りが起きるとき、つまり、物理的近接性に基づいて共有された言語や共通の生活に依拠しない一種の道徳的な怒りが起きるとき、私には何か違うことが起きているように思われる。そのような場合、私たちは空間と時間を横断して生じる連帯《ソリダリティ》=団結の絆の活動そのものに遭遇し、それを行為化しているのである。

これらは、我知らず、いかなる意図的な行為からもかけ離れているが、私たちの関心を引き、行動させ、異議を申し立てさせ、具体的な政治的手段を通じてそうした暴力への抵抗を登録するよう強いる仕方で、私たちが遠方の苦しみのイメージに懇願され引きこまれるような場合である。このように私たちは、メディア——私たちはそれに依拠して、個人として、何かを行うか行わないかを決定する——から単に情報を受け取るだけではないと言えよう。私たちは単に過剰なイメージを消費するだけではないし、過剰なイメージに麻痺しているだけでもない。時に、必ずしもいつもではないが、私たちに与えられるイメージは倫理的懇願として機能する。私はしばらくの間、この定式に注意を向けたいと考えている。というのも、私が強調したいのは、私たちが事前に予期したり準備したりできない仕方で、何かが私たちに影響を与えることがある、ということだからだ。そしてこれが意味するのは、私たちはそうした瞬間に、外部から課せられ、また倫理的要求として私たちのところに到来する、私たちの意志を超えた何か、私たちが作ったものではない何かに直面する、ということである。私はこれらが、私たちに同意を求めることのない倫理的義務であり、またそれらは私たちの誰かが意図的に始めた契約や承諾の結果ではない、と示唆したい。

この考えを端的に説明すれば、出発点として私が示唆したいのは、戦争の苦痛のイメージや説明は倫理的懇願の特定の形式であり、近さと遠さをめぐる問いを交渉するよう私たちに強いるものである、ということだ。それらは暗に次のような倫理的困惑を定式化している。そこで起きていることは、私には責任を負うこともできないほど私から遠く離れたことなのか。そこで起きていることは、私が責任を負うには耐えられないほど私にとって近いことなのか。私自身がこの苦痛を生み出したのではない場合、それでも私は何か別の意味で、それに対する責任を負っているのだろうか。私たちはどのようにこうした問いに取り組めばよいのだろうか。私がここで試みるべきことは写真やイメージに焦点を当てることではないが、戦争の苦痛の写真において私たちが遭遇する倫理的懇願は、倫理的義務に関するより大きな問いを提起している、という点は示唆しておきたい。いずれにせよ、私たちは戦争、暴力、死のイメージを見ることを常に選択するとは限らないのであり、それらを激しく拒絶することもできる。では結局、誰がこのイメージを私に直面させるのか、彼らは私に何を感じさせようとしているのか、あるいは彼らは私に何をしようとしているのか。実際、私たちはこれをイメージの構造的パラノイア、つまり不定の呼びかけの形式と結び付いた方法として理解するかもしれない。だが、パラノイア患者でさえ、何らかの形で懇願されている、あるいは、彼ないし彼女が何らかの方法で呼びかけられているという事実を証明している。私たちが決して聞くことを選択しなかった人の声に耳を傾ける、あるいは、決して見ることを選択しなかったイメージを見るこの瞬間には、何らかのレヴィナス的底流が存在するのだろうか。

そうしたイメージは私たちのスクリーンに現れるかもしれない。あるいは、新聞が売られている売店のそばの街路を歩いているときに、私たちがそうしたイメージに遭遇する（あるいはそうしたイメージが私たちに遭遇する）かもしれない。ニュースを得るために、意図的な行為としてサイトをクリックすることはありうるが、だからといってそれは、私たちが目にするものに対して実際に準備ができているという意味ではない。ましてや、視覚的または聴覚的に私たちに影響を与えるものに自らを曝すことを選択したという意味でもない。私たちは、感覚イメージに埋もれ、圧倒されることが何を意味するのか理解している。しかし、私たちはまた、そうした場合、倫理的に圧倒されてもいるのだろうか。もしそうでないとしたら、それは問題なのだろうか。スーザン・ソンタグは、戦争写真が私たちを圧倒すると同時に麻痺させると主張し、私たちが国家の暴力と戦争の不当な性格に対する政治的熟慮――と抵抗――を促すために依然としてそのイメージに依拠できるかどうかを積極的に疑問視した(1)。だが、私たちが圧倒されると同時に麻痺させられないことはありうるのではないだろうか――また、それこそが私たちの感受性に対する倫理的義務の働きだと理解することはできないだろうか。実際、この感受性という言葉は、レヴィナスが自我に先立つ応答性の領域として確保しているものであり、私の応答であり、私の応答でないような一種の応答である。私の応答であると述べることは、自我をその源泉として留めることだ。だが、私たちが語ろうとしているのは、自我論理的《エゴロジカル》なものの脱占有を含意するような応答性の形式である。この点を念頭において、私の問いに立ち戻りたい。行動の動機を得るには、実際にある程度まで圧倒されねばならないのだろうか。私たちが行動するのは、行動するよう促される場合だけであり、外部から、どこか他の場所から、他者の生から私たちを触発し、私たちが行動する理由であると同時に対象であるようなある種の過剰を課する何かによって、私たちが促される場合だけである。こうした倫理的義務の見解に従うなら、受容性とは、行動の前提条件であるだけでなく、その構成的特徴の一つである。「メディア」という用語は、あるヴァージョンの現実を外部から私たちに伝えるあらゆる提示の様態を指す。そしてそれは、私たちがメディアのメッセージと呼ぶものを可能にする一連の予め《フォアクロージャー》の排除によって機能している。メディアのメッセージは私たちに影響を与えるが、この語によって私は、予め《フォアクロージャー》の排除──削除されるもの、境界の外部にあるもの──と、提示されるものとの両方を意味している。私たちは、自分が何らかの反応的行動の直中にいることに気付くとき、通例、見ることを選択しなかったもの（見ることを禁じられているが、視覚的な現れの領域の中に与えられているもの）に反応している。飛躍しているように思われるかもしれないが、私は、イメージの力における選択されざるものをめぐるこの簡潔な説明が、私たちの同意なしに私たちに課される倫理的義務をめぐる何かを分節化しているのだと示唆したい。従って、私たちが、たとえこうした考えを完全に受け容れない十分な理由があるとしても、それを受け容れることに開かれているとすれば、そうした考えが示唆しているのは、同意は私たちの責任《レスポンシビリティ》＝応答可能性を形成するグローバルな義務を規定する十分な根拠ではない、ということであるように思われる。実際、責任＝応答可能性は恐らく、合意なきものの広大な領域に関与しているだろう。

だが、私の二つ目の力点は、倫理的義務は、境界内に集められ、同一言語によって一体化され、そして／また一つの人民ないし国民を構成する、確立されたコミュニティの文脈においてのみ生起する、という考えに異議を唱えることである。遠く離れた人々への義務は、近くにいる人々への義務と同様に、言語的、国民的境界を横断するのであり、また、時間的、空間的な転位を含む視覚的ないし言語的な翻訳によってのみ可能になる。これらの種類の回路は、私たちが持つグローバルな義務を境界画定するためのコミュニタリアン的基盤を混乱させる。従って、私の提案は、同意もコミュニタリアニズムも、私がここで取り組もうとしている義務の範囲を正当化ないし境界画定するものではない、というものだ。私の考えでは、これは恐らく、メディアが遠くの苦痛を極めて近いものにし、近くの苦痛を極めて遠いものに見せるとき、メディアとの関係において私たちが経験することである。私自身のテーゼは、こうした時代にグローバルな回路を通じて生じる倫理的要求は、この限定的ではあるが不可欠な、近接性と距離の可逆性に依拠している、というものだ。そこで私は、ある種の絆がまさしくこの可逆性と、それが作り出す袋小路を通じて精巧に作り出されている、と示唆したい。まさしくこの可逆性こそが、言わば、身体の位置性の問題という難題に遭遇することになる。なぜなら私たちは、メディアを通じてどれほど十分に伝達されていようと、また断固として伝達されてもいないからだ。従って、私たちが街頭で撮影された場合、その身体と街路は、ある程度は伝達され、潜在的にグローバルな次元を獲得している。だが、その報告と伝達は、身体的な位置の時間と空間の次元の一部が伝達されることなく、そこに残され、あるいはそこに存続し、断固としてそこにある、という前提でのみ理解できる。しかし、私には他に選択肢がないので、そして恐らく誰にも選択肢がないので、この身体の問題には後に立ち戻ることにしよう。

さしあたって、かなり初歩的な方法で示唆するだけにしたいと思うが、もし私が自分に近しい人々、既に馴染み深い人々にだけ結び付いているとすれば、そのとき、私の倫理は常に偏狭で、コミュニタリアン的で、排他的である。もし私が抽象的な意味で「人間」である人々にのみ結び付いているとすれば、そのとき私は、自らの状況と他者の状況との間で文化的な翻訳をしようとするあらゆる努力を回避することになる。もし私が遠方で苦しむ人々にのみ結び付いており、自分に近しい人々に結び付いていないとすれば、そのとき私は、自分の倫理的感情を満足させ、自分自身が倫理的であると感じるような距離を確保しようとする努力の中に退いている。だが、倫理的関係は媒介される――私はここで意図的にこの言葉を使って、デジタル時代の直中にヘーゲル読解を召喚している。これは、位置を巡る問いが混乱しており、「そこ」で起きていることはまた、ある意味で「ここ」でも起きている、ということを意味しており、もし「そこ」で起きている何かが幾つかの「どこか他のところ」で登録された出来事に依拠しているなら、そのとき、その出来事の倫理的主張は常に、何らかの形で可逆的な「ここ」と「そこ」で起きているように思われる。だが、その可逆性はその限界を、身体が自らの媒介された伝達によってその位置付け、その曝されから解放されることはない、という事実に見出すことになる。ある意味で、出来事は断固としてローカルである。というのも、身体が危険に曝されているのは、まさにそこにいる人々だからだ。しかし、その危険に曝された身体がどこか他の場所に登録されなければ、グローバルな反応はなく、倫理的な承認や結び付きのグローバルな形式もなく、従って、出来事のリアリティの一部が失われることになる。それは単に、ある個々の住民がある種のメディア的瞬間を通じて他の住民を見ている、ということではなく、どれほど一時的であろうと、そのような反応が、こうした仕方でその生や行動が登録された人々とのグローバルな結び付きの形式を明らかにしている、ということなのである。要するに、圧倒的なメディア・イメージに対して準備ができていないということは、麻痺ではなく、以下の状況へ導くことになる。（a）まさしく働きかけを受けることで、心を動かされ、行動するという状況。（b）そこでもありここでもあるという状況、また、私たちがまさしくグローバルと呼ぶような、倫理的結び付きの多様なローカル性と横断的な時間性を、様々な仕方で受け入れ、交渉するという状況。

そのとき私たちは、幾つかのヴァージョンの倫理哲学に取り組むことで、同意にも了解にも還元できず、確立されたコミュニティの絆の外部で生起するような倫理的要求を今日提示することが何を意味するのかを再定式化することはできないだろうか。私は、倫理、近接性、距離の間のこれらの困難な関係をめぐるエマニュエル・レヴィナスとハンナ・アーレントの幾つかの議論について、手短に検討してみたい。私が、ユダヤ人の知的伝統（レヴィナス）とユダヤ人の歴史的状況（アーレント）によって形成された部分のある二人の思想家を選んだのは、決して偶然ではない。ここで影を投げかけている別のプロジェクト［『分かれ道――ユダヤ性とシオニズム批判』］において、私は、自分が記述している倫理的義務の説明から得られる共生の一つのヴァージョンを分節化しようとしている。そして、これらの思想家はどちらも、この仕事にとって啓発的であると同時に問題含みの視点を提示している。私は、自分の見解を締めくくるために、パレスチナ／イスラエルへと目を向けることで問題をより具体的にしたいと思っている。その目的は主として、ユダヤ人のコミュニタリアニズムを含む、コミュニタリアニズムからの離脱を要求するような、共生に関するユダヤ人の一連の見解を提示することであり、それはまた、イスラエル国家がユダヤ性を代表するという主張を確保しようとする現在、批判的なオルタナティヴとして役立つであろう。あなたにとって、そして恐らくは私にとっても幸運なことに、この最後の関心はここでの私の見解の中心ではない――ただ、公正を期して言えば、それは私の最近の仕事の中心的議論をなしているのだが。

レヴィナス

レヴィナスの倫理哲学には二つの不協和な次元がある。一方には、彼の倫理的関係の概念にとっての、近接性というカテゴリーの重要性がある。実際、他者が私たちの意志に関係なく私たちに働きかける仕方は、倫理的なアピールや懇願の機会を構成しているように思われる。これが意味するのは、私たちが、いかなる明白な選択の感覚にも先だって、倫理的に働きかけられ懇願されている、ということだ。他者によって影響を与えられることは、身体的な近接性を想定している。もし私たちに影響を与えるのが「顔」であるとしたら、そのとき私たちは、ある程度、その「顔」によって触発され、同時に要求されてもいる。他方で、私たちの倫理的義務は、いかなる身体感覚においても近接していない人々に、そして、そうした人々と私たちの両者が属する認識可能なコミュニティの一部には必ずしも含まれない人々に達している。実際、レヴィナスにとって、私たちに働きかける人々は、明らかに私たちにとって他者である。私たちが彼らに結び付けられているのは、まさしく彼らの同一性によってではない。

もちろんレヴィナスは、私に対して倫理的主張を行う他者の他者性をめぐるこの問いについて、幾つかの矛盾した視点を持っていた。彼は、ナショナリズムの諸形式、とりわけイスラエルのナショナリズムを明確に肯定していた。また彼は、ユダヤ＝キリスト教的伝統の中でのみ倫理的関係性が可能である、という考えに捕らわれていた。とはいえ、さしあたり、レヴィナス自身に抗してレヴィナスを読んでみよう。あるいは、彼が切り開く政治的可能性、彼が決して意図しなかった政治的可能性に向けて、彼を読んでみよう。レヴィナスの立場は、次のような結論へと私たちを導くことになる。すなわち、ある住民が別の住民に結び付く一連の倫理的価値は、国民的、文化的、宗教的、あるいは人種的帰属の類似した徴しを持つ二つの住民に依拠することはない。レヴィナスが、私たちは自分が知らない人々、さらには選択しなかった人々、決して選択できなかった人々に結び付いており、またこれらの義務は厳密に言えば契約以前のものである、と力説している点は興味深い。しかしながら彼は、あるインタビューにおいてパレスチナ人にはいかなる顔もないと主張した人物であり、彼は単に、倫理的義務を、ユダヤ＝キリスト教的、古代ギリシア的起源に関する彼の見解によって互いに結び付けられた人々へと拡張しようとしたにすぎない[2]。ある意味で、彼が私たちに与えたのは、まさしく彼が裏切った原理である。彼の失敗は、私たちの直接的所属の領域を超えているが、それにもかかわらず私たちが所属している人々――私たちが何を選択するか、私たちがどんな契約によって結び付けられているか、文化的所属のどんな確立された諸形式が利用可能かという問いにかかわらず――へと倫理的に応答することを求める彼の定式化とまったく矛盾している。

もちろんこれは、倫理の地平に現れることができない人々、人ではない人々、または、彼らと倫理的関係に入ることができる、もしくは入らねばならない存在とは見なされない人々との倫理的関係がどのようなものでありうるか、という問いを提起する。そこで定式化された倫理哲学に取り組み、時にそれを支えてもいる非常に排他的な仮定に反してその哲学を展開することは、果たして可能なのだろうか。言い換えれば、レヴィナスが必要不可欠な条件かつ限界と捉えた宗教的で文化的なコミュニティを越えて広がる、グローバルな倫理の分節化に役立つよう、レヴィナスに抗してレヴィナスを使うことはできるだろうか。

倫理的関係は非対称である、というレヴィナスの議論を例に挙げてみよう。彼の著作では、他者は私に対して優越性を持つ。それは具体的にはどういう意味なのだろうか。他者は私に対して同様の義務を負わないのだろうか。なぜ私は、自分に対して同じ仕方で報いてくれない人に義務を負わなければならないのだろうか。レヴィナスにとって、相互性は倫理の基盤にはなりえない。なぜなら、倫理は取引ではないからだ。言い換えるなら、他者に対する私の倫理的関係は、彼ないし彼女の私に対する倫理的関係に依存することはありえない。なぜなら、そうでなければ、倫理的関係は絶対的でも拘束的でもないものになってしまい、また、異なっており境界付けられた存在としての私の自己保存は、私が他者に対して持ついかなる関係よりも本源的なものになってしまうからだ。レヴィナスにとって、いかなる倫理も利己主義から導かれることはありえない。実際、利己主義とは倫理そのものの敗北である。

私はここでレヴィナスから距離を取る。というのも、私は倫理的思考に向けた自己保存の本源性への反論には賛同するが、他者の生、他者のあらゆる生、私自身のある種の結び付き——つまり、国民的、コミュニタリアン的帰属には還元できないものを強く主張したいからである。私の考えでは（それが私だけのものではないのは確かだが）、他者の生、私たち自身のものでない生もまた、私たちの生である。なぜなら、「私たちの」生がいかなる意味を持つかは、この社会性に由来しており、社会的世界において、また社会的世界によって構成された他者の世界に既にまた初めから依存した存在に由来しているからだ。このように、私とは異なった他者たち——私に対するその倫理的主張が、私の側の利己的な計算には還元不可能な——は確かに存在する。しかしそれは、私たちがどれほど異なっていようと、私たちが互いに結び付いており、人間の形態を超えた生の過程に結び付いているからだ。そして、これは必ずしも常に幸せな、あるいは喜ばしい経験ではない。自分の生が他者の生でもあると理解することは、たとえこの生が異なっていようと、そして異なっていなければならないとしても、それは人の境界が限界であると同時に、隣接性の場、空間的で時間的な近接性の様式、さらには境界を接していることでさえある、ということを意味する。さらに、身体の、境界を接し、生きた現れは、他者に曝された存在の条件である。それは、懇願、誘惑、情熱、そして侵害へと曝されている。それは、私たちを支える仕方で曝されているが、また私たちを破壊しうる仕方でも曝されている。この意味で、身体の曝されは、その不安定性《プレカリアスネス》を指し示している。同時にレヴィナスにとって、この不安定《プレカリアス》で身体的な存在は、他者の生に対して責任を負う。それが意味するのは、人がどれほど自分自身の生を気遣っていようと、他者の生を保持することが最も重要だ、ということである。イスラエル軍がこのように感じてくれればよいのだが！　実際これは、不安定性《プレカリティ》の感覚を抱きながら引き受けることは容易ではない、責任＝応答可能性の形式である。不安定性《プレカリティ》とは、倫理の必然性と同時に、その困難さの名前なのである。

　不安定性《プレカリティ》と可傷性《ヴァルネラビリティ》の関係はどうだろうか。確かに、他者に破壊されることに対して可傷的であると感じると同時に、他者に対して責任＝応答可能であると感じることは難しい。また、レヴィナスの読者は常に、私たち誰もがある意味で、私たちを迫害するものに対して責任を負う、という彼の定式化に反対する。レヴィナスが意味しているのは、私たちが自らの迫害をもたらしている、ということではまったくない。むしろ「迫害」は、私たちの意志に反して私たちに課された倫理的要求にレヴィナスが与える、奇妙で困惑をもたらす名前である。私たち自身の意志に反して、私たちはこの課された倫理的要求へと開かれており、またそれは私たちの意志を圧倒するのだが、それが示しているのは、他者が私たちに行う主張は、まさしく私たちの感受性、受容性、そして応答可能性《アンサビリティ》の一部である、ということだ。言い換えれば、私たちは呼びかけられており、そしてこのことは、ある意味では、私たちが事前に予期できず、それゆえ十分な準備ができない主張に対して可傷的であるからこそ可能になるのである。レヴィナスにとって、倫理的現実を理解するための方法は他に存在しない。倫理的義務は、他者の主張に対する私たちの可傷性に依拠するだけでなく、その倫理的関係によって根本的に定義される生き物として私たちを確立している。この倫理的関係は、私が持っている、または私が行使している美徳ではない。それは、自己のあらゆる個人的感覚に先立つものである。私たちがこの倫理的感覚を尊重するのは、バラバラの個人としてではない。私は既にあなたに結び付けられており、またこれは、私が自分自身であること、完全には予測あるいは制御できない仕方であなたに対して受容的であることを意味している。これはまた、明らかに、私の侵害可能性の条件でもあり、私の応答可能性と侵害可能性は、このように互いに深く結び付いている。言い換えれば、あなたは私を怖がらせ、脅すかもしれないが、あなたに対する私の義務は強固なままでなければならないのである。

この関係は個人化に先立っており、また私が倫理的に行動するとき、境界付けられた存在としての私は解体される。私は崩壊してしまう。私とは、私がその生を保持しようとしている「あなた」との関係であり、その関係がなければ、この「私」は意味をなさないし、この「私」は自我の存在論に常に先立つこの倫理における係留を失ってしまう。別の方法で言い換えると、「私」は「あなた」との倫理的関係において解体されてしまうのであり、それが意味するのは、倫理的関係性を可能にする、脱占有されることの極めて特有の様態がある、ということだ。私が自分自身をあまりに強固に、あるいは厳格に占有していたら、倫理的関係に入ることはできない。倫理的関係とは、ある種の自我論理的《エゴロジカル》な観点を、呼びかけの様態によって根本的に構造化された観点へと譲渡することである。あなたが私に呼びかけ、私が応答するのである。しかし、私が応答するとすれば、それは私が既に応答可能であったからだ。すなわち、この感受性と可傷性は、私を最も基本的な次元で構成しており、呼びかけに応答する意図的な決定に先立つものであると言えよう。言い換えれば、人は、実際に応答する前に既に呼びかけを受け容れることができなければならない。この意味において、倫理的責任は倫理的応答性を前提としているのである。

アーレント

大多数の学者はエマニュエル・レヴィナスについての考察を、ハンナ・アーレントについての分析と分けて考えようとする。レヴィナスは倫理哲学者であり、宗教的伝統に依拠して、受動性と受容性の倫理的重要性を強調する。アーレントは社会哲学者、政治哲学者であり、断固として世俗的で、行動の政治的価値を繰り返し強調する。なぜアーレントに関する議論をレヴィナスに関する議論と結び付けるのだろうか。レヴィナスとアーレントはどちらも、個人主義に関する古典的な自由主義的概念に、すなわち、諸個人は意図的にある契約を結び、彼らの義務は意図的かつ意志的に互いが同意したことから生じる、という考えに反論している。この見解は、私たちが意図的かつ意志的に参入した、合意によって成文化された関係にのみ責任がある、という前提を持っている。そして、アーレントはこの考えに異議を唱えている。実際それこそが、彼女がアドルフ・アイヒマンに反論した議論の趣旨だった。アイヒマンは、自分がどの住民が生きどの住民が死ぬべきかを選択できると考え、この意味で、自分が誰と地球上で共生するかを選択できると考えた。アーレントによれば、彼が理解していなかったのは、誰と地球上で共生するかを選択できる特権など誰にもない、ということである。私たちは、どのように生き、どこで生きるべきかを何らかの仕方で選択できるし、誰と生きるかをローカルな仕方で選択できる。だが、もし私たちが誰と地球上で共生するかを決定すべきだとすれば、人類のどの部分が生き、人類のどの部分が死ぬことになるのかを決めることになるだろう。その選択が私たちに禁じられているならば、それが意味するのは、私たちには既に存在する人々と共に生きる義務があるということであり、また誰が生き、誰がそうでないかの選択は常に大量殺戮《ジェノサイド》的な実践である、ということだ。大量殺戮《ジェノサイド》が起こった、そして今なお起きていることに反論の余地はないが、いかなる倫理的意味における自由も、大量殺戮《ジェノサイド》を犯す自由と両立し得ると考えるのは間違っている。アーレントにとって、地球上の共生という選択されざる特徴は、倫理的かつ政治的存在たる私たちの実存そのものの条件である。従って、そうした大量殺戮《ジェノサイド》の特権を行使することは、個人的資格の政治的条件を破壊するだけでなく、自由そのもの——個人的行為ではなく、複数的行動として理解される自由——を破壊することである。私たちが選択できないその複数性がなければ、私たちに自由はなく、それゆえ選択もない。これが意味するのは、自由の選択されざる条件があり、また自由であることにおいて、私たちにとって選択されざる何かを私たちが肯定している、ということである。もし自由がその条件である不自由を乗り越えようとすれば、そのとき私たちは複数性を破壊し、アーレントによれば政治的動物と見なされた私たちの個人としての地位を危機に陥らせる。これは、アイヒマンの死刑がなぜ正当化されたのかについてアーレントが行った、一つの主張だった。彼女の考えでは、アイヒマンは、自分が滅ぼした人々に彼自身の生が結び付いていることを理解していなかったことによって既に自分自身を滅ぼしていたのであって、個人の生は、あらゆる生が等しく価値付けられた社会的で政治的な枠組の外部では意味をなさず、何の現実性もないのである(3)。

『イェルサレムのアイヒマン』(一九六三年)の中でアーレントは、アイヒマンと彼の上官が、地球上の住民の異種混交性が社会的で政治的な生そのものの不可逆的な条件であることを理解できていなかった、と論じている(4)。従って、アーレントのアイヒマンに対する告発は、私たちは誰一人としてそのような特権を行使することはできない、という強固な確信を示している。またその告発は、私たちが地球上で共生する人々は、選択に先立って、従って、意図的かつ意志的に結ばれた社会的あるいは政治的契約に先立って私たちに与えられている、ということを示している。アイヒマンの場合、誰と地球上で共生するかを選択しようとする努力は、ユダヤ人、ジプシー、ホモセクシュアル、コミュニスト、障害者、病人など、一部の住民を絶滅させようとする明白な努力であり、従って、彼が強固に主張した自由の行使は大量殺戮《ジェノサイド》だった。この選択は、アーレントが考える政治的生の前提条件である、共生に対する攻撃であるだけでなく、以下の提案を私たちに委ねている。それは、私たちは、開かれた複数的な共生という選択されざる特徴を積極的に維持し肯定する諸制度、諸政策を考案しなければならない、というものだ。私たちは、私たちが決して選択しなかった人々や、いかなる直接的な社会的帰属の感覚の対象にもならない人々と共に暮らしているだけでなく、グローバルな住民という、人々の生と開かれた複数性を保護する義務を負っているのである。

アーレントは間違いなく私の考えに異議を唱えるだろうが、私は彼女が提示したのは、特定の形式の政治のためのガイドラインとなる、共生についての倫理的見解だと考えている。この意味で、こうした共生の様態の選択されざる特徴から、具体的な諸々の政治的規範と政策が帰結する。彼女の哲学において、地球上で共生する必然性は、あらゆる地域《ネイバーフッド》、共同体《コミュニティ》、あるいは国民《ネイション》の行動と政策を導く原理である。確かに、あるコミュニティないし別のコミュニティで生きる決断は、コミュニティの外部に暮らす人々が生きるに値しないということを含意しない限り正当化される。言い換えれば、所属のコミュニティ的基盤は、大量殺戮《ジェノサイド》に対する非コミュニタリアン的反対に従属する、という条件でのみ正当化できる。これについての私の読解は、コミュニティに属するすべての住民は地球＝大地《アース》――明らかに彼女がハイデガーから受け継いだ概念――にも属しているというもので、これが含意しているのは、地球のあらゆる他の住民への関与《コミットメント》であるだけでなく、間違いなく付加できるように、地球そのものの維持への取り組み《コミットメント》でもある、ということだ。そしてこの最後の条件によって、私はアーレントの人間中心主義をエコロジー的に補足しようとしている。

『イェルサレムのアイヒマン』において、アーレントはユダヤ人を代弁するだけでなく、別の集団によって地球上の居住から追放された他のあらゆるマイノリティを代弁してもいる。ある者は他者を含意するのであり、また「誰かを代弁すること」は、それが保護しようとする生の複数性を覆しはしないとしても、基礎付け的な禁止を普遍化してしまう。アーレントがユダヤ人とナチスに迫害されたいわゆる他の国民《ネイション》を区別することを拒む理由の一つは、彼女が複数性の名の下に、あらゆる文化的形態における人間的生の共生を論じているからだ。同時に、アイヒマンに対する彼女の判断は、まさしく一人のディアスポラ的ユダヤ人という歴史的状況から生じたものである。すなわち、彼女自身がナチス・ドイツからの難民であり、また、その犯罪が彼女の見解では人道に反する罪であるとき、特定の国民《ネイション》を代理するイスラエルの法廷に異議を唱えるような、また、アイヒマンと彼の仲間によって練り上げられ実行されたナチスの政策に従ってその他多くの集団が絶滅され追放されたとき、大量殺戮《ジェノサイド》のユダヤ人犠牲者のみを代理する法廷に異議を唱えるような、ディアスポラ的ユダヤ人という歴史的状況から生じたものである。

選択されざる共生というこの同じ概念が含意するのは単に、地球上の住民の不可逆的に複数的もしくは異種混交的な特徴でも、またその複数性を保護する義務でもなく、地球上に居住する平等な権利への取り組みであり、それゆえ平等への取り組みでもある。彼女の議論のこれら二つの次元は、一九四〇年代後半に、ユダヤ人主権の原理に基づいた国家としてのイスラエルという考えに反対し、パレスチナの連邦制に賛同する彼女の主張において、具体的な歴史的形式を取った。彼女がそのために闘った複数性という政治的概念は、彼女の考えでは、アメリカ革命に潜在しており、そのような考えに従って彼女は、国民的、人種的、または宗教的基盤のみに基づいた市民権を受け容れることを拒絶した。さらに彼女は、住民の追放と新しい難民集団の生産を要求したいかなる国家の樹立にも反対した――とりわけ、そうした国家が自らの樹立を正当化するために難民の諸権利を援用した場合には。

アーレントの規範的見解は次の通りである。住民のいかなる部分も、自分のために地球、コミュニティ、あるいは国民国家、あるいは宗教単位、一族、党、人種への権利を要求できる者はいない。これが意味しているのは、意志されざる近接性と選択されざる共生が私たちの政治的実存の前提条件であり、彼女のナショナリズム批判の基盤であり、そして地球上において、また必然的かつ不可避的に異種混交的な住民に平等を確立する政治形態の中で生きる義務である、ということだ。実際、意志されざる近接性と選択されざる共生はまた、一部の人間住民を滅ぼしてはならず、人道に反する罪としての大量殺戮《ジェノサイド》を不法とし、また、あらゆる生が等しく生存可能になるよう模索せよという要求を諸制度に与える、という私たちの義務の基盤としても役に立つ。このようにアーレントは、選択されざる共生から普遍性と平等という概念を引き出すが、それらの概念は私たちに、人間的生を支援し、住民の一部を社会的に死んだ者、余計な者と、あるいは本質的に生きるに値せず、それゆえ哀悼不可能な者と見なすことのないような諸制度に取り組むよう求めるのである。

一九四〇年代から一九六〇年代に練り上げられた、共生、連邦制的権威、平等、普遍性に関するアーレントの考えは、ユダヤ人による統治、ユダヤ人市民と非ユダヤ人市民の差別的な分類、パレスチナ人を彼らの土地から引き離す軍事政策、ユダヤ人が人口の多数を占める国家を創設する努力、といったナショナリズム的形式を擁護した人々とは厳然たる対照をなしていた。しばしば教えられるところでは、イスラエルはナチスによる大量殺戮《ジェノサイド》の最中及びその後に、ユダヤ人にとって歴史的かつ倫理的な必然となったのであり、また、ユダヤ人国家の創設原理に疑問を感じる者は皆、ユダヤ人の苦境に驚くほど無感覚である、という。だが当時、アーレント、マルティン・ブーバー、ハンス・コーン、ユダ・マグネスのようなユダヤ人思想家、政治活動家が存在したのであり、彼らは、ナチスによる大量殺戮《ジェノサイド》の最も重要な教訓は、違法な国家暴力に反対することであり、ある一つの人種や宗教に優先的な選挙権、市民権を与えようとするあらゆる国家形態に反対することであり、また、国民国家が国民の純化概念に適わない住民全体を追放することを国際的に禁止することである、と考えたのである。

強制収容所と略奪の歴史的経験から正義の原理を推論した人々にとって、政治的目的は、文化的な背景あるいは形成にかかわらず、言語と宗教を横断して、私たちの誰もが選択しなかった（あるいは私たちが選択したと認識できなかった）人々、私たちが彼らと共に生きる方法を見出す辛抱強い義務を負っている人々へと、平等を拡張することである。というのも、「私たち」が誰であろうと、私たちもまた決して選択されなかった者たちであり、全員の同意なくこの地球上に現れる者たちであり、初めからより広範な住民と持続可能な地球に属する者たちであるからだ。そして、この状況は逆説的にも、入植者の植民地主義と追放を通じて形成された貪欲かつ悲惨な絆を越えて、社会性と政治の新しい様態のためのラディカルな潜勢力を生みだしている。この意味で、私たちは皆、選択されざる者であるが、それにもかかわらず、私たちは共に選択されざる者なのである。次の点を注記しておくことは、決して興味深くないとは言えないだろう。すなわち、彼女自身がユダヤ人であり難民であるアーレントは、自分は「選択された人々＝選民［chosen people］」に属するのではなく、むしろ選択されざる人々に属すべきだ、という義務を、また自分は、まさしくその存在が存在への権利と生存可能な生を送る権利を含意するような人々の中で混成的コミュニティを作るべきだ、という義務を理解していたのである。

もう一つのユダヤ性、不安定《プレカリアス》な生

私は、それぞれ異なった仕方で、ユダヤ性から導かれた二つの視点を提示した。レヴィナスは、ユダヤ人思想家かつシオニストであることを自認しており、戒律の理解――すなわち、戒律がいかに私たちに作用するのか、いかに私たちを倫理的に強制するのか――から自らの責任＝応答可能性の説明を導き出した。そしてアーレントは、確かに宗教的ではないが、にもかかわらず、第二次世界大戦によるユダヤ人難民としての自らの立場を、大量殺戮《ジェノサイド》、無国籍性、そして政治的生の複数的な諸条件について考えるための出発点として捉えていた。

もちろん、レヴィナスもアーレントも、イスラエル／パレスチナに関する一連の政治的理想を確立するために使うことは容易ではない。レヴィナスと同様に、アーレントの立場の一部は明らかにレイシズム的である（例えば、彼女はアラブのユダヤ人を嫌い、自らをヨーロッパ人と同定し、そうした関係の中で限定的にユダヤ性を捉えた）。しかしながら、彼女が著作の一部は今も、大量殺戮《ジェノサイド》に異議を申し立て抵抗する現在のグローバルな義務、無国籍住民の再生産、そして複数性という開かれた概念を求める闘争の重要性について思考するための手段となっている。(5)

アーレントの欧米的枠組には明らかに限界があった。しかし、不安定性《プレカリティ》と共生の実践との関係を理解しようとするなら、もう一つの限界が明白になる。アーレントにとって、身体的必要＝欲求は、私的領域に追いやられるべきなのである。不安定性《プレカリティ》は、私たちが身体的な依存と必要＝欲求、飢餓と住居《シェルター》の必要、侵害と破壊への可傷性、私たちを生かし繁栄させる社会的信頼の諸形式、そして、明白な政治的課題として私たちの存続に結び付いた情熱を確認できる場合に、初めて意味をなす。アーレントが、そのような諸問題は私的領域に追いやられねばならないと考えていたとすれば、レヴィナスは、可傷性の重要性を理解してはいたが、可傷性を現実に身体の政治に結び付けることはできなかった。レヴィナスは、影響を与えられる身体を前提としているように見えるが、自らの倫理哲学においてその身体に明確な場所を与えてはいない。またアーレントは、身体の問題、場所に位置付けられた身体を理論化し、「現れの空間」に現れる語る身体を政治的行動の説明の一部として理論化するが、食料配分の不平等を克服するために闘争し、住宅への権利を肯定し、再生産労働の領域における不平等を対象とする政治を必ずしも進んで肯定するわけではない。

私の考えでは、一部の倫理的主張は身体的な生から現れており、また恐らく、すべての倫理的主張は、侵害可能なものとして理解された身体的な生、人間的生に限定されない身体的な生を前提としている。結局、保持や保護に値する生、殺害（レヴィナス）や大量殺戮《ジェノサイド》（アーレント）から保護されるべき生は、本質的な仕方で非人間的生に接続され、それに依拠している。これは人間的動物という考えに由来しており、デリダが分節化したように、政治について考えるための一つの異なった出発点をなしている。他者の生の保護に取り組むことは何を意味するのかを具体的に理解しようとすれば、私たちは例外なく生の身体的条件に直面することになり、他者の身体的存続だけでなく、生を生存可能にするあらゆる環境条件に取り組むことになる。

アーレントの『人間の条件』で詳述されたいわゆる私的領域において、私たちは必要＝欲求の問い、生の物質的条件の再生産、そしてはかなさ、再生産、死をめぐる諸問題――つまり不安定な生に関するすべてを見出す。大量殺戮《ジェノサイド》政策あるいは組織的怠慢によって全住民を絶滅させる可能性は、誰と地球上に住むかを決定できると信じている人々が存在する、という事実に由来するだけでなく、そうした思考が政治の還元不可能な事実の否認を前提としている、ということにも由来している。政治の還元不可能な事実とはつまり、政治的、社会的相互依存のあらゆる様態における不安定性《プレカリティ》の条件から生じる、他者による破壊への可傷性のことだ。これは、誰もが不安定《プレカリアス》であるという広範な実存的主張になりうる。そしてこれは、住居《シェルター》と生活維持のために互いに依存しあい、それゆえに、不公正で不平等な政治的条件下では無国籍、ホームレス、貧窮のリスクに曝される身体的存在である、という私たちの社会的実存から生じている。私は、そのような主張をする限りにおいて、もう一つの主張をしていることにもなる。すなわち、私たちの不安定性《プレカリティ》は大いに、経済的、社会的関係性の組織化、支持的インフラストラクチャーの有無、そして社会的、政治的諸制度に依存している、という主張である。従って、実存的主張がその特殊性において分節化されるやいなや、それは実存的ではなくなるのだ。またそれは、その特殊性において分節化されなければならないがゆえに、決して実存的ではなかったのだ。この意味において、不安定性《プレカリティ》は、身体的必要＝欲求の組織化と保護に取り組む政治の次元から切り離すことはできない。不安定性《プレカリティ》は、私たちの社会性を、私たちの相互依存性という脆弱で不可欠な次元を露わにするのである。

明言されているかどうかにかかわらず、人口を管理しようとするあらゆる政治的努力は、大抵は不安定性《プレカリティ》の不平等な配分を通じて分節化される、不安定性《プレカリティ》の戦術的配分を必要としている。不安定性《プレカリティ》は、誰の生が哀悼可能で保護するに値し、誰の生が哀悼不可能なのか、あるいは、かろうじて一時的に哀悼可能なのか、従ってその意味で、既に部分的ないし全体的に失われ、ほぼ保護や支持に値しないのか、という点をめぐる支配的諸規範に依拠している。私が主張しているのは、ヒューマニズムを回復させることではなく、むしろ、不安定性《プレカリティ》に根差した倫理的義務の概念のために闘うことである。誰一人として社会生活の不安定な《プレカリアス》次元から逃れることはできない──それは言わば、土台なき継ぎ目《ジョイント》なのである。また私たちは、一般化された不安定性《プレカリティ》が私たちに大量殺戮《ジェノサイド》への反対を義務付け、平等主義的関係に基づいて生を維持するよう義務付けていることを理解することなく、共生を理解することはできない。恐らく私たちの生のこの特徴は、大量殺戮《ジェノサイド》──その手段が意図的であるか過失的であるかを問わない──からの保護の権利の基礎として役立つだろう。いずれにせよ、私たちの相互依存性が私たちを思考する存在以上のもの、つまり、社会的で身体化され、可傷的で情熱的な存在として構成しているとしても、生の相互依存と維持の条件を前提としなければ、私たちの思考はどこにもたどり着かないのである。

相互依存性は幸福で有望な概念だと考えるかもしれないが、それはしばしば領土戦争や国家暴力の諸形式の条件でもある。実際、私たちが、依存の管理不可能性──それがどのような恐怖、パニック、嫌悪、暴力、支配へと導くか──について、政治のレヴェルで考えることができたかどうかはわからない。ここで提示したものにおいて、私が相互依存性の肯定に向けて闘おうとしているのは事実だが、同時に私は、平等主義的関係に依拠して持続可能な相互依存性を促進する社会的、政治的形式のための闘争がいかに困難かを強調しようともしている。他者の苦痛によって触発されるとき、私たちが彼らの立場に身を置いているだけでも、彼らが私たち自身の場所を侵害しているだけでもない。恐らくそれは、ある種の交差《キアスム》的結び付きが前景化し、明らかに私自身の生と同じではない生の中に私が何らかの形で巻き込まれる契機なのである。そしてこれは、私たちに訴える人々の名前を知らないとき、あるいは、その名前を発音するのに苦労したり、学んだことのない言語で話したりするときでさえ生じるのだ。遠く離れた苦痛のメディア表象の一部は、私たちのより狭いコミュニタリアン的結び付きを断念させ、時には我知らず、また時には私たちの意志に反して、感知される不正に応答するよう私たちに強いる。そのような［メディア的］提示は、他者の運命を近付けたり、遠く離れているように感じさせたりすることができる。しかしながら今日、メディアを通じて現れる倫理的要求は、近接性と距離のこの可逆性に依拠している。実際、ある種の絆は、それがどれほど不十分であろうと、まさしくこの可逆性を通じて形作られている。そして私たちは、共生をまさしくこうした絆として特徴付ける相互依存性を理解する方法を見出すかもしれない。というのも、私がここと同時にそこにいるとしたら、私は完全にそこにいるわけではなく、またたとえ私がここにいるとしても、私は常に完全にここにいるわけではないからだ。この可逆性を、他者は完全には他者ではなく、また私は私として完全にはここに存在しないが、その結び付き、その継ぎ目《ジョイント》は交差的で、単にそして常に部分的に可逆的で、部分的にそうではない、という仕方で、身体的な時間と空間によって制限されたものとして理解する方法はあるのだろうか。

周知のように、敵対的な結び付き、悲惨な絆、哀悼的様態のつながりが存在する。そのような場合、近接した土地、紛争中のもしくは植民地化された土地で他者と共に生きることは、その共生の直中に攻撃性と敵意を生み出すことになる。植民地化された人々の選択されざる共生の様式は、確かに、平等を基礎として確立されたデモクラシー的な複数性の概念と同じではない。しかし、それらのいずれも、悲惨な愛着と隣接性の様態を持っているのだ(6)。

敵対的で選択されざる様態の共生状況においてさえ、ある種の倫理的義務が生じることになる。第一に、私たちは誰と地球上で共生するかを選択することはないので、私たちが愛していないかもしれない人々、決して愛することなく、知ることもなく、選択しなかった人々の生を保持するという義務を守らなければならない。第二に、この義務は政治的生の社会的諸条件から生じているのであり、私たちが行った合意や意図的な選択から生じているのではない。しかしながら、生存可能な生のこれら社会的諸条件そのものは、まさしく達成されねばならないものである。私たちは、良き生を共に保証する前提条件としてそれらに依拠することはできない。それどころか、それらは、私たちがそのために闘わなければならない諸理想を提供するのであり、それは暴力の問題を経由することを含意している。なぜなら、私たちはこれら諸条件を実現する義務を負っているからだ。私たちはまた、情熱的で恐ろしい連携の中で互いに結び付けられており、しばしば私たちの意志に反して、しかし究極的には私たち自身のために、絶えず作られつつある「私たち」のために互いに結び付けられているのである。第三に、アーレントが述べるように、これら諸条件は平等を含意しているが、同時にまた不安定性《プレカリティ》への曝され（レヴィナスから引き出される論点）も示唆しており、それによって私たちは、不安定性《プレカリティ》を最小限に抑え、経済的、政治的平等を確立する政治的、経済的諸形式を見出すグローバルな義務を理解することになる。平等と最小限の不安定性《プレカリティ》によって特徴付けられたそれら共生の諸形式は、服従化と搾取に対するあらゆる闘いによって達成すべき目標となるが、同時にその目標は、それを達成するために距離を越えて集う連携の実践において達成され始めるものでもある。私たちは不安定性《プレカリティ》において、不安定性《プレカリティ》から出発して、そして不安定性《プレカリティ》に抗して闘うのである。従って、私たちが共に生きようと努力するのは、人類全体に対する愛からでも、平和への純粋な願いからでもない。私たちが共に暮らすのは選択の余地がないからであり、また、時には選択されざる状況に憤慨することもあるが、私たちは、選択されざる社会的世界の究極的価値を肯定するために闘争することを義務付けられているのであり、肯定とは必ずしも選択ではなく、闘争とは、生の平等的価値へと必然的に取り組む仕方で自由を行使する際に、認知され、感知されるのである。私たちは他者の苦痛に敏感にも鈍感にもなりうる――また、彼らは私たちに鈍感にも敏感にもなりうる。しかしながら、そこで起きていることがここでも起き、また「ここ」が既に他のどこかであり、必然的にそうであると私たちが理解できるときにだけ、私たちは、今なお倫理と呼びうるものの伝達と束縛を知りうるような仕方で、困難で変化するグローバルな結び付きを捉えるチャンスを持つのである。

第四章　身体の可傷性、連帯の政治

私はこの章を、次の三つの問題に焦点を合わせることから始めたい。すなわち、身体の可傷性《ヴァルネラビリティ》、連帯《コアリション》、そして街頭《ストリート》の政治である――しかし恐らく、それらを完全に明白な仕方で関連したものとするためではない。そこで、アクティヴィズムの一形式として、あるいは、ある意味で抵抗の諸形式として動員されるものとして、可傷性を考察する方向へと向かいたい。周知の通り、政治は常に街頭で起きるものではない。また、政治は常に可傷性を重視するものではなく、連帯は多くの性質《ディスポジション》から作られうるし、必ずしも可傷性に関する共有された意味から作られうるものではない。実際、賭けてもよいが、可傷性に関する私たちの懐疑は、極めて大きいものである。女性たちはとても長い間、可傷性と結び付けられてきたし、この概念から倫理、ましてや政治を引き出す明確な方法はない。従って、私は初めに、これら三つの概念が互いを特徴付けるために役立ち、可傷性に関する考察へと導くことに役立つと示唆することによって、なすべき仕事が多く残っていることを認めておく。

民衆の中で話すことについて、あるいは民衆に向けて書くことについての私のますます差し迫った感覚は、それが私たちを直接に行動へと導かねばならない、ということではない。むしろそれは、行動の条件や方向について一緒に立ち止まって考えるチャンスであり、それ自体が価値を持つ熟考の形式であって、単に道具的なものではない。実際、こうして立ち止まることがそれ自体、行動の一部であるかどうかは別の問題だが、私は熟慮の上で、その通りだが、ただそれだけではない、と言いたい衝動に駆られる。この機会に私は、容易に現れうる幾つかの間違った考えを退けるために、これらの問題について考えてみたい。例えば、レイシストの群衆や暴力的な攻撃を考えれば、確かに、街頭に集ったすべての身体が良いものであるとか、私たちは大規模なデモを称賛すべきだとか、集合した身体が共同体のある理想を、あるいは称賛に値する新たな政治を形成するとは言えない。しかしながら、街頭に集った身体は明らかに、喜び、そして希望さえもたらすことがある——そして、押し寄せる群衆は、革命的希望の機会となることがある——。「街頭の諸身体」という言葉がまた、右翼のデモを、デモを鎮圧するために、あるいは権力を掌握するために、群衆をリンチするために集まった軍人たちを、あるいは公共空間を占拠する反移民のポピュリスト運動を言い表しもすることを想起しておこう。従って、「街頭の諸身体」は本源的に良いものでもないし、本源的に悪いものでもない。それらの身体は、それらが何のために集まっているのか、そしてその集会《アセンブリ》がどのように機能するのかに依存して、異なった価値を持つ。しかし、街頭に集まった諸身体という考えは、左翼にとって少しスリルをもたらす。あたかも権力が、デモクラシーを予告する仕方で奪還され、奪取され、引き受けられ、身体化されるかのように。私にはそのスリルがわかるし、そこから出発して執筆さえしてきた。しかしここで私は、自分の疑念の一部を再検討するし、そうした疑念の一部は共有されていると思われる。

　最初に、私たちは次のように問う準備ができている必要がある。街頭に集まった身体を、私たちはどのような条件下で称賛の要因と見なすのか。あるいは、どんな形式の集会が現在、正義と平等、さらにはデモクラシーの実現そのものというより大きな理想を実現するために機能しているのか[1]。

正義と平等を実現しようとするこれらのデモは称賛に値する、と最低限述べることはできる。しかしもちろん、私たちは用語を定義するよう求められている。というのも、周知のように、正義に関する相対立する見方があり、もちろん平等について考え、平等を価値付ける数多くの異なった見方があるからだ。すぐさま別の問題が現れてくる。つまり、世界のある部分では政治的連携は街頭の集会の形を取ることがない、あるいはできないのであり、それには諸々の重要な理由がある、ということだ。私たちはただ、人々を街頭に近付けない、あるいはマーケットの外に留める、極度の警察の監視あるいは軍事占領という条件について考察する必要がある。こうした場合には、群衆は、投獄、侵害、あるいは死の危険を冒すことなく街頭に溢れ出ることはできない。従って、連携は時に別の形で、正義の要求がなされる際の身体の曝されを最小化する方法を見出そうとする形でなされることになる。二〇一二年春にパレスチナで起こり、散発的に継続している監獄でのハンガーストライキもまた、監禁空間に強制的に制限された抵抗の形式を構成しており、そこでは、同じように隔離形式に置かれた身体が、自由、適正な法的手続き、公共空間への移動と公的自由を行使するための権利の要求を行っている。従って、身体の曝されが異なった様々な形式を取りうることを想起しておこう。強化された身体の曝されは、集会が街頭あるいは公的領域において彼らの身体を警察力へと故意に曝すときに起きる。それはまた、占領という条件の下で、街頭を歩き、あるいは検問を通過しようとし、身体をハラスメント、侵害、逮捕、死亡可能にするとき、日常的に起きることでもある。しかしながら、監獄、収容所、難民キャンプでは、他の形式の身体の曝されが生じる。

それらの場所では、力を使用し、隔離を強制し、いつどのように、どのような条件下で食べ、眠るかを決定するために、軍人や警察官が監視の権力と行動を阻む権力を行使する。従って、問題は明らかに、身体の曝されが常に政治的に良いものであるとか、さらにはそれが解放運動のための最も成功した戦略であると主張することではない。時には、身体の曝されの意図しない条件を乗り越えることが、まさしく政治闘争の目的となる。そして時には、ありうる侵害へと身体を故意に曝すことは、まさしく政治的抵抗の手段となる。

もちろん、街頭や広場が存在しない、もしくはそれらが政治行動の象徴的中心をなさないがゆえに、ある形式の政治集会が街頭あるいは広場で起きない、という事態も考慮しなければならない。例えば、十分なインフラストラクチャーを確立するという目的のために、運動が活性化する場合もある――南アフリカ、ケニア、パキスタンに存在し続ける貧民街あるいは黒人居住区、ヨーロッパの国境線に沿って作られた一時的な避難所《シェルター》、ベネズエラのバリオス、ポルトガルのバラカス［いずれも貧民街］について考えることもできる。こうした空間は、移民、スクウォッター、ロマを含む人々の集団によって居住されており、彼らはただ清潔な水道水、使用可能なトイレ、時には公衆トイレの閉じられたドア、舗装された街路、賃金が支払われる労働、必要な食糧のために闘争しているのである。従って、街頭とは必ずしも、ある種の民衆集会のための公共の場所として当然視しうるものではない。公共空間、道路としての街路は、また人々がそのために闘争する対象としての公共財でもある――つまり、インフラストラクチャーの必要性が、ある形の大衆動員の要求の一つを形成するのである。街頭とは、単なる政治的要求のための基礎あるいはプラットフォームではなく、基盤《インフラストラクチャー》財でもある。従って、基盤《インフラストラクチャー》財の破壊に反対して闘争するために、例えば、公教育、図書館、交通システム、道路を削減するような緊縮財政の手段に対して闘争するために、集会が公共空間で行われるとき、私たちは時に、その闘争がプラットフォームそのもののためであることを見出すことになる。言い換えるなら、私たちは、基盤《インフラストラクチャー》財をある程度まで前提とすることなく基盤《インフラストラクチャー》財のために闘争することはできないのであり、従って、政治にとっての基盤《インフラストラクチャー》的条件そのものが破壊されるときには、その条件に依拠した集会もまた破壊されるのである。こうした点において、政治的なものの条件は、政治集会を行う目的である財の一つである——これは、公共財が民営化によってますます解体されるという条件下における、基盤《インフラストラクチャー》的なものの二重の意味かもしれない(2)。

実際、インフラストラクチャーを要求することとは、ある種の居住可能な基盤を要求することであって、その意味と力はまさしくその欠如に由来する。だからこそ、その要求はすべての種類のインフラストラクチャーを要求することではない。というのも、生存可能な生の破壊(例えば、軍事的形式の監禁、投獄、占領、監視)のために機能するものもあれば、生存可能な生を支援《サポート》するものもあるからだ。ある場合には、街頭は現れの空間、すなわちアーレント的な政治空間として当然視されえない。というのも、よく知られているように、そうした場そのものを確立するための、あるいはそうした場を警察の管理から取り戻すための闘いが存在するからだ(3)。しかしながら、それを実現する可能性は、現存しているインフラストラクチャーという条件から政治空間を創造する行為遂行的《パフォーマティヴ》な有効性に依拠している。現れの空間は政治行動の瞬間に存在するようになる、と主張するとき、アーレントは少なくとも部分的には正しい。それは必ずしも実践において容易に行えるものではない以上、確かにロマン主義的な考えではある。彼女は、集会のための物質的諸条件はどんな特定の現れの空間とも別個のものだと考えているが、実際のところ問題は、インフラストラクチャーを新たな行動の一部に、さらには共同の行為者にすることである。しかし、もし政治が生存可能性を考慮した諸条件を作り出し、維持することを志向するとすれば、そのとき、現れの空間はインフラストラクチャーや建築の諸問題と決して完全に切り離すことはできないと思われるし、それら諸問題は行動を条件付けるだけでなく、政治空間の形成に関与しているように思われる。

もちろん、街頭とは政治的発言、行動のための唯一のインフラストラクチャー的支持体《サポート》ではない。それはまた、政治的動員の主要な関心事、対象である。ある意味で私たちは、自由が行使されうるのは自由への支援――それは時に、その行使を可能かつ強力にする物質的条件としても理解される――が存在する場合のみである、という考えを既に知っている。実際、発言する身体、あるいは境界を横断して至るところに移動する身体は、語り動きうる身体と見なされる。支援されると同時に行為能力を持った《エイジェンティック》身体は、他の種類の動員のための必要条件と見なされるのである。実際、「動員」という語は、それ自体が権利であり、多くの人々が当然視することのできない可動性《モビリティ》の生産的な意味に依拠している。身体が移動するために、それは（水泳や飛行でない限り）何らかの種類の表面を持たなければならず、また、運動が生じることを可能にするいかなる技術的支援であれ、それを自由に使用できなければならない。従って、鋪道と街路は既に、それが可動性の権利を行使する際に身体にとっての必要条件と理解されている。それらそのものが、単に行動の支援ではなく、行動の一部となっているのである。

私たちは確かに、支援されると同時に行為能力《エイジェンティック》を持ち、運動を可能にするインフラストラクチャーに関与した身体というこの考えが、多くの政治運動――例えば、食物と住居《シェルター》、侵害や破壊からの保護、労働の権利、入手可能な保険医療《ヘルス・ケア》を求める闘い――においてどのように暗黙あるいは明白に働いているかについて、リストを作ることもできるだろう。従って、あるレヴェルでは私たちは、ある種の政治的要求と動員において身体が機能しているという暗黙の考えについて問うている。また、もう一つのレヴェルでは、どのようにして動員が、人間の身体と呼ばれるものと不可分なこれらの必要《リクワイアメンツ》=必需品と支援を政治的関心の対象と見なすかを解明しようとしている。私の提案は、インフラストラクチャーが破壊されているという条件下では、政治にとってのプラットフォームそのものが政治的動員を結集する対象となる、というものだ。そして、これが意味するのは、身体の名においてなされた要求（その保護、住居、育成、可動性、表現）は時に、身体とその技術的、インフラストラクチャー的次元によって、それらを通じて生じなければならない、ということだ。こうした要求が生じるとき、身体は政治の手段であり目的であると思われるかもしれない。[4] しかし、重要なのはまさしく、身体がこれらすべての条件、技術、そして身体を可能にする生の過程から分離されないことを強調することである。

このように語るとき、私は人間の身体という考えと、恐らくそれに不可欠な必要＝欲求《ニーズ》という考えに訴えようとしたように見える。しかし、それは必ずしも正しくない。そのような考えに訴えたとき、こうした不変の身体とその恒常的な必要＝欲求は、私たちがある形式の経済的で政治的な組織化が人間の繁栄にとって十分である、あるいは不十分である――すなわち、その繁栄を掘り崩すものである――と判断する基準となるだろう。しかし、もし基礎あるいは基準としての身体という考えが通常、個々の身体（「私たち」は、こうした見方を考慮することにさしあたり同意する者たちの集団である）、さらには理想的あるいは典型的な身体と理解されるとすれば、そのときこの身体は、私の考えでは、身体はそれを保護する諸関係のネットワークという観点から理解されねばならない、という点に反することになる。もし私たちが問題を個人的なものと考えるなら、あらゆる個々の身体は食物と住居へのある種の権利を持つと言える。たとえこうした陳述において問題を一般化させる（「あらゆる」身体はこの権利を持つ）としても、私たちはまた、身体を区別されたもの、個人的問題として理解し、個人的身体がそれ自体、身体とは何か、それはどのように概念化されるべきかに関する規範であると理解することで、問題を個別化することもできる。もちろん、そうした見方は明らかに正しいと思われるが、こうした個人的で身体的な権利主体が可傷性、曝され、さらには依存性の感覚を捉え損ねることがある、という考えを考慮しなければならず、そうした感覚は権利そのものによって含意されており、それはオルタナティヴな身体の見方に合致すると思われる。換言すれば、もし私たちが、身体とは何かの一部をなすのは（これはさしあたり存在論的主張である）、他者の身体と支援のネットワークに対する身体の依存性である、ということを受け容れるなら、そのとき私たちは、個々の身体を互いにまったく別個のものと捉えることは完全に正しいわけではない、と示唆していることになる。もちろん、それらは何らかの無定形の社会的身体へと混合されるわけではないが、もし私たちが、その中で人間身体が生き、繁栄しているこれら諸関係を理解することなく、人間身体の政治的意味を正しく概念化することができないとすれば、私たちが達成しようとしている様々な政治的目的のための可能な最良のケースを実現し損ねてしまう。私が示唆しているのは、あれこれの身体が諸関係のネットワークに結合されている、ということだけではなく、その身体が、その明確な諸々の境界にもかかわらず、あるいは恐らく、まさにこれら境界のおかげで、それ自体の生と行動を可能にする諸関係によって定義されている、ということである。私が示したいのは、私たちは他の人間たち、生の過程、非生物的条件、生のための媒介へのその構成的な諸関係の概念の外部で身体の可傷性を理解することはできない、ということなのである。

この関係性の意義について詳述する前に、可傷性はまた、単に非連関的な身体の特徴あるいはその挿話的な性質《ディスポジション》ではなく、むしろ、そうした非連関性のある側面を繰り返し疑問に付す関係性の様態である、という考えを提示しておきたい。このことは、私たちが政治的結集あるいは連帯について語ろうとするとき、また抵抗について語ろうとするときに問題となるだろう。身体は自己駆動的な行為主体《エイジェント》として世界に登場するのではない。駆動の制御は時間をかけて確立され、身体は何よりもまず依存、依存的存在という条件下で社会的生へと参入する。それが意味するのは、最初の瞬間あるいは発声、動作でさえ、生き延びるための変化する一連の条件に応答している、ということだ。これら諸条件にはどこかに人々が含まれるが、それは必ずしも、その人だけが養い保護する手段と能力を持つような、もう一人の身体化された人――その人もまた誰かに支援されているとすれば――ではない。だからこそ、ケア従事者は他者に対して支援《サポート》を提供するだけでなく、自分自身の支援《サポート》＝維持の諸条件（それが意味しているのは労働、休息、報酬、住居、健康管理の生存可能な諸条件である）を必要としている。生の最も可傷的な瞬間にとっての支援の諸条件は、それ自体が可傷的である。そして、これら諸条件はある程度インフラストラクチャー的なものであり、ある程度人間的なものであり、ある程度技術的なものである。もし私たちが、これが幼児に当てはまると認め、人間の大人についてはいささか懐疑的であるとしても、どれほど年を重ねようと、依存的で受容的な特徴を持つこうした固有の条件から脱する者は誰もいない、という点は示唆しておきたい。この点は、ケアを組織する主要な方法は労働と権利のより広い社会的で政治的な諸形式と結び付いている、という主張によって裏付けられるように思われる。とは言うものの、私たちは人間の身体についてのみ語っているのだろうか、また、慣習的に精神分析をマルクス主義に結び付けてきた思考の方向性を単に延長しているだけなのだろうか。私は、恐らくダナ・ハラウェイが既に十分に説明したような理由から、そうであると同時に完全にはそうでないと述べておきたい。仮に私たちが環境、機械、そしてそれらが依拠している社会的相互依存の複雑なシステムがなければ身体についてまったく語ることができないとすれば、そのとき、身体的な生のこれら非人間的次元すべては人間が生き延び繁栄することの構成的次元である、ということがわかる。ホモ・エレクトゥスに関する数世紀にわたる主張にもかかわらず、人間は他人の助けを借りず独り立ちすることはない(5)。明らかに、機械に依存するあらゆる年齢の人々の事例が存在しているのであり、私たちの多くは何らかの点で機械あるいはテクノロジーに依存していることに気付いている。同じようなことを、人間と動物の間の非偶然的な関係についても言うことができるだろう。人間の身体はいかなる絶対的な仕方でも動物の身体から区別されることがない——たとえ私たちがそれらの間に容易に何らかの差異を見出すことができるにせよ。しかしながら、哲学における嘆かわしく長い伝統がそうしてきたように、人間の身体的次元は動物的次元と見なされるべきだと言っているわけではない。結局、人間は既に動物との関係の中にあるのだが、それは動物が人間にとっての「〈他者〉」であるという意味においてではなく、たとえ正確に他のすべての動物のようにではないとしても（実際、いかなる種類の動物も正確に他のすべての種類の動物のようであるわけではなく、動物というカテゴリーは、定義上、その内部での変異《ヴァリエーション》を許容する）、人間は既に動物であるからだ。さらに、多数の生の過程が人間と動物を交差させており、それらの間の区別にはむしろまったく無関心なままだ。ハラウェイの要点の一つは、人間と動物の間の依存の諸形式は、それらがある程度、互いによって、互いを通じて構築されていることを示唆している、というものである。もし私たちが依存を中心的なものと考えるなら、そのとき、動物と人間の差異は二次的なものになる（それらはどちらも依存的であり、それらは互いに依存しあっており、それらが現にあるような存在であるために互いに依存しあっている）。この意味において、動物と人間の間の存在論的区別は、それらの間に存在する関係から発生する。従って、私たちが機械、人間、動物の間で行いがちな分析的区別は、混合的あるいは依存的な諸関係をある意味で隠蔽することに依拠しているのである。[6]

　私は、身体、連帯、街頭の政治の関係を再考してもよいのではないか、という主張から始め、人間的行動のための非人間的でインフラストラクチャー的な諸条件の幾つかは、最終的に政治的動員の目的そのものになるのであり、このことは、基盤《インフラストラクチャー》財が広範かつ急速に破壊されている条件下ではとりわけ正しい、と示唆した。私はまた、身体はこうした種類の闘争に少なくとも二つの仕方で――すなわち政治の基礎、目的として――巻き込まれている、とも示唆した。さらに私は、人間身体とインフラストラクチャーの関係を再考し、単一の形式で想像された人間身体の非連関性と自己充足性を疑問に付すよう示唆し、同時にまた、人間身体を、環境、社会的諸関係、支援と支持のネットワーク――それらは人間、動物、技術の境界を横断する――として複雑な仕方で理解されたインフラストラクチャーへのある種の依存として考える仕方も示唆した。結局、たとえ私たちが、人々が政治闘争へと入る目的である身体上の必要を理解し列挙するようになるとしても、そこから、それらの必要が満たされるとき、政治闘争はその目的を達成する、と主張することになるのだろうか。あるいは、私たちが闘争するのは、身体が繁栄し、生が生存可能なものになるためでもあるのだろうか。私は様々な語を用いて、専門用語に抗する問題への接近方法として一連の関連語を探している。いかなる単一の語も、こうした人間の努力、協調したこの努力、あるいは共同でのこの努力――それは政治運動あるいは動員の一つの意味を形成すると思われる――の性格と目的を適切に記述することはできない。

これらすべてを活動状態に保っておくことは重要だと思われる。というのもまさしく、互いに関係付けて考えることが時に困難であるような二つの議論の傾向が存在するからだ。一つの議論は、身体はそれが生き延びるために必要とする何かを持つべきであり、というのも、生き延びることとは生のより広い政治的目的――それは生き延びることそのものとははっきりと異なった目的である（これは時に、ハンナ・アーレントの考えであった）――を実現する前提条件だからである、というものだ。もう一つの議論は、生そのものの条件の正当かつ理に適った再生産――それは自由の行使を含む――から区別できるいかなる目的も存在しない、というものである。私たちは、まさしく生きるために生き延びるのだ、と言うことができるだろうか、また、そのような仕方で生き延びることと生きることを切り離すことができるだろうか。あるいは、生き延びることは常に、生存可能であるために生き延びること以上のことでなければならない、というのは本当なのだろうか(7)。いずれにせよ、ある種のトラウマを生き延びる人もいるが、それは、彼らが完全な意味で生きていることを意味しない。また、私は完全な意味で生きることとそれほど完全でない意味で生きることとを区別する方法を知らないが、そうした区別に付与されるある種の重要性があると考えている。生き延びることへの要求は生存可能な生への要求と結び付いていると結論できるだろうか。もし私たちが、生存可能な生の条件を構成するものは何かと問われるなら、そうした生のための唯一あるいは一律の理想を提示することなくそれに答えることができなければならないだろう。私の考えでは、「人間的なもの」とは果たして何か、あるいはさらに「人間的生」とはどのようなものであるべきかを見出すことは重要な問題ではない。実際、私には、人間存在の被造物的次元がこの瞬間に私たちを引き止めるように思われる。結局のところ、人間もまた動物であると述べることは、価値を下げる、あるいは地位を下げる条件としての動物化を受け容れることではなく、有機的かつ非有機的な相互関係――その関係の中ですぐに人間だと認識可能なすべての人が現れるような――を再考することである。換言すれば、人間的動物は、私たちに生存可能性の諸条件そのものを再考することを許すのである。私たちはもはや、人間の理想的な諸形式――常にそのより劣った諸形式を含むような、あるいは、その規範に翻訳できない生の諸様態を視界から消して、それら生の諸様態をより生存可能にするのではなくむしろ確実により生存不可能にするような――を必要とはしていない。しかしまさしく、「人間的なもの」は極めて政治的な意味を充当されているがゆえに、そしてまさしくこれらの理由から、私たちは「人間的なもの」のより小さな場所を一連の関係の中で再考しなければならないし、それゆえ私たちは、「人間」を差異的に認識する諸条件とは何かを問うことができるのである。(8) 「私たち」はカテゴリーを通じて考えなければならない、と述べるとき、私は恐らく、言説の人間主義的慢心を用いて、カテゴリーの支配力から私たち自身を解放しようとするときでさえカテゴリーがまだ私たちをしっかりと掴んでいる、ということを示そうとしている。

最初に私は、青春期に遡って、諸身体が街頭に集合する際に自分がある種のスリルを経験する、と告白したが、しかしながら例えば、デモクラシーはマルチチュードが押し寄せる出来事として理解されなければならない、という考えを保持する政治的見解についてはかなり疑いを持っている。私はそのようには考えていない。私には、次のように問わなければならないように思われる。何がそうした集団を団結させているのか、どんな要求が共有されているのか、あるいは、どんな不正義と生存不可能性の感覚が、どんな変化可能性の徴候が、様々な物事に関する集団的意識を高めているのか、と。それにもかかわらずデモクラシー的であるためには、存在し拡大する不平等、地方レヴェルと世界レヴェルの多くの住民にとってのかつてなく増大する不安定性《プレカリティ》の諸条件、デモクラシー的な過程と運動を鎮圧しようとする独裁的でセキュリティ至上主義的な管理の諸形式に対する抵抗が存在しなければならない。私たちは時に政治的熟議と行動が集会の形式を取って起きると想像するが、同じ場を占めることを前提としない協議や行為の別の方法が存在する。街頭あるいはオンラインに、あるいは別のより不可視な連帯《ソリダリティ》＝団結のネットワークを通じて集合する身体が存在する。とりわけ囚人にとっては、その政治的主張は一つの公共空間に直接的に現れるかもしれないし、もしくは現れないかもしれない連帯《ソリダリティ》＝団結の形式を通じてなされるのであり、また、その連帯《ソリダリティ》＝団結は、それが現れる際に、公共空間からの共同での強制的な排除と、警察官あるいは警備員によって監視された独房への強制的隔離に基づいている。このことは、集会の自由は、それが明らかに権利として否定されている場合にはどのような形式を取るのか、という問いを呼び起こす。もし私たちが、監獄には集会の自由はない、あるいはそれは制限されていると述べるなら、そのとき私たちは確かに、収監された人々は強制的にその自由を奪われたことを確かに認めているのであり、私たちは、こうした市民権の本質的次元が奪われていることの正義あるいは不正義について議論することができる。私はそのことに大賛成である。しかしながら同時に、集会の自由を行使する秘かな、しかも時に効果的な方法が監獄においても生じるのであり、そして私たちはその点を認めることなくそうした抵抗の形式を概念化することはできないだろう、と示唆しておきたい。監獄の中で現れる、ハンガーストライキも含めた連帯《ソリダリティ》＝団結と行動の諸形式は、また集会の自由の形式、あるいはそうした自由が含み、抵抗の能動的形式として認められるべき連帯《ソリダリティ》＝団結の形式をも構成する。従って、既に私たちは、街頭と広場は政治的抵抗のための唯一のプラットフォームではなく、広場に入る自由あるいは街頭に出る自由が存在しないところでも抵抗のための場は確かに存在する、という点を理解している。二〇〇九年にカイロで起こったように、横転させられた戦車が突然、軍隊への民衆の抵抗を呼びかけるためのプラットフォームになったのと恐らく同じように、監獄の独房の四方の壁もまたプラットフォームになるだろうか。監禁された身体には常に移動の自由があるわけではないが、その身体は今なお自らの監禁を抵抗の表現のために用いることができるだろうか。そうした瞬間に、公共の広場はそうした行動の支持体《サポート》ではないが（人々は、そこに集まることで収監された人々を支持するにせよ、また、確かに支援であることはでき、その空間的支援と象徴的力を用いることはできるにせよ）、しかしながら、身体が食事や労働の拒否を行使しうるその仕方を通じて、コミュニケーションの様式を発明し、機能的な囚人であることを拒否し、監獄という制度の再生産を挫折させるべく介入することで、支援は連帯＝団結《ソリダリティ》の様式において、内部と外部で別の意味を引き受ける。監獄は、人間の行為や運動の統制や、受刑者の身体の再生産に依拠しており、例えばハンガーストライキにおいてそうした統制的権力が失敗する場合――実際に失敗するのだが――、監獄も機能する能力を失うのである。さらに、この機能の失敗はまた、監獄そのものを危険に曝すこと、あるいは監獄そのものを打ち砕くことと結び付いている。カフカ「流刑地にて」における、処罰機械が制御不能になり、受刑者を抹殺してしまう場面を覚えている人もいるだろう。この制御不能の状態は、恐らくハンガーストライキを行う者から導き出されている。しかし実際のところ、そこに欠けているのは、監獄が効果的に機能するときでさえ常にそうであったような、殺人機械を白日の下に曝すことである。というのも、もし受刑者の効果的な再生産が受刑者の生存可能性の条件の破壊と同時に起きるとすれば、そのとき、死に結び付いた運動が既に、いかなるハンガーストライキよりも先に起こっているのである。ハンガーストライキは、監獄で既に機能している死の措置を白日の下に曝す。この意味において、ハンガーストライキは、それ自体の行為遂行性《パフォーマティヴィティ》のプロトコルに従った身体的な行為化である。それは、身体が示そうとし、抵抗しようとしているものを行為化するのである。

　もちろんこれらの各状況は、文脈の中で考察されねばならない。街頭あるいは公共な広場における最近の集会――オキュパイ運動のそれであれ、スペインにおける〈怒れる者たち〉〔los Indignados〕[1]のそれであれ――は、集会を行う人々に暫定的な支援を提供しようとしていたのと同時に、彼らは、ますます多くの人々が仕事を失い、賃金削減に苦しみ、住居や公的給付金を失っているという条件下で、様々な形の持続的な支援へのより広範な要求を促そうとした。従って、集会は経済世界の広範な構造を正確に反映するものではない。しかし、ある種の原理が、これらのより小さな集会において練り上げられている。そうした集会は、より大きな国家的でグローバルな文脈へと移し変えられうる平等と相互依存の理想を作り出す――あるいは刷新する――ことができるのである。その集会が何を行い、何を述べるかは、それらが常に同じではないとしても、互いに結び付いている。政治的要求は行為化されると同時に行われ、例示されると同時に伝達される。これらすべてのことが意味するのは、ある種の行われた要求には常に行為遂行的《パフォーマティヴ》な次元が存在し、そこで行為遂行性は、身体と言語の交差《キアスム》的関係として機能する、ということだ。そのとき、私たちが街頭に赴くのは、もっぱらあるいは主として、抽象的な権利を引き受けた主体としてのみではない。私たちが街頭に赴くのは、そこを歩き、あるいは移動する必要があるからだ。私たちは街路が建設されることを必要としているが、それは、例えば私たちが車椅子を使うか否かにかかわらず、私たちがそこを移動できるようにであり、障害、ハラスメント、行政的拘禁、あるいは侵害や死の恐れなしにその空間を通行できるようにである。もし私たちが街頭にいるとすれば、それは私たちが立ち止まり、移動し、重要な生を生きるための公的形式の支援を必要とする身体であるからだ（私の考えでは、障害研究に由来するこの一般的な主張――すべての身体は移動のために支援を必要とするという――は、何が公的な動員を支援しているのか、そしてとりわけ、何がインフラストラクチャー的支持体への公的資金の動員を支援しているのかを考察する際に、一定の含意を持っている)。この可傷性は、私たちが今とりわけ可傷的であると感じているか否かにかかわらず、姿を現すものである。可動性とはそれ自体、身体の権利であるが、それはまた、集会の権利そのものを含む、他の権利の行使のための前提条件でもある。多くの人々が歩く権利をめぐって動き出している。そこには、レッテルを体現すると同時に拒絶し、ハラスメントとレイプへの心配から免れているべき場としての街頭への権利を要求する方法として、世界中で起こり始めた重要なスラット・ウォーク[2]も含まれる。歩くこと――あなたが女性かトランスジェンダーである場合、夜間に一人で歩くこと――、たとえ警察の暴力が待っているかもしれないとしても集合することは、時に危険である。人々は、宗教的服装で街頭を歩く女性の権利をめぐって、仕事に行くために歩く、他のトランスジェンダーの女性との連帯行為として行進する、あるいはより広範な社会闘争のために行進する、トランスジェンダーの女性の権利をめぐって動き出している。あなたが黒人であり、今が夜であるとして、あなたが犯罪者だと思い込まれることなく街頭を歩く権利。身体障害者が歩く権利、歩くことを可能にする舗道と機械を持つ権利。アパルトヘイトの規則が支配的であるヘブロンのいかなる街路でも歩くことのできる、パレスチナ人の権利。これらの権利が広く行き渡り、普通のものになるべきだし、時には実際にそのようになっている。しかし時には、街頭を歩くこと、こうした小さな自由を行使することは、ある種の体制に対する挑戦をもたらし、同時に身体的かつ政治的という二重の意味での運動によって引き起こされたささやかな行為遂行的混乱をもたらすのである。

私は示唆しておきたいのだが、そうした行動は、確かに連帯＝団結《ソリダリティ》を通じて支援されねばならないが、またインフラストラクチャー的条件、法、そして道路を妨げる暴力的あるいは強制的活動の不在によっても支援されねばならない。私が先に言及した闘争が前提とするのは、身体は拘束されてきたし、拘束される恐れを持つこと、身体は労働や可動性なくしてはありえないこと、身体は暴力や強制の諸形式を被る場合があることである。私は、身体は能動的ではなく可傷的であると言おうとしているのだろうか。あるいは、可傷的である身体さえ行為できると言おうとしているのだろうか。実際のところ私の議論は、身体は本源的かつ定義上可傷的であり非能動的であると考えることと同じくらい、身体は本源的あるいは定義上能動的であると考えることは誤りだろう、というものだ。もし定義が必要だとすれば、それはむしろ、可傷性と行為能力《エイジェンシー》を一体として考えることができる、という点に依拠するだろう。私はとりわけ、女性の身体を特に可傷的なものとして理解することがどれほど非生産的でありうるかに意識的である。受動的と能動的という区別をそれぞれ女性と男性に割り当てる、歴史の長い嘆くべきジェンダー・ポリティクスを考慮すれば、私たちはすぐさま疑わしい領域に入ることになる。しかしながら、もし私たちが、ある集団は差別的な仕方で可傷的であると述べるなら、ある権力の体制下において、ある集団は別の集団より容易に攻撃目標とされ、ある人々は別の人々より貧困に苦しみ、ある人々は別の人々より警察の暴力に曝されている、と述べているにすぎない。私たちは、ある仕方あるいは別の仕方で支援されるべきであろう社会学的観察を行っている。しかし、そうした社会学的主張は、極めて容易に新たな記述規範になりうるのであり、その点において女性たちは、自らの可傷性によって定義されてしまう。こうした点において、その記述が取り組むとされる問題そのものが、その記述そのものによって再生産され、承認されてしまうのである。

　これは、可傷性を動員することが何を意味するか、とりわけ可傷性を協調して動員することが何を意味するかに注意を払わなければならない一つの理由である。私たちの多くにとって、すなわち多くの人々にとって、能動的に街頭に現れる瞬間は、曝されることについての意図的なリスクを含んでいる。恐らく、「曝され」という言葉は、存在論や基礎付け主義の罠の外部で可傷性を考えることに役立つだろう。このことは、許可なく街頭に現れる剝き出しの人々、警察、軍隊、あるいは治安部隊に武器なしで対峙している人々にとって、とりわけ正しい。確かに人は保護を奪われているのだが、ある種の「剝き出しの生」に還元されているわけではない。主体を政治的なものそのものの領域外に打ち捨てる主権権力は存在しない。反対に、街頭、独房、あるいは街の周縁や国境で身体を拘禁し侵害する権力と力のより変化に富み拡散した活動が存在するのであり、これこそがとりわけ剝奪［＝脱措定（destitution）］[3]の政治的形式なのである。

　もちろんフェミニズム理論家は、女性は不均衡な形で社会的可傷性に苦しんでいる、と長きにわたって論じてきた。[9] 女性はとりわけ可傷的である、と主張することには常にリスクがあるが――どれだけ多くの他の集団が同じ主張をする資格を与えられているかを考えるなら、また女性というカテゴリーが階級、人種、年齢、その他多くの権力の媒体《ヴェクトル》、潜在的な差別と侵害の場によって区分されていることを考えるなら――、この伝統から引き出されるべき重要な何かがまだ存在する。そうした主張は時に、女性が不変の規定的な可傷性を持っていることを意味すると解釈されるし、その種の議論は父権主義《パターナリズム》的な保護規定の事例を作り出すことになる。女性がとりわけ可傷的であると見なされ、保護された地位を求める場合、そうした保護を提供するのは国家あるいはその他の父性的権力の責任になる。こうしたモデルによれば、フェミニスト・アクティヴィズムは、特別な制度と保護のための父性的権威を請願するだけでなく、その権威を、女性を無力な立場に置き、言外に男性をより権力を持った立場に置く権力の平等において肯定する。そして、それが単にあるいはもっぱら、保護を与える立場に「男性」を置くだけでなく、フェミニズムの目標達成を容易にするために、国家機構に父権主義的義務を付与するのである。そのような考えは、例えば、女性は可傷的であると同時に抵抗の能力を持ち、可傷性と抵抗は同時に生起しうるし、生起するし、さらには生起しなければならない、という考えとはずいぶん異なったものである――父権主義的権力を拡大させることなく保護を与えようとする、ある種の形のフェミニズム的な自己防衛と諸制度（例えば、虐待された女性の避難所《シェルター》）において私たちが見るように。また、トルコあるいはどこにおいても、トランスジェンダーの女性を支援するネットワークを通じて起きるように、拡張され、拡張可能な女性のカテゴリーは、あるがままに現れることによってハラスメントあるいは侵害を受けるのである。

もちろん、女性の差別的可傷性に賛同するもっともな理由はある。女性は不均衡な形で貧困と文盲に苦しんでおり、これらは女性の置かれた条件を全般的に分析するための二つの重要な次元である（そして、私たちの誰も、こうした諸条件が完全に乗り越えられる時まで「ポストフェミニスト」であることはない二つの理由でもある）。しかし、可傷性への転回を行ったフェミニストたちの多くは、言わば、人権機関と国際法廷における女性の保護された地位を強化するためにそうしたのである。フェミニズムのプロジェクトのこの法学化は、法廷に対するそうしたアピールを強化するために必要な言語を優先的に扱おうとしている。しかし、そのようなアピールがいかに重要であろうと、それが提供するのは、人民による、法の枠を超えたフェミニズム的諸形式の抵抗、大衆運動の力学、市民社会のイニシアティヴ、可傷性によって特徴付けられ動員された政治的抵抗の諸形式を理解するには、限定された言語でしかない。

父権主義の補強を避ける政策を確立する必要性は明らかだと思われる。同時に、こうした父権主義への抵抗が、社会福祉を提供するすべての国家と経済機関に反対するなら、そのとき、インフラストラクチャー的支持体を要求することはその条件の範囲内では理解できなくなり、自らを敗北に追いやってしまう。従ってこの作業は、かつてなく多くの人々がホームレス状態、失業、文盲、不十分な保険医療《ヘルス・ケア》に曝されている増大する不安定性《プレカリティ》という条件下では、さらに困難になる。私の考えでは、闘争は、次の二つのフェミニズム的主張をいかに効果的に行うかにかかっている。すなわち、それら諸制度が生命を維持するために決定的に重要である、という主張であり、同時に、フェミニストは不平等の諸関係を再設置し自然化する父権主義の諸様態に抵抗する、という主張である。

従って、可傷性の価値はフェミニズム理論と政治にとって重要ではあるが、このことは、可傷性が集団としての女性を定義する特徴として役立つ、という意味ではない。私は、可傷性という基礎付け的概念に依拠した、女性のカテゴリーにとっての新たな規範を組み込もうとするこの努力に反対するだろう。実際、誰が「女性」と呼ばれる集団に帰属するのかをめぐる議論は、明らかな可傷性の領域を徴し付ける。すなわち、ジェンダー不適合の人々であり、その人たちの差別、ハラスメント、暴力への曝されは、明らかにこれらの基礎に基づいて強化される。従って、「女性」と呼ばれる仮に結合された集団は、「男性」と呼ばれる仮に結合された集団よりも可傷的ではないし、また、男性よりも女性が可傷性を重んじることを証明しようとすることは特に有益なわけでも正しいわけでもない。むしろ、可傷性や非可傷性のようなジェンダーを規定するある種の属性は、ある種の権力体制下で、女性から権利を奪うある種の権力体制を強化するために不平等に配分されているのである。私たちは、資本主義の下で不平等に配分されているものとして商品、自然資源――とりわけ水――を考えるが、同時に、住民を管理する一つの方法が可傷性を不平等に配分することであり、「可傷的住民」は言説と政策の中で確立される、という点も確かに考えるべきである。より最近では私たちは、社会運動と政治分析が不安定《プレカリアス》な住民に言及することに、また、それに応じて政治戦略が不安定性《プレカリティ》の諸条件を改善することを考えて工夫されていることに気付く[10]。しかし、この同じ要求はまた、不安定性《プレカリティ》を露わにすると同時に動員し、言わば、不安定性《プレカリティ》の直中に現れる行為遂行的な政治行動の可能性を示す、広範な人民の闘争を通じてなされてもいる。もし可傷性あるいは不安定性《プレカリティ》を明示することがこの形式の政治的要求を消去してしまうなら、そうした明示はいっそう、それが軽減しようとしている条件そのものを固定化してしまう、ということは明白だと思われる。

従って、私たちは「可傷性」という用語を使うことのリスクを確かに理解している。しかし、この用語を敬遠することのリスクもまた存在するのではないだろうか。不安定性《プレカリティ》は可傷性にとりわけ政治的な誘因を与えるのではないだろうか。また、一方の用語を使う方が、他方の用語を使うよりも望ましいのだろうか。私には、用語を変えれば問題が解決するという確信はない。というのは、どちらの用語にもある種のリスクが存在するからだ。

もちろん、不安定性《プレカリティ》と可傷性というカテゴリーのどちらも使うという、より不穏な道もあるだろう。軍事的、経済的政策の枠内では、ある住民は事実上（何の罰も受けず）侵害可能である、あるいは使い捨てにできる（使い捨ての条件のまま生き続けるか、あるいはもはや生きることもなく文字通り処分される——この区別は、社会的死の時空における隔たりを構成する）。この種の明白あるいは暗黙の徴し付けは、そうした住民に対して侵害を加えることを正当化するために用いられている（私たちが戦時に、あるいは滞在許可書《アンドキュメンテッド》を持たない市民に対する国家の暴力に見るように）。従って、「可傷性」とは、ある住民を破壊の標的にする仕方でもありうる。このことは、新自由主義におけるあるパラドックスと、その「責任化」の概念——すなわち、自分自身の不安定《プレカリアス》な立場、あるいはその加速度的な不安定化《プレカライゼーション》の経験に責任があるものとしてその住民を指し示す――を生み出した。この邪悪な形式の道徳化に対する反論として、人権の擁護者たちは、そうした集団のための法的かつ制度的な保護の必要性を力説する限りで、可傷性の概念を擁護したのである。ここで可傷性の概念は、ある住民を標的にする、あるいはそれを保護する、という二つの仕方で機能している。それが意味するのは、この用語は、標的にされることと保護されることは二つしかないオルタナティヴにすぎない、という制限的な政治的論理を確立してきた、ということだ。そのように展開された用語は、人民の運動（人民主権の諸形式ではないとしても）と、抵抗と社会的で政治的な変容のための能動的な闘争とを効果的に消去してしまう、ということを私たちは理解できる。可傷性の概念を使うこれら二つの仕方は対照的なものであり、それらは――問題含みの論理の範囲内でのみだが――、間違いなくより急を要し、より将来性のある別の諸形式の政治的合理性と実践とを追放するものである、と考えた方がよいだろう。

従って、標的にすることと保護することは、権力の同じ原理に属する実践なのである。もし不安定《プレカリアス》な住民が自分自身の状況を作り出したのだとすれば、そのとき彼らは、体系的な仕方で不安定性《プレカリティ》を再生産する権力の体制の中には位置していないことになる。彼ら自身の行動、あるいは彼ら自身の失敗は、彼らの不安定《プレカリアス》な状況の原因だということになる。もし彼らには保護が必要だと見なされるとすれば、そして父権的権力の諸形式（それは時に、博愛主義的で人道主義的なNGOを含む）が、無力なものを代理すべく自らを権力の不変の地位に置こうとするなら、そのとき、これらの住民はデモクラシー的過程や動員から排除されてしまう。このジレンマへの回答は、不安定《プレカリアス》な住民を、道徳モデルに基づいて過度に責任を負うべきものとして位置付けることでも、反対に、彼らを良きキリスト教徒による「ケア」が必要な苦しめる住民として位置付けること（フランスにおける社会民主主義的言説が、キリスト教的価値への暗黙の帰属によって現在主張しているように）でもない。

このアプローチは、可傷性と非可傷性を政治的効果として、身体の上に、身体を通じて働く権力の領域の不平等に配分された諸効果として解釈する。これらの即座の反転が示しているのは、可傷性と非可傷性は男性あるいは女性の本質的特徴ではなく、むしろジェンダー形成の過程であり、その目的の一つとして不平等の境界線に沿ってジェンダー差異を生産するような、権力の諸様態の効果である、ということだ。私たちはこの原理の明証性を、例えば、男性性がフェミニズムによって「攻撃される」と言われる場合――この場合、「可傷的」立場にあるのは男性性である――、一般民衆が様々な種類の性的マイノリティ、ジェンダー・マイノリティによって「攻撃される」と言われる場合、カリフォルニア州は白人が多数《マジョリティ》を失ったがゆえに今や「攻撃下」にあると理解される場合、あるいはアリゾナ州はラテンアメリカ系住民によって「攻撃下」にあり、かつてなく通り抜けることの難しい国境を築こうとしている、と言われる場合に見出すことができる。様々なヨーロッパの国民が今や新たな移民コミュニティによって「攻撃下」にあると言われており、その点において、支配的集団とそのレイシズム的代理人たちは可傷的な条件を占めていると解釈されるのである。

可傷性のこうした戦略的使用は、そのように解釈された男性的立場は自分自身の構成的な可傷性を否認することを通じて効果的に構築される、と述べる精神分析的フェミニズムから引き出される解釈とは正反対の方向に向かっている。私の考えでは、私たちは皆、恐らくこうした議論のどれかを知っているだろう(11)。この否定あるいは否認は、否定、投射、転位の政治制度を必要とする。それは女性的なものの徴しの周囲に集まるのである。しかし、そうした分析は、定式の逆転に直面しなければならない。結局のところ、(国民の、男性性の)過度な可傷性を生み出すことは、時として、女性とマイノリティの両者を封じ込めるための根拠を確立することにもなるのだ。この非透過性を達成する者は、可傷性の記憶の痕跡すべてを消去し――すなわち抹消、外部化し――、管理不可能な可傷性の同時代的感情を事実上管理しようとする。自分自身を定義上、非可傷的であると見なす人は、実際次のように述べる。「私は決して可傷的ではなかった。そしてもし私が可傷的であったとすれば、それは真実ではない。また私はそうした条件についてどんな記憶も持っていない。それは確かに現在真実ではない」――この言説は、それが何を否定しているかを証言している。絶えず増殖する一群の陳述は、その言表行為そのものの身体的条件によって偽られ、何らかの政治的否認の統語法を示す。しかし、それはまた時に私たちに、本当であればと願う自己の理想を支えるためにどのように歴史が語られうるか、という点について何事かを語ってくれる。そうした歴史はその首尾一貫性――とりわけ脆い首尾一貫性――を否認に依拠しているのである。

これらの精神分析的視点は、可傷性がジェンダー境界に沿って配分される固有の仕方を洞察する一つの方法として重要であるが、そうした視点は、ここで必要とされる種類の分析の途中までしか進んでいない。というのも、もし私たちが、ある人、あるいはある集団が可傷性を否定していると述べるとすれば、可傷性が既にそこにあっただけでなく、ある意味でそれは否定できないと想定することになるからだ。否定とは常に、執拗にそこにあるものから人の注意を逸らせようとする作用であり、従って、否定の潜在的否認とは、否定の定義そのものの一部である。この意味において、可傷性の否定は不可能であるが、それは常に起きているのである。もちろん、個人形成と集団形成を安易に比較することはできないが、しかしながら、否定あるいは否認の諸様態がそれら二つを横断していることはわかる。例えば、標的の集団あるいは住民の破壊に賛成する軍事的原理のある種の擁護者たちに対して、私たちは「あなたはあなた自身、自分が引き起こす種類の破壊に対して可傷的でないかのように行動している」と言うことができるだろう。あるいは、ある種の形式の新自由主義経済の擁護者に対しては、「あなたはあなた自身、その仕事と生が不安定《プレカリアス》であるような住民、突然住宅や保険医療《ヘルス・ケア》への基本的権利あるいはアクセスを奪われうる住民、あるいはどうすれば仕事があるか、そもそも仕事があるかどうかを心配しつつ生きる住民には決して属することがありえないかのように行動している」と言うことができるだろう。そのときこのような仕方で、私たちは次のように仮定する。他者を可傷的立場に曝そうとする人々、あるいは他者をそのような立場に置こうとする人々、また、自分たち全員のために非可傷的立場を措定し維持しようとする人々は、可傷性――それによって彼らは、自らの服従させたい他者に、耐え難くではないとしても、執拗に結び付けられている――を否定しようとしているのである。もし人が、自分の意志に反して他者と結び付いているのであれば、契約が服従化の手段であるときでさえ、まさしくそのとき、その結び付きは、奴隷労働や別の形式の強制的契約において起きるように、まったく文字通り人を狂気に陥らせうるし、許容し難い仕方で強制された依存の一形式でありうる。問題は依存そのものではなく、その戦術的な搾取なのである。そしてそのとき、このことは、依存を搾取から区別し、依存が直ちに搾取を意味しないようにすることは何を意味するのか、という問いを切り開くことになる。すべての依存から解放された自律の形式を擁護する政治的抵抗の諸形式は、恐らく、依存を搾取と理解するという誤りを犯してしまうだろう。アルベール・メンミが重要なテクストである『依存』において指摘したように、この語は、ある住民は他の住民より依存的である、彼らは植民地的支配を必要としている、それが彼らを、あるいは彼らの一部を近代性と文明へともたらす唯一の方法である、と示唆して、植民地権力の諸形式を合理化するために用いられてきた(12)。しかしそのとき、私たちはその語をそのような仕方で堕落させたままにするべきだろうか、その遺産とのある種の切断を強いさえして、その語を動員する他の方法はないのだろうか。

身体は常に、自らが生き延び、繁栄するために永続的な社会的諸関係と諸制度に依存する、という一般的主張を、それ以外にどのように理解すればよいのだろうか。私たちがそのように主張する場合、まさしく身体とは何かを述べていないだろうか。あるいは私たちは、身体の一般的存在論を提示していないだろうか。また私たちは、可傷性に全般的な本源性を与えていないだろうか。逆である。まさしく、身体はインフラストラクチャー的支持体（あるいはその不在）と、社会的で技術的な関係のネットワークあるいは網目との関係において形成され、維持されるがゆえに、私たちは身体をその構成的諸関係から分離することはできないのである——そして、これらの関係は常に経済的かつ歴史的に固有のものである。従って私たちは、身体が可傷的だと述べる場合、身体は経済や歴史に対して可傷的だと述べている。これが意味するのは、可傷性は常にある対象を持ち、常に身体そのものの外部にある、さらには身体そのものの一部である一連の条件との関係において形成され、生きられる、ということだ。身体はそのとき、それが持つ、あるいは要求しなければならない支援の諸条件に対する脱自的関係において存在している、と述べることができるが、これが意味するのは、身体は決して、その歴史的状況から区別される存在論的様態においては決して存在しない、ということだ。恐らく、次のように言い換えることもできるだろう。身体は歴史、不安定性《プレカリティ》、力へと曝されているが、また、情熱や愛のような、予期せぬ幸福、突然の友情、あるいは突然もしくは予期せぬ喪失にも曝されているのである。実際、喪失に関する予期せぬことすべては、私たちの前もって予測も管理もできない可傷性に関係している、と言うことができるだろう。その意味で、可傷性とは前もって予見、予測、あるいは管理できないもののある次元を意味する。それは、偶然あなたと同じバスに乗った誰かによってあなたにもたらされた、横道に逸れたコメントでありうるし、友情の突然の喪失、あるいは爆撃によるある生の突然の抹消でありうる。これらは同じものではないが、起きることに開かれた者として、私たちは恐らく、何が起きるのかを必ずしも前もって知ることができないとき、起きることに対して可傷的だと言うことができるだろう。可傷性は私たちを、自らの範囲を越えているが自らの一部であるようなものへと関与させ、仮に私たちの身体化と呼びうるものの一つの中心的次元を構成するのである。

恐らくここで、可傷性について、その政治的重要性を理想化することもその価値を下げることもないような幾つかの論点を明確にすることができる。第一に、可傷性はもっぱら侵害可能性のみと結び付けて考えることはできない。起きることに対するすべての応答性は、可傷性の機能と効果である――すなわち、歴史に開かれており、印象を登録し、あるいは人の理解に強く印象付けられた何かを持つことの機能と効果なのである。可傷性とは開かれの機能、すなわち、完全には知られていない、あるいは予測できない世界に対して開かれているという機能であろう。（ドゥルーズのスピノザ読解から取られた言葉を用いるなら）身体がなしうることの一部は、他者の、あるいは一群の他者の身体に開かれていることであり、それゆえ身体は自己に閉じられた実体ではない。[13] 身体は常に、ある意味で自分自身の外部にあり、自らの環境を探索し、あるいは環境の中を進み、感覚を通じて拡張され、時には脱占有される。[14] もし私たちが他者において失われうるとすれば、あるいはもし私たちの触知、運動、触覚、視覚、嗅覚、あるいは聴覚の能力が私たちを越えて振る舞うとすれば、それは、身体が自分自身の場に留まらないからであり、この種の脱占有が身体感覚をより一般的に特徴付けるからである。

だからこそまた、諸感覚の統制を政治的問題として語ることが重要なのである――例えば、戦争における諸身体の侵害あるいは破壊に関する幾つかの写真が存在するが、私たちはしばしばそうしたものを見ることを禁止されている。というのも、この身体が、それら他の身体の経験したことについて何かを感じるのではないか、あるいはこの身体が、自分自身の外部の知覚上の振る舞いにおいて、孤立的、モナド的、個人的なままでいられないのではないか、という恐れが存在するからだ。実際、私たちは、諸感覚——脱自的関係性の諸様態——のどのような種類の統制が、個人主義が経済と政治にとって必要な存在論として維持されるために設立されねばならないのか、と問うこともできるだろう。

私たちはしばしば、可傷性が偶然的で一時的な状況であるかのように語るが、そうした考えを一般的見解として容認することができない複数の理由が存在する。もちろん、「私はそのとき可傷的だったが、今では可傷的ではない」と述べることは常に可能だし、私たちは、自分自身が危険な状態あるいは侵害可能な状態にあると感じる特定の状況との関係においてそのように述べる。こうした状況とは、私たちが搾取されている、仕事を失った、あるいは貧困の状態にある、公的援助——それ自体絶え間なく削減される——が必要な状態にある、と感じる場合の経済的もしくは金銭的状態でありうる。あるいはそうした状況とは、私たちが拒絶に対してとても可傷的であり、しかし後にその可傷性を失ったことを見出すような、感情的状況でもありうる。私たちがこのように話すことにまさしく意味があるように、今この瞬間に日常会話の魅力を注意深く論じることにも同様の意味がある。また、私たちがある場合には可傷的で、別の場合にはそうではない、と正当にも感じるにもかかわらず、私たちの可傷性の条件そのものは可変的ではない。これは、私たちが客観的あるいは主観的に常に同じように可傷的である、という意味ではない。それが意味するのはまさしく、私たちが可傷的であることは私たちの経験の多かれ少なかれ暗黙のあるいは明白な特徴である、ということだ。私たちの誰もが可傷的存在であると述べることは、他者に対してのみならず、人を支援し、支援可能な世界に対する私たちの根本的な依存を徴し付けることなのである。このことは、感情的かつ性的に情熱的な存在として、最初から他者に結び付けられたものとして、また、存続しようとする存在として、その存続が社会的、経済的、政治的構造が生存可能な生のために十分な支援を提供するかどうかに依存しうる――その依存が危険に曝されている場合も、維持されている場合もある――存在として、私たちとは誰なのかを理解するために一定の含意を持っている。

差別的な可傷性と不安定性《プレカリティ》によって徴し付けられた住民は、そうした理由から動員されないのではない。政治闘争がそれらの条件に反対するべく現れるとき、それは不安定性《プレカリティ》を動員しているし、時には身体の公的な曝されを、それが暴力、逮捕、あるいはひょっとすると死に曝されていることを意味するときにさえ、極めて注意深く動員している。それは可傷性が、強さが可傷性に勝っているような抵抗に転換される、ということではない。強さは必ずしも可傷性の反対ではないのであり、私は示唆しておきたいのだが、このことは、可傷性そのものが個人的戦略としてではなく協調して動員されるときに明確になる。これは恐らく、政治は協調行動に依拠する、と述べたときにハンナ・アーレントが念頭に置いていたことではないだろう――彼女がスラット・ウォークをそれほど好んだとは私には思えない[15]。しかし恐らく、もし私たちが、身体と身体上の必要が政治的なものの行動や目的の一部になるように彼女の見方を再考するなら、行為遂行性と相互依存と共に考えられる複数性の概念へと接近し始めることができるだろう。

今や私は、自分が意味するところを十分に明確にすることができないまま、新たな用語を導入していたことに気付いている。「相互依存」はその一つである。私は次のように警告しておきたい。相互依存は何らかの美しい共存状態であると想定することはできない、それは社会的調和と同じものではない、と。私たちは必ず、私たちが最も依存している者（あるいは私たちに最も依存している者）を激しく非難するのであり、依存を攻撃からきっぱりと分離することはまったく不可能である――これは恐らくメラニー・クラインの深遠な見識だったが、確実に、別の語法を用いたトマス・ホッブズのそれでもある。一九八〇年代初めに、アメリカの黒人フェミニストであるバーニス・ジョンソン・リーゴンはその要点をこのように説明している。「私はあたかも今すぐ卒倒して死んでしまうかのように感じています。それが、もしあなたが本当に連帯作業をしているときにしばしば感じることです。ほとんどの時間、あなたは徹底的に脅かされているように感じるし、もしそう感じなければ、あなたは本当にはどんな連帯もしていないのです……。あなたは単に好きだから連帯に向かうのではありません。あなたを殺すかもしれない誰かと協力しようと考える唯一の理由は、あなたが生きていられると計算しうる唯一の方法だからです」。発言の最後の方で彼女は、相互依存には死の脅威が含まれていることを明確にしている。共通の世界という概念、「私たちの共通の世界」と呼びうるそれについて、彼女は次のように述べている。「あなたは、バーニス・ジョンソン・リーゴンを含まない「私たち」〔例えば、私たちの世界〕を持ちえないことを確実に理解しなければならない。というのも、私はどこにも行くつもりはないからです！　だからこそ、私たちは連帯を保持しなければなりません。というのも、あなたが私を生かさなければ私はあなたを生かさないだろうからです。今や、その点には危険がありますが、私たちが共に生きうるという可能性も存在します——もしあなたがそれに耐えられるのなら」[16]。

ある意味で、街頭で、道で、監獄で、周縁で、まだ街路ではない小道で、あるいは今まさに可能な連帯を受け容れているあらゆる地下室においてあなたが見出す人々は、必ずしもあなたが選択した人々ではない。言い換えれば、ほとんどの場合、私たちが到着したとき、私たちは他に誰が到着しているのかを知らない。そのことが意味するのは、私たちは、自分と他者との連帯《ソリダリティ》＝団結にとっての一種の選択されざる次元を受け容れている、ということだ。恐らく私たちが言えるのは、身体は常に、それが言うべきことを持たず、予測も完全な管理もできないような人々と印象に曝されているのであり、社会的身体化のこれらの条件は私たちが完全には解読していない条件である、ということだ。私は、連帯《ソリダリティ》＝団結はここから生まれるのであり、私たちが意図して到達する意図的な合意から生まれるのではない、と示唆しておきたい。

それでは最終的に、私たちは可傷性あるいは曝されの動員としての抵抗をどのように理解すればよいのだろうか。次の点を、結論への道筋として示すだけにしておきたい。これらの「使い捨て可能」で「哀悼不可能」と見なされた人々の身体が公共の光景に集合するとき〔滞在許可書を持たない人々が民衆デモの一部として合州国の街頭に現れるときにしばしば起きるように）、彼らは次のように述べているのだ。「私たちは黙って公的な生の影になったのではない、私たちはあなたたちの公的な生を構造化する明白な不在になったのではない」と。ある意味で、身体の集団的集合は、人民意志の行使であり、別の民衆に属しているように見える街路を占拠あるいは支配する行為であり、社会的な承認可能性の限界に抗して闘う行動や発言を目的として舗道に集合することである。しかし、街路と広場は人々が集合する唯一の手段ではない。社会的なネットワーク形成がヴァーチャルな領域において極めて印象的で効果的な連帯《ソリダリティ》＝団結の輪を作り出すことを、私たちは知っている。

諸身体が、テクノロジーを剝奪されて、もしくは（今や多くの人々がデモにおける警察の暴力を記録するためにそうするように）協調して携帯電話を高く掲げて公然と現れるのであれ、孤立と剝奪という暴力的条件の下に拘束されるのであれ、身体は、尽きることのない、もしくは魔法の源泉ではないが、一つの源泉であり続ける。共に行動する集団は、行動するためには支援されねばならず、このことは、持続的な支援と生存可能な生の諸条件を要求する方法として行動が増殖的に生起するとき、特別な意味を帯びる。これは悪循環のように聞こえるかもしれないが、社会運動に集合する諸身体が身体の社会的様態を力説することは驚くべきことではない。このことは、私たちが見たいと願う世界を成立＝行為化させるための、あるいは私たちを破壊するような世界を拒絶するための、ささやかな方法でありうる。これは、意図的な曝されと存続の一形式ではないだろうか。つまり、不安定《プレカリアス》であることと行動することとの同時性を私たちに示してくれるような、生存可能な生を求める身体化された要求ではないだろうか。

訳註

［1］二〇〇八年の金融危機に起因する政府の公共サービスの大幅削減に反対して、二〇一一年五月一五日にスペインのマドリッドのソル広場を占拠して始まった、15M運動のアクターたちを指す。

［2］女性への性暴力に抗議するデモ行進のこと。「スラット［slut］」とは、「尻軽女、売女」を意味する侮蔑語であり、トロントの警官がヨーク大学の講演会で「レイプに遭わないためにはスラットのような服装をすべきでない」と述べたことから大きな抗議運動が起こり、二〇一一年四月三日にトロントで大きなデモ行進が行われ（多くの人々がいわゆる「スラット」のような露出の多い服装で参加した）、その後世界中に波及した。

［3］「脱措定［destitution］」は、「剥き出しの生」と共に、ジョルジョ・アガンベンの概念である。例えば、以下を参照。Giorgio Agamben, "What Is a Destituent Power?," in *Environment and Planning D: Society and Space*, vol. 32, no. 1, 2014.

第五章 「私たち人民」——集会《アセンブリ》の自由に関する諸考察

「私たち人民［We the people］」とは、合州国によるイギリスからの法的切断を開始したとされる合州国憲法の前文に存在する表現だが、それはまた、合州国の法的枠組みを共有しない数多くの民衆集会《パブリック・アセンブリ》において暗黙に援用された表現でもある――エティエンヌ・バリバールの著書のタイトル『私たちヨーロッパ人民？』［1］がその良い例である。実際、こうした表現が現実に語られたり書かれたりすることは稀である。しかしながら、その行為遂行的《パフォーマティヴ》な力は他の手段によって伝達されるだろうか。私が本章の出発点として選ぶのは、オキュパイ運動だけでなく、まさに、公共空間が様々な種類のセキュリティ至上主義的管理に売り渡されるにつれて、あるいはそれに従属させられるにつれて現れつつあるそれ以外の種類の集会、また、学生たちが新たな予算削減と卓越《エクセレンス》プロトコルの標準化に反対してチリ、モントリオール、そしてヨーロッパの至る所で起きている公教育の運動である。ただし私は、これらすべての集会が同じものであると、あるいは、それらは完全に類似した構造を言表していると示唆するつもりはない。

公共空間への要求は、どのような手段によってなされるのだろうか。もし統一体としての人々を名付け、形成するのが常に言語ではないとすれば、もしかするとそれは、他の身体資源――沈黙、協調した運動、静止、オキュパイ運動を特徴付けたような昼夜を通じて公共空間に身体を継続的に集合させ続けること――によって生起しているのだろうか。恐らく、これら最近の集会は、公共の広場に現れる能力に部分的にのみ依拠した連携や連帯《ソリダリティ》＝団結の形式を考慮するためには、公共空間についての考えを改める必要があるのだろうか、と問うよう私たちに促している。ここで想起されるのはむろん、政治とは現れの空間を必要とするだけでなく、現れる身体をも必要とする、というアーレントの有名な主張であった。彼女にとって、現れることは語ることの前提条件であったし、公的発言のみが真に行動と見なされたのである。彼女によれば、革命において、ある種の協調行動あるいは複数的行動が存在する。しかし彼女は、「私たち」を明確にする諸身体の複数的運動、デモクラシーにとって極めて本質的だと見なされるあの複数性を許容することができただろうか。発言とは異なった政治的行為化としての民衆集会を、私たちはどのように理解すればよいのだろうか。

集合し、集団として話す方法を形成し、政策の変更を要求し、国家の正当性の不在あるいは統治の崩壊を露わにする人々の例は、多く存在する。タハリール広場はしばらくの間、民衆集会のデモクラシー的権力の象徴と考えられていたが、私たちは、諸々の反革命が――たとえそれらが人民を攻撃し投獄する警察、軍事当局を動員するとしても――「人民」とは誰かについて自らの考えをどのように展開するかを見てきた。従って、もし私たちがこの展開中の事例によって私たちの思考を導くとすれば、そのとき、いかなる一つの人民集会も人民全体を代表することはなく、集会を通じて人民を措定することがその時々に、一連の抗争をもたらす危険を冒す、あるいはそれを招くことになり、そうした抗争は、誰が本当に人民なのかについて、拡大する一連の疑惑を引き起こすのである。従って、次のように想定しておきたい。いかなる一つの集会も、正当な仕方ですべての集会についての一般化の基礎になることはなく、特定の蜂起あるいは動員をデモクラシーそのものと結び付けようとする努力は、それが間違っているのと同程度にスリルに満ちた誘惑である、と――それは、人民という概念を明確にし、それについて協議する抗争の過程を、短く切断してしまうのである。ある意味で、問題は認識論的なものだ。私たちは果たして本当に、街頭に集まる「私たち」が誰であるのか、そして、いずれかの所与の集会が本当に人民をそれとして代表しているのかを知ることができるのだろうか。あらゆる例がそれに失敗しているが、しかし、幾つかの主題が、「私たち人民」という主張がなされる方法に私たちが再接近できるような仕方で、繰り返し回帰する傾向にある。時に、それは明白に、言葉、政治的シニフィアン、あるいはイメージや記述をめぐる闘いである。しかし、そうした言葉を議論し始めるどんな集団よりも先に、言わば別の仕方で語る諸身体の共同での到来が存在する。集会は、発言あるいは沈黙によって、行動あるいは恒常的な非行動によって、身振りによって、公共空間にインフラストラクチャーによって組織された諸身体の集団——可視的、聴取可能、触知可能で、熟考されたと同時に意図しない仕方で曝され、組織化されたと同時に自然発生的な形で相互依存的なそれ——として共に集合することによって、それ自体を主張し、行為化するのである。

従って最初に、集団が「人民」として集合するのは、特定の適時的な言語行為《スピーチ・アクト》によってではない、と想定しておきたい。私たちはしばしば、「私たち人民」がその人民主権を強固にする手段である宣言的言語行為はそうした集会から生まれるものだと考えるが、恐らく次のように述べておくのがより適当だろう。集会は、それがどんな言葉をも発する前に既に語っているのであり、集合することによってそれは既に人民意志の行為化なのである、と。そしてその行為化は、単一の統合された主体が発声された提案を通じてその意志を宣言する仕方とは極めて異なっている。言葉で表明された「私たち」は既に、諸身体の集合、その身振りと運動、その発声、その協調して行動する仕方によって行為化されている。協調して行動することは、一致して行動することを意味しない。それは、人々が同時に幾つかの異なった方向に――互いに誤解している場合さえある――動くあるいは話すことでありうる。またそれは、彼らが完全に同じ言葉を話すことを意味しない――時にそうしたことが、オキュパイ運動の民衆集会におけるように、コールや音声リレーにおいて起こるとしても。また時には、「人民」はその集団的沈黙あるいはその皮肉な言語使用の仕方によって行動する。そして彼らのユーモア、そして彼らの嘲笑さえもが、彼らがその日常的目的から脱線させようとする言語を支持し、引き継ぐのである。

私が強調したい要点は既に二つある。第一に、人々が集まり、自分自身が人民であることを主張する行動は、別の仕方で語られる、あるいは行為化されることがありうる。第二に、私たちは、単一の種類の行為へと合致すること、あるいは単一の種類の主張へと還元することに失敗するという仕方で自らの収束的かつ離散的な諸目的を行為化する諸身体の複数性を想定することで、それらの行為を複数的行動として考えることができなければならない。私たちにとっての問題は、諸個人によって声に出して主張された抽象的権利の概念が、自らの主張を時には言語を通じて、時には言語以外のものを通じて行為化する身体化された諸行為者の複数性へと委ねられるとき、政治はどのように変化するのか、という問いであろう。そこで、枠組みにおけるこの移行を考慮すれば私たちは集会の自由をどのように理解することができるのだろうか、という点を考えてみたい。どのような意味でそれは権利なのだろうか、そして、それはどのように主張されるのだろうか。それは、権利として、私たちは誰か、私たちは誰でありうるかについて何を前提としているのだろうか。集会の自由を行使する権利は、現在までに国際法に十分に記載されている。国際労働機構は、集会の権利（あるいは結社の権利）は団体交渉の権利に結び付いていると明確にしている。[1] このことが意味するのは、人々は安全性、労働の安全、搾取からの保護を含めた労働条件を交渉するために集会を行うが、また集団交渉そのものの権利を交渉するためにも集会を行う、ということだ。権利は労働者たちを集合させる——いかなる人も、労働力に関する構造的に類似した立場にある他者たちの集団なしには、集会の権利を持つことはないのである。

ある種の人権言説において、集会の自由は、政府による保護に価する自由の基本形式として記述されている。それが意味するのは、政府はそうした自由を保護しなければならない、ということだ。逆説的にも、政府は、政府の干渉に反対する集会の自由を保護しなければならず、それは政府が、拘留、逮捕、ハラスメント、脅迫、検閲、投獄、傷害、殺人を行う政治的、法的権力の不当な使用によって集会の権利を攻撃することを自制しなければならない、という厳密な義務の下にある、ということである。私たちが理解できるように、この定式には最初からあるリスクが存在する。集会の自由は政府による保護に依拠するのだろうか、あるいは、それは政府からの保護に依拠するのだろうか。また、人民にとって、政府から自分自身を保護するためには政府に依拠することは、理に適っているのだろうか。権利とは、政府がこの権利をその人民に与える場合にのみ存在するのだろうか。権利とは、その権利を保護することに政府が同意する限りにおいてのみ存在するのだろうか。もしそうだとすれば、そのとき、政府によるこうした集会の権利の破壊に、集会の権利を擁護することによって反対することはできなくなる。私たちは、集会の自由が自然法の中に見出されない、という点には同意できるが、どんなすべての政府からも独立した何らかの重要な意味においてなおそうなのだろうか。実際、表現の自由は、すべての挑戦、すなわちそれを保護そして／あるいは侵害する政府の行為を超えているのだろうか。政府の正当性と国家権力がまさしくそうした集会によって異議を申し立てられる場合、あるいは、ある特定の国家が集会の権利に反対し、その住民が、軍隊や警察の残虐行為を含む国家の干渉の恐れなしにはもはや自由に集合することができないような場合、この権利は政府の保護に依拠することはないし、またそうすることはできない。さらに、権利を「保護する」国家権力がその保護そのものを撤回する国家権力と同じである場合には、そして人々が集会の自由を行使するのが、意のままに保護を与え、撤回するようなそうした恣意的で非正当的な権力形式に異議を申し立てるためである場合には、集会の自由における、あるいは集会の自由に属する何かは、国家主権の司法権の外部へと移る。国家主権の一面は、住民の権利保護を撤回するこの能力そのものである。(2)そのことは真実かもしれないが、恐らくそれに反対するのは、国家が集会の目的に反対し、集会そのものを禁止しようとする場合に集会の自由は失われる、という考えである。私たちが知る限りでは、こうしたことは、国家そのものが市場拡大の促進に、国家そのもののサービスを金融機関へと転換することに関わるようになり、それによって、公的給付金を消費財や投資機会へと変容することに関わるようになる場合に起こる。反民営化運動は、国家を市場の力で満たすことを止めようとする。そうした運動はしばしば、権威主義的権力を引き受けた国家の正当性を疑問に付すことと同時に起きる――今や誰も、ミルトン・フリードマンが悪名高い仕方でピノチェト政権下のチリでしたように、自由市場がデモクラシーを促進すると論じる者はいない。民営化と権威主義が公的な抵抗に遭う場合には、国家はその軍事権力、警察権力、法的権力を使って集会の自由やその他の（潜在的に革命的な）自由を抑制しようとするのである。

従って、集会の自由は、既存の国民国家によって配分され保護される特定の権利以外の何かである。だからこそ、例えば合州国における集会の自由の歴史に関しては多くの優れた研究があるにもかかわらず、それらは必ずしも私たちに、連携の国際的形式、あるいはオキュパイ運動を特徴付けたようなグローバルなネットワークについての洞察をもたらさないのである。もし私たちが集会の自由の分析をその権利に関する特定の国の歴史に制限してしまうなら、私たちは意図することなく、権利はそれを国家が与え、保護する限りにおいてのみ存在すると示唆してしまうかもしれない。そのとき私たちは、その権利の有効性を確保してくれる国民国家の持続に依拠しているのかもしれない。もちろんそのことは、もし「集会の自由」によって国民国家がまさしくその権利――それが集団的に行使されるなら、国家そのものを崩壊させることもある――を保護するのだとすれば、真実でないことがわかる。私の考えでは、このことは、アーレントや他の論者たちが集会の自由の中に革命の権利の回帰を見る場合に意味していることである。(3) にもかかわらず、特定の体制がそうした権利を包含あるいは保護するとしても、私の考えでは、集会の自由は集会の権利を与え保護するあらゆる形式の政府に先立ち、それを超えている。私がこのように述べるのは、恒常的な無政府状態を肯定するためではなく、また確かに群衆の支配を許容するためでもなく、ただ単に集会の自由が政治そのもの——その政治は、諸身体が統制されない仕方で運動し集合しうると想定し、結果として公的なものになる空間、あるいは現在の公的なものの理解を再定義する空間において、それらの政治的要求を行為化する——の前提条件であるのが当然だと示唆するためである。

そうした集会は、「人民」と呼ばれうる、あるいは「人民」の一つのヴァージョンでありうる——彼らは一つの声で、あるいは一つの言語でさえ話すことはない。しかし彼らは、そうするためのどんな技術的でインフラストラクチャー的な支持体《サポート》を必要としていようと、そうした支持体によって運動する能力を持った存在である（重要なことにこの点は、民衆集会を通じて思考することにとって具体的な含意を持つ、障害研究に由来する洞察である）。そしてそれが意味するのは、彼らは自分の意志と要求でじっと立っていること、動かないでいることを、さらには不動になることを決意することができる、ということだ。動くあるいはじっとしている力、話す力、行動する力は、ある特定の政府が与えるもしくは保護すると決めるどんな権利にも先立ち、その権利を超えた集会に属している。群衆が集合することは、ジョン・イナズが主張するように、(4) それが行うかもしれないいかなる特定の主張あるいは発言にも先立つ「表現的機能」を持っている。そうした政府の権力そのものは集会の自由が反対するものになるかもしれず、そのとき私たちは、国家主権とは異なった人民主権——その任務は、自らを国家権力から区別することである——の一形式の機能を理解することになる。

そのとき、集会の自由と人民主権についてどのように考えるべきだろうか。ある人々が「主権」を悪い言葉——すなわち、単一の主体を持った政治と、領土的主張を持った執行権力の一形式とを結び付けた言葉——だと考えるようになったことを私は知っている。それは、ある時には支配の同義語として使われ、別の時には従属の同義語として使われる。恐らくそれは、私たちが完全には失いたくないような別の含意も持っているだろう。この概念がどれほど民衆動員のために重要でありうるかを理解するには、カナダにおける先住民主権についての議論を考察するか、ハワイ主権のパラドックスに関するJ・ケーハウラニ・カウアヌイの重要な作品を読むだけでよい[5]。主権とは政治的自己決定の行為を記述する一つの方法でありうるのであり、だからこそ、主権を求めて闘争する先住民族の大衆運動は、空間の所有権を主張し、自由に移動し、自分の考えを表現し、賠償と裁判を求める重要な手段となったのである。選挙とは、政府の構成員が人民主権（あるいはより明確には「人民意志」）を代表すると想定されるための手段であるにもかかわらず、人民主権の意味は投票行動によって決して完全に究明されたことはない。もちろん、投票は人民主権のどんな概念にとっても本質的であるが、主権の行使は投票行動によって始まることも終わることもない。デモクラシーの理論家たちが長きにわたって論じてきたように、選挙は主権を人民から選出されたその代表者へと完全に転移させることはない――人民主権のうちのある部分は常に転移不可能なままに留まり、選挙過程の外部を徴し付ける。そうでなければ、腐敗した選挙過程に反対するいかなる手段も、人民にとっては存在しないことになるだろう。ある意味で人民の権力は、人民が被選出者を選んだ後も、被選出者の権力から分離された状態に留まるのであり、その分離においてのみ、人民の権力は選挙の条件と結果、選出された議員の行動に異議を申し立て続けることができる。もし人民の主権が、多数者の選出した人々に完全に転移され、それによって取って代わられるとすれば、そのとき失われるものは、私たちが批判的と呼ぶ権力、私たちが抵抗と呼ぶ行動、そして私たちが革命と呼ぶ生きられた可能性なのである。

従って、「人民主権」は確かに、人々が投票する際に投票権力へと翻訳されるが、それは決して完全あるいは十全な翻訳ではない。人民主権のある部分は翻訳不可能、転移不可能、さらには代表不可能なままに留まるが、だからこそそれは、体制を選出することも、崩壊させることもできるのである。人民主権は、権力の議会的形式を正当化するのと同程度に、それが非正当的だと判明するときにはその同じ形式から自らの支持を撤回する権力をも保持している。もし権力の議会的形式が自らの正当性そのもののために人民主権を必要とするなら、それはまた確かに人民主権を恐れもする。というのも人民主権には、それが設立し、創設するあらゆる議会的形式に反対し、それを超出あるいは超過する何かが存在するからだ。選出された体制は、デモクラシー的支配の諸条件の下で正当性を与える最終的な権力を保持する「私たち」そのものを行為化する、「人民の名において」

語る人々の集会によって、停止あるいは打倒されうる。換言すれば、デモクラシー的支配の諸条件は、最終的に、いかなる特定のデモクラシー的秩序によっても完全には包含あるいは表現されないが、自らのデモクラシー的性格の条件であるような人民主権の行使に依拠している。これは、それなしではいかなる議会も正当的な仕方で機能しえない、そしてあらゆる議会を機能障害あるいは解体をもって脅かす、議会外的な権力である。私たちは再び、それをデモクラシー的秩序の内部に属している「アナーキズム的」間隙、あるいは永続的な革命原理と呼ぶことができるかもしれない。その原理は多かれ少なかれ創設の瞬間と解体の瞬間の双方に現れるが、また集会の自由そのものにおいても作用している。

　私が示唆しておきたいのは、行為化を主張へと完全に還元することはできない、ということだ。むしろ、主張は政治的行為化の一形式に過ぎず、だからこそ、政治的行為遂行性《パフォーマティヴィティ》の領域は口頭の発言や書かれた発言を含み、それを超えるのである。こうして私は、人民の行為化がその代表を超えるような「構成的瞬間」についてのジェイソン・フランクの重要な定式化に依拠してみたい。彼の考えでは、人民は代表されるためには行為化されなければならないが、しかし、いかなる行為化も彼らを代表することには成功しない(6)。彼によれば、行為化と代表の間のこの不調和が、デモクラシー的集会の核心的パラドックスである。

　国家が集会の自由の諸条件そのものを管理する限り、人民主権は国家主権の道具となってしまい、集会の自由がその批判的でデモクラシー的な機能を奪われると同時に、国家の正当性を与える諸条件は失われてしまう。私はここで次の点を付け加えたい。もし私たちが、人民主権は国家主権に依拠する、と仮定するなら、また、主権国家は例外を作り出すその権力を通じて、法によって保護されるのはどの部分の住民でどの住民はそうではないかを管理し続ける、と考えるなら、そのとき私たちは、恐らく意図することなく、その人民主権の権力を剝き出しの生へと、あるいは国家主権との間に断絶を前提とするアナーキズムの一形式へと還元することになる。しかし、もしその断絶が既に人民主権の内部に存在するとすれば、あるいはもし人民主権がその断絶であるとすれば、そのとき人民主権の国家主権への還元は、自己決定のために闘っている多くの大衆運動がその究極的な組織化の価値として肯定するその最も重要な潜在力を覆い隠し、追放してしまう。人民の援用は、それが現れるまさにその瞬間に異議申し立て可能になる――そして、そうならなければならない。「現れ」は、可視的現前、語られた言葉を指し示しうるが、またネットワーク化された代表や沈黙をも指し示す。さらに、私たちはそうした行為を、唯一の種類の行為、あるいは唯一の種類の主張への厳格な一致を必要としない仕方で収束的目的を行為化し、全体として唯一の種類の主体を構成しないような諸身体の複数性を想定することで、複数的行動として考えることができなければならない。

これらすべてが十分明白に思われるとしても、困難で執拗に存在する一つの問いが残る。すなわち、「人民」とは誰なのだろうか。私たちは既にこの問いを提示しただろうか。この主題がジャック・デリダ、ボニー・ホーニッグ、エティエンヌ・バリバール、エルネスト・ラクラウ、ジャック・ランシエールによって十分に議論されてきたことを私は知っているし、現時点ではこれらの議論に何か新しいことを付け加える意図もない。しかし、彼らはそれぞれ、「人民」をめぐるあらゆる呼称が、包摂と排除の関係を設定する境界を画定することを通じて機能する、という点を認めている。それこそ、デモクラシーの理論家が、あらゆる呼称を生み出す排除の論理に対するチェックをしばしば取り入れようとして、「人民」の一時的で開かれた性格を強調しようとしてきた一つの理由である。私たちはまた、「人民」という言葉へのあらゆる言及がある種のナショナリズムあるいはユートピア主義の危険を持つこと、あるいはこれが「人民」を不可欠で空虚なシニフィアンにしてしまうことを示唆する、(7)「人民」の想像的性格についても聞き及んできた。差し当たり、私はただ、人民を構成する身体の数を確認するスナップショットに単純に依拠することはできない、という点を強調するだけにしておきたい。警察は、人々が何を望んでいるのか、あるいは、彼らが本当にそれを望んでいるのかを調査するために街頭で群衆を管理する任務を負っているが、私たちは、そうした警察によって撮影された空中写真に単純に依拠することはできない。そうしたやり方は逆説的にも、住民を管理しようとし、「人民」を人口の科学捜査の効果にしてしまうような技術に依拠することになる。いかなる写真、あるいはいかなる一連のイメージも疑いなく一つの枠組みあるいは一連の枠組みを持っているのであり、それらの枠組みは、把握不可能なもののゾーンを確立するという手段を通じてそれが把握するものを包含することで、潜在的に排除的な呼称として機能するだろう。同じことは、どこかでスタートし停止し、あるシークエンスを構成するあらゆるヴィデオについても当てはまるだろう。それは常に、その対象を選択的に作り出し、伝達する視点によって限定されているだろう。

視覚的表象に関するこの論点が重要な一つの理由は、すべての人々が街頭に、あるいは少なくとも同じ街頭に集合する力を持つわけではないとき、いかなる群衆の写真も人民を表象することはできない、という点にある。ズームインすることもズームアウトすることも、ここで私たちの助けにはならないだろう。というのも、これらはまさしく、何が、誰が重要であるかを編集し、選択する方法に他ならないからだ。それが意味するのは、私たちは人民とは誰かという問いを、どの人々が人民として重要かを画定する技術から切り離すことはできない、ということだ。恐らく「人民」とは、人々を把握しようとするあらゆる、どんな視覚的枠組みも超えた呼称である。よりデモクラシー的な枠組みとは、その多孔的性格を編成《オーケストレート》することができるそれであり、そのとき枠組みとは、封じ込めの戦略を直ちに再生産するのではなく、その戦略そのものを部分的に解体するのである。

時に人々は、あるいはある人々は、監禁され、あるいは不在であり、あるいは街頭とカメラの視野の外部にいる——彼らは、言葉の別の意味では恐らく捕らえられ［captured］うるにもかかわらず、把握不可能［uncapturable］である。「人民」という概念によって表象されうる人々すべてが同じ空間、同じ時間に姿を現して、自分たちは人民であると主張することは、決して現実には起こらない！　あたかも彼ら全員が自由に動くかのように、あたかも彼ら全員が自分の意志で、何らかの完全に包括的な仕方で記述あるいは撮影されうる同じ空間、時間に集合するかのようには！

実際、「人民」と呼ばれる集団のあらゆるメンバーが集合し、団結して話しているところを想像することは、ぞっとしないにしても、奇妙なものであろう――それは、潜在的に迫害的な幻想ではないとしても、一つの空想であろうし、その魅力的な力は、その基本的な非実現可能性と結び付いている。私たちはたいてい、全員が同じことを同じときに話しているという出来事を、ファシズムの諸形式、あるいはその他の従順さの強制的諸形式と結び付ける。実際、「私たち人民」――発言、コール、書かれた方針――は常に、それが代表すると主張する人民のある集団を欠いている。ある人々は現れ損なうか、現れを制限される。多くの人々が大都市の周縁で生きており、ある人々は滞在許可書《ドキュメンテーション》、移送、保護を待ちながら国境の難民キャンプに集められるが、他の人々は監獄にいる、あるいは収容所に拘留されている。どこか他の場所に置かれている人々は、もしそれが可能であれば、何か別のことを述べているかもしれない。あるいは彼らは、テキストメッセージを送り、ブログを書き、あるいは新たなメディアを通じて活動している。ある人々は断固として、あるいは無関心に一切話していない。このことが意味するのは、「人民」は口頭の唱和として話す集団的現前として決して実際に現れることはない、ということだ。人民が誰であれ、彼らは確実に内部で分割され、差別的、序列的に現れているか、まったく現れない、あるいは程度において、また恐らくある程度、集合すると同時に離散して現れており、従って結局のところ、統一体としては現れていない。(8)

実際、私たちが二〇一三年夏のトルコとエジプトにおけるデモから知っているように、ある集団はある場所に集まり人民だと主張し、別の集団は道の反対側に集まり同じ主張をする、あるいは政府はまさしく、「人民」という視覚的シニフィアンとして機能するイメージを得るために、人々の集団を集めるのである。

あらゆる公共の広場へのアクセスも、その空間と時間の外部へと出来事を中継する何らかのメディアへのアクセスを前提としている。公共の広場は今や、部分的にはメディア効果として確立されており、また、人々の集団が人民であることを主張する発話装置の一部として確立されている。出来事を流通させる公共の広場とメディアの接続は、人々は集合するように離散もする、ということを意味している。メディア・イメージは、集会を見せ、拡散するのである。これが含意するのは、公共の広場を常に既にメディア表象——それがなければ公共の広場はその表象への要求を失ってしまう——を通じて拡散したものとして根本的に再考する必要がある、ということだ。それが意味するのはまた、人民とは一体誰であるのかは完全には知られていないし、知ることは不可能であるが、それはメディアの枠組みが、それが中継する人民の概念を制限し変形するからだけではない、ということだ。他方で、知られているように、人民——彼らが誰であるとしても、また姿を現すとしても現さないとしても——は運動や集会の様々な制限に従っており、また彼らが誰であるかについて内的に分裂している。共に姿を現すことは、集会の名において述べられるすべてのことに全員が同意することを意味しないし、ましてや集会が一つの名前を持つことさえ意味しない。名前に関する論争はヘゲモニー闘争になるし、「人民」とはその論争のもう一つの名前であるように思われる。

それでは、その帰結は何だろうか。人々はあらゆる問題について団結する必要はないし、そうすることはできない。そして彼ら全員が、人民の名において生起する協調した行動のために一つの空間に集まる必要もない。「人民」という名前、「私たち人民」という宣言でさえ、人民が行うことを完全には表現しない。というのも、形成され、現れ、人民全体が望んでいるであろうことを語っていると思われる特定の集団以外の何かが常に存在するからであり、それはまさしく、人民の名において起きることと人民が望んでいることの間にギャップが存在するからだ。人民全体が同じことを望むわけではない、あるいは同じ仕方で望むわけではない——この失敗を嘆く必要はない。人民という名前は、我有化され、異議を唱えられ、刷新され、常に収奪あるいは却下されるリスクに曝されているのであり、名前に関するヘゲモニー闘争を徴し付ける脆さと凶暴さは、そのデモクラシー的作用の徴しに過ぎないのである。従って、ある話者あるいは一連の話者が、事実上、十全に人民全体を現す「私たち」という語を用いるときでさえ、複数的な「私たち」は、「私たち」が行うことを実際に行うことはできない。そうした話者たちはきっと、「私たち」の願望的性格を強調しつつ、より包括的な目的のために闘争し続けるだろう。しかし、もし「私たち」が政治的に作用すべきだとすれば、それは、ヘゲモニー的力をその援用を通じて達成し行使しようとする人々に限定されなければならない。実際、「私たち」として集まり、自分たちを「人民」として提示する人々は、結局のところ完全かつ十全に人民を表象=代表してはいない。むしろ、彼らは同時に複数の機能を演じている。例えば、もし彼らが投票できるとすれば、彼らは、選挙を通じて人民を代表することになる人々のために正当化の基盤を提供しているのである。しかし恐らく、同じくらい重要なことに、代表に選出される議員の主張は、多数として数えられうる一連の投票へと人々を圧縮する必要がある。この意味で、人民は省略され、彼らが自分を代表する人々を選出する瞬間にはほぼ失われており、この意味における政治的代表制は、私たちが人民意志と呼ぶような何かを省略し、数量化しているのである。同時に、非選挙的な何かも作用している。「私たち」と語る人々は、選挙過程の内部においてであれ、その外部においてであれ、あるいはそれに反対してであれ、そうした複数代名詞を文字通りあるいは比喩的に行為化あるいは発声することを通じて、自分自身を人民として構成する。警察を前にして共に立つことは、まさしく、一言も発することなくそうした複数代名詞を行為化することでありうる。二〇一三年夏にトルコ政府がタクスィム広場における集会を禁止したとき、一人の男が警察の前に単身で立ち、集会を禁ずる法律に明らかに「従った」。彼がそこに立ったとき、より多くの人々が彼の近くに「単身で」立ったが、それは必ずしも「群衆」ではなかった。彼らは単独の個人として立っていたが、すべて単独の個人として、沈黙し、静止して立っていたのであり、「集会」の標準的概念を避けつつ、しかしその広場にもう一つの「集会」を作り出したのである。彼らはばらばらに立ち、何も言わないことで、厳密には、集団に集会と移動を禁じる法に従った。これは明確な、しかし言葉のないデモになったのである。(9)

これらの自己形成あるいは自己構成の行為は、既に完全に形成された人民を表象＝代表することと同じではない。「人民」という語は、予め存在する人々の集まりを表象＝代表するだけではない。もしそれを表象＝代表したのだとすれば、「人民」という語は集団性そのものの生産の後に来ることになるだろう。実際この語は、集団性が生産される過程、あるいは集団性が自らを生産する過程に存在するような集団性を、決して十全に表象することはできない――その非十全性とその自己分裂が、その行為化された意味と約束の一部なのである。そのとき、「私たち」という語の言説による援用は、人民――その必要《ニーズ》＝欲求、欲望、要求がまだ完全には知られておらず、そして、その集合がこれから実現されるべき未来と結び付けられているような人民――を参照している。実際、そうした自己決定の実践は、自己表象＝代表の行為と完全に同じではないが、これら両者は、「私たち人民」を何らかの仕方で語る、あるいは行為化する集会の自由を行使することにおいて作動している。そうした行為化は、それが自らの名付ける人民を存在させる限りにおいて行為遂行的である、あるいはそれは、人民に発言の下に集合するよう訴える。これが意味するのは、こうした行為遂行的行動は政治的自己決定と呼ばれる過程の一部である、ということだ。政治的自己決定とは、私たちが誰であるかを指示する行為であり、また同時に、その「私たち」そのものの形成に関与する。さらに、「私たち」を援用することは、人民主権を国家主権から分離する。それはこうした分離を幾度も名付け、創始する。複数性は常に被選出者との関わりを絶っており、彼らの選出は、私たちにとって疑問を差し挟む余地があるし、あるいは、私たちが選出する選択を決して持ったことがない代表者が代表する国家との関係においてある。その点は占領下において、また滞在許可書を持たない《アンドキュメンテッド》移民、部分市民あるいは非市民にとって明らかである。

従って、表象＝代表として失敗するはずの何か、また、ほぼ同語反復的だが、私たちが非表象＝非代表的［nonrepresentational］で非代表制的［nonrepresentative］と呼びうる何かが、政治的自己決定のデモクラシー的諸形式——国家主権とは異なった人民主権、あるいはむしろ、まさしく自分自身を国家主権から断続的に区別するような人民主権——の基礎となる。人民主権は、こうした国家主権からの恒常的な分離行為において意味をなすのである。従って、人民主権とは、自己を指示し、自己を集合させるという行為を通じて人民を形成する一つの方法である。そして、これらの行為は、言語的かつ非言語的、身体的かつ潜在的で、様々な空間的、時間的ゾーンにまたがって、様々な種類の公的場面、仮想現実、影の領域において企てられる、反復的行為化である。「私たち人民」という発声された行為遂行的なものは、もちろん、私たちが自己構成と呼んでいる行為化の一部であるが、この形象は、政治的自己決定が作用する方法を文字通り説明するものとしては解釈されえない。あらゆる政治的自己決定の行為が言語的発言に翻訳されうるわけではない——こうした運動は、あらゆる他の領域よりも特権化された言語的領域を形成するだろう。実際、政治的自己決定の行為化とは、たとえ行動が沈黙したものであり、身体が隔離されたものであるとしても、言語的なものと身体的なものの異種交配なのである。

例えば、まさしく公に現れることができない身体の実践的拒絶としてでなければ、ハンガーストライキをどのように考えればよいだろうか。[10] これが意味するのは、身体的形式において公に現れることは、政治的自己決定のための十全な形象ではない、ということだ。しかし同時に、公共空間で報告も表象もされないハンガーストライキは、行為そのものの力を伝達することに失敗する。受刑者のネットワークとは、まさしく身体的形式において公に現れることはないし、現れることができない連帯《ソリダリティ》＝団結の諸形式であって、ほとんど映像もなく、あってもわずかな映像のみのデジタル・メディアでの報告に圧倒的に依拠している。受刑者、活動家、法律家、範囲を拡大した親族、社会的諸関係からなるこれらネットワークもまた、トルコ、パレスチナの刑務所や収容所、あるいはカリフォルニアのペリカン湾［州立刑務所］においてであれ、「集会」の諸形式であって、その諸形式において、市民権が中断された人々は、ストライキ、署名、そして法的で政治的な表象の諸形式を通じて自由の形式を実践している。彼らは、現れず、現れることを許可されていないときも、法の前あるいは公共空間に公に現れるある種の権利を行使しており、まさしく、投獄の条件である公に現れることの禁止に対して抗議しているのである。

こうしたすべてを考慮に入れて、これが人民主権との関係において集会の自由を再考するために何を意味するのか、意味しないのかを要約しておきたい。（1）人民主権はこのように、それが正当化する代表制の体制そのものから分離された、反省的な自己形成の一形式である。（2）人民主権は、その分離そのものの中で生じる。（3）人民主権はいかなる特定の体制も、その体制から分離されなければ、すなわち、ある体制によってある程度管理されず、その道具として運用されない仕方によらなければ、正当化することはできない。そしてそれは、正当的な政府を公正で包括的な選挙を通じて形成する基盤である。（4）人民主権の自己形成行為は実際、空間的に配分された一連の行為であり、常に同じ仕方で同じ目的のために作動するものではない。これらの最も重要な空間的区別のうちの一つは、政治犯――集会の自由と言論の自由を行使した人々――が収容され服従させられている監獄を含む、公的領域と強制的監禁の領域の区別である。公的領域への移行と公的領域外への移行はまさしく、法的権力、警察権力、そして監獄という制度によって統制されている。さらに（5）「私たち人民」の行為化は、言語的形式を取るかもしれないし、取らないかもしれない。発言と沈黙、運動と不動は、すべて政治的行為化である。ハンガーストライキはまさしく、公的領域に自由に立ち、話す、食物を与えられた身体の反対である――それは、そうした権利の剝奪を徴し付け、それに抵抗するのであり、監獄の住民が経験する剝奪を行為化し、露わにするのである。

人民の援用は、それが現れるまさしくその瞬間に異議申し立て可能になる――そして、そうならなければならない。「現れ」は視覚的現前、語られた言葉、そしてまたネットワーク化された表象や、協調した沈黙行為を指し示しうる。空間的かつ時間的な形式を取る力の差異的形式は、誰がそうした行為化の一部でありうるか、そしてそうした行為化の手段と方法を確立する。監禁は、民衆集会から空間的に分離されていることを意味しており、また処罰の継続、あるいは無期限の拘留という不可知の継続期間を含意している。公的領域は部分的に強制的な隔離の場を通じて構築されているため、公的なものを定義する境界はまた、監禁されたもの、隔離されたもの、投獄されたもの、追放されたもの、そして消失したものを定義する境界でもある。私たちが国民国家の境界――そこでは滞在許可書を持たない移民は難民キャンプに監禁され、市民権は否定される、あるいは無期限で停止される――について話しているのであれ、監獄――そこでは無期限の拘留が規範になった――について話しているのであれ、公的に現れること、運動すること、話すことは、身体化された生の前提条件になったのである。監獄とは、必ずしも公的領域の反対物ではない。というのも、受刑者支持のネットワークは監獄の壁を通り抜けるからだ。受刑者の抵抗の諸形式は、定義上は公的領域の一部ではありえない行為化の諸形式である――コミュニケーションのネットワークや代理による表象を経由すれば、公的領域の一部になることは確かに可能なのだが。しかし、私たちが公的領域をどのように考えたいにせよ（そして、そのように考える正当な理由が多く存在する）、監獄は、公的領域の限界例に留まるのであり、誰が公的領域に入ることができ、誰がそこから出なければならないかを管理する国家権力を徴し付けている。従って、監獄とは公的領域の限界例であり、集会の自由は投獄の可能性に取り憑かれている。人は、自分が述べる事柄によって投獄されるかもしれないし、あるいは、単に集まっただけで投獄されるかもしれない。あるいは、集会について、あるいは自由のための闘争について書いたり教えたりすることによって、あるいは、主権を求める人民闘争について教えること――例えば、トルコの大学においてクルド人の自由を求める運動について教えること――によって投獄されるかもしれない。

これらすべてが、現れる自由を持った人々が、人民を決して完全にあるいは十分に表象＝代表できない理由である。というのも、公的なものから漏れている人々、この公的なものから漏れている人々が、ここゲジ公園に集まったからだ。彼らを表象＝代表しようとする人々はそうすることでまさに投獄の危険を冒すのだが、彼らは表象＝代表を見出さなければならない人々である。そして、他に何かすることがあるからたまたま集まりから漏れている人々が存在する、というのは正確な表現ではない。むしろ、ゲジ公園に集まることができなかった人々が存在する、あるいはもはや集まることができない、あるいは集まることを無期限に制限されている人々が存在するのである。そうした監禁の権力は、何が公的領域で、誰が民衆集会に参加することを許されるかを定義、生産、管理する仕方である。それは、公共空間を市場によって統御された国家の企業家的領域に転化しようとする過程である、民営化と共に作用する。従って私たちは、なぜ民営化に反対して集まる群衆が警察力、ガスによる攻撃、身体的暴行によって解体され、解散させられるのか、と自問することはできるだろうが、次の点を記憶しておかなければならない。公共空間を私企業に譲渡する国家、あるいは市場価値に従ってそうした決定を行う国家は、公共空間を管理し破壊する少なくとも二つの仕方に関わっている。民営化に反対することで始まる運動が、必然的に警察の暴力に反対する運動になる、と嘆く人々もいる。しかし、公共空間を人民主権から強奪することは、まさしく民営化の目的であり、集会の自由に対する警察の襲撃の目的である、という点を検討させてほしい。このようにしてまた、市場と監獄は、監獄産業——それは、アンジェラ・デイヴィスが明確に指摘するように、市民権を制限すべく働く――において協働するのであり、合州国においてこのことは、黒人男性が受刑者の大部分を構成し続けるように、否定し難く人種主義的な仕方で生じている。[11] 私たちが付け加えることができるのは次の点である。市場と監獄はまた、公共空間を制限し、破壊し、我有化するためにも協働して、ハンナ・アーレントの「現れの権利」という概念を厳しく制限するのである。

とはいえ、私たちの思考方法の政治的含意の一部を示唆するために、私は集会の自由に関する理論的要点に戻りたい。私の探究は次の問いから始まった。すなわち、集会の自由はいかなる意味で人民主権の適時的な表現なのだろうか。そしてそれは、行為遂行的な行使として理解されるべきなのだろうか、あるいは、ジェイソン・フランクが「自己実現の小さなドラマ」と呼ぶものとして理解されるべきなのだろうか。[12] 私は、人民の行為遂行的な力がまず第一に言葉に依拠しているわけではない、と示唆することから始めた。集会は、身体が何らかの仕方で集合あるいは接続でき、かつそうする場合に意味を持つのであり、そのとき、そこから展開する言語行為は、複数的身体のレヴェルにおいて既に起こっている何かを明確にする。しかし、発声とはまた、記号言語がそうであるように身体的行為でもある、という点を想起させてほしい。これが意味するのは、何かを意味する身体なしにはいかなる発話も存在しない、ということであって、時に身体は、ある人物が現在述べていることとはまったく異なった何かを意味するのである。

それにもかかわらず、デモクラシー理論において、「私たち人民」とは何よりもまず言語行為である。誰かが他の誰かと共に「私たち」と述べる。あるいはある集団が「私たち」と共に述べ、恐らくは連呼する。あるいは彼らが「私たち」と書き、世界に向けて発信する。あるいは彼らが一人ずつ立つ、あるいは恐らく一時的に一緒にいて、動くことも言葉を発することもなく、集会を行為化する。彼らが「私たち」と述べるとき、彼らはそれが宣言された瞬間から自らを「人民」として構成しようとする。従って、言語行為と見なされる「私たち人民」は、それが名付ける社会的複数性を生み出そうとする言表行為である。「私たち人民」はその複数性を記述するのではないが、言語行為を通じてその集団を集合させる。

そのとき、自己生成の言語的形式が、「私たち人民」という表現において作動しているように思われる。それはむしろ魔術的行為のように思われる、あるいは少なくとも、行為遂行的なものの魔術的性格を私たちに信じさせる。もちろん「私たち人民」は、要望と欲望、意図された行為、政治的主張についてより長い宣言を開始する。それは［宣言の］前文であり、一連の特定の主張への道程を準備するものである。それは実質的な政治的要求へと私たちを準備させる言葉であるが、しかしながら私たちは、文章を開始するこの道程でいったん立ち止まり、政治的主張が既になされているかどうか、あるいは、誰かが語る前に、あるいは身振りで示す前にそれを行おうとしているかどうかを問わなければならない。「私たち人民」と同時に述べるかもしれないすべての人々が、その表現を一斉に述べることは恐らく不可能である。また、仮に何らかの方法で、集まった集団が「私たち人民」と、時にオキュパイ運動の集会で起きるように叫ぶことがあるとすれば、それは束の間の一瞬であり、ある人物が他の人々が話すのと同時に話す瞬間であり、ある意図せざる複数の音が、反復が含むすべての変異《ヴァリエーション》とともに、その協調した複数的行動から、共同し連続して話されたその言語行為から発生する瞬間である。

しかし、文字通り一斉に話すそうした瞬間、そして自分たちを「人民」と名付けるそうした瞬間が、完全にそのように——同時的で複数的に——起きることはほとんどない。結局のところ、合州国における「私たち人民」という宣言は引用であり、その表現は自らの引用性から決して完全に自由ではない。合州国の独立宣言はそうした表現から、すなわち起草者に対して人民に向けてより一般的に話しかけることを許すような表現から始まる。それは、政治的権威を確立する表現であると同時に、いかなる一つの政治的権威によっても束縛されることのない人民主権の一形式を宣言する。デリダはこの点を、ボニー・ホーニッグが行ったように、極めて重要な仕方で分析した。[2] 人民主権は（同意において）それ自体を付与することができ、また（不同意において、あるいは革命において）それ自体を撤回することができる。それが意味することは、あらゆる体制は、それが自らの正当性の基礎を強制以外の何かに置きたいと望むなら、人民主権の付与を必要とする、ということだ。

にもかかわらず言語行為は、それがいかに適時的であろうと、引用の連鎖に挿入されている。それが意味するのは、言語行為を行うための時間的条件は、その言表行為の瞬間的機会に先立ち、それを超えている、ということだ。そして、さらに別の理由から言語行為は、それがいかに発話内的であろうと、完全にはその言表行為の瞬間に束縛されない。すなわち、発話によって指示され生産された社会的複数性は、同時に話すべく同じ場所に全員集合することはできないのであり、従ってそれは、空間的かつ時間的に範囲を拡張された現象なのである。人民主権——人民の自己立法的権力——が「宣言される」あるいはむしろ「自らを宣言する」場合、またその場所において、人民主権は必ずしも単一の審級にではなく、むしろ一連の言語行為、あるいは私の示唆によれば、言語的なものに限定されない行為遂行的な行為化に存するのである。

従って私は、問いは次のように定式化されるのではないかと考える。「私たち人民」という言表行為のための身体的条件とは何だろうか。また、もし私たちが、何を自由に述べるかという問題を、どのように自由に集会を開くかという問題から切り離すとすれば、私たちは間違いを犯すことになるのだろうか。私は、諸身体の集合を行為遂行的な行為化として考えることを提案するし、またそこから、（a）人民主権は行為遂行性の行使である、と示唆するだけでなく、（b）人民主権は必然的に、時に同じ場所に集まり、時にはそうでない諸身体の行為遂行的な行為化を含む、と示唆しておきたい。第一に私は、「私たち人民」が守ろうとする人民主権の概念を私たちが理解しなければならない、と提案する。

もし合州国憲法において規定された「私たち人民」が、独立宣言において見かけ上そうしているように、「これらの真理を自明のものと」宣言するとすれば[3]、そのとき私たちは既に、若干の困難な問題の中にいることになる。行為遂行的な宣言はそれらの真理をもたらそうとするが、もしそれらの真理が「自明のもの」であるなら、それらはまさしくまったく導かれる必要のない種類の真理であることになる。それらが行為遂行的にもたらされるのであれ、自明なのであれ、自明なものをもたらすことはパラドックスであるように思われる。私たちは、一連の真理が存在に至りつつある、と述べることができるだろうし、あるいは、私たちはこれらの真理をどこかで発見したと、またそれらを存在させるには至らなかったと述べることができるだろう。あるいは、ここで問題になっている種類の真理は、その自明性が知られるためには自明だと宣言されなければならない、と述べることもできる。換言すれば、それらの真理は明白にされなければならず、それが意味するのは、それらの真理が自明ではないということである。この循環性は矛盾あるいは同語反復の危険を冒しているように思われるが、恐らく、これらの真理はそれが宣言されるという仕方でのみ明白になるだろう。換言すれば、真理の行為遂行的な行為化は、その真理そのものを明白にする方法である。というのも、問題の真理は、予め与えられたものでも静的なものでもなく、特定の種類の諸行動を通じて行為化される、あるいは行使されるからだ。もし人民主権を要求する際に賭けられているのが、複数的行動のための能力そのものであるとすれば、そのとき、私たちが自己構成と呼ぶ複数的で常に抗争的な行為化の外部でこの真理を「示す」手段は存在しないことになる。

もし複数的主体がその行為遂行的な行動の中で構成されるとすれば、そのとき、それは既に構成されているわけではない。複数的主体が自らの行為遂行的な行使に先立ってどんな形式を持つにせよ、その形式は彼らが行為する際に、また行為した後に取る形式と同じではない。それでは私たちは、この集合するという運動——持続的であり、分散の偶発的、定期的、あるいは決定的な形式を含む——をどのように理解すればよいだろうか。それは一つの行為ではなく、互いに異なった行動の収束であり、一致には還元できない政治的社会性の一形式である。群衆が一緒に話しているときでさえ、彼らは互いの声を聞けるほど、それぞれの発声を調整できるほど、リズムとハーモニーを十分な程度に達成できるほど、そして何らかの意味ある行動あるいは言語行為を共に企てる人々と聴覚的で身体的な関係を達成できるほど、十分近くに集まらなければならない。私たちは今話し始め、今立ち止まる。私たちは今、あるいはいずれにせよ一定の時間に動き始めるが、それは確実に単一の組織体としてではない。私たちは全員で同時に立ち止まろうとするが、ある人々は動き続け、他の人々は自分のペースで動き、休む。時間的連続性と連携性、身体的近接性、聴覚的範囲、連携した発声——これらすべてが集会とデモの本質的次元を構成する。そして、それらはすべて、「私たち人民」と発話する言語行為が前提とするものだ。それらはそうした言表行為の機会を構成する複合的要素なのであり、その意味作用の非言語的形式なのである。

もし私たちが発声を言語行為のモデルと解釈するなら、そのとき身体は確かに、発言の器官であり、発言の器官的条件であると同時にその伝達手段として前提とされる。身体は、それが話すとき、純粋な思考へと変化するのではなく、言語化の器官的条件を意味することになるが、それはショシャナ・フェルマンによれば、言語行為は常にそれが現に述べていること以上の、それとは異なった何かを行っている、ということを意味している。従って、身体的行為から分離された純粋に言語のみに依拠した言語行為は存在しないように、その器官的条件を取り除いた純粋に概念的な思考の瞬間は存在しない。また、このことは私たちに、「私たち人民」と述べることの意味について何事かを教えてくれる。というのも、テクストに書かれたものであれ、街頭で口に出されたものであれ、「私たち人民」は、自分自身を指し示し、形成する行為において、一つの集会を指し示しているからだ。「私たち人民」は、自らが行動するとき自分自身に働きかけるのであり、それが発言の瞬間に現れようと現れなかろうと、複数性の身体的条件が示されることになる。複数的で動的な身体的条件は、そうした機会を構成する次元なのである。

人々の身体化された性格は、行われた様々な種類の要求にとって極めて重要である。というのも、荒廃した生き方のせいで基本的な身体的必要＝欲求が満たされない、という事態が頻繁に起こっているからだ。「基本的な身体的欲求」について語ることは、理論上、私たちの気分を害するかもしれない――身体に関するある種の非歴史的概念が、公共財の公平な取り扱いや公正な配分を求める道徳的で政治的な主張を行うために引き合いに出されるとでもいうように。しかし恐らく、理論的隘路に落ち込むことを恐れて身体的欲求について語ることを完全に拒否することは、より受け容れ難いことでさえあるだろう。身体の非歴史的あるいは歴史的ヴァージョンを受け容れることが問題なのではない。というのも、歴史構築の定式化さえ不変の特徴を持つからであり、あらゆる普遍的な身体概念はまさしく特定の歴史的形成物から生み出されているからだ。従って、そうした議論のどちらの側面も、自らが他者に対してどのような種類の関係の中にあるかを知らない。あらゆる特定の身体的欲求は、ある仕方もしくは別の仕方で歴史的に分節化されうるし、「欲求」と呼ばれるものは、そうした理由から単に分節化の効果ではない、まさしく緊急性の歴史的分節化であるかもしれない。換言すれば、身体的欲求という概念を、身体的欲求を差別的に認識し、非常にしばしばそれを完全に認識し損なってしまう表象的図式から切り離すいかなる方法も存在しない。これによって身体的欲求が完全に非歴史的になる、というわけではないが、また、これによって身体的欲求が特定の歴史的言説の単なる効果になる、というわけでもない。再び、身体と言説の関係は交差《キアスム》的であって、身体は表象されねばならないが、その表象によって決して完全には汲み尽くされない、ということを示唆している。さらに、身体が表象され、表象されない差別的な仕方は、欲求の表象を権力の領野へと浸透させる。また、マルクスが議論し、アグネス・ヘラー(13)が理論的に敷衍した欲求の生産を、「欲求というものは存在しない」と主張することなく、考慮に入れることもできる。疑いなく、私たちは別の言葉を使うこともできるだろうし、諸現象を詳述するために用いる言葉の生産的性格をたどることもできるだろうが、しかし、私たちはなお何かについて話すだろうし、たとえ私たちが用いる言語なしでその何かに到達する方法がないとしても、私たちが言語を用いることで例外なくその何かを変容するとしても、そうするだろう。そのとき「欲求」という概念は、必要あるいは緊急性の常に既に言語的に変容された意味であり、それら同義語によっても、他の語によっても十分には捉えられないだろう。

同様に、「有機的なもの」への参照は、必須であると同時に困難なものでもある。純粋に有機的なものは、非有機的なものと理解される純粋に概念的なものと同じように、回復不可能である。いずれの概念も常に何らかの仕方で組織されたものとして現れるのであり、あれこれの区別された形而上学的な実体に属するのではなく、むしろ「有機的なもの」の社会的意味を構成し、非常にしばしばその形而上学的解釈を規定する一群の関係、身振り、運動に属している。ではそのとき、いかなる他の種類の身体的行動、非行動、身振り、運動、そして調整と組織化の様態が、もはや発声に限定して理解されることのない言語行為を条件付け、構成するのだろうか。音とは、共同で意志表示する唯一の方法である――歌うこと、コールすること、宣言すること、ドラムや容器を叩くこと、監獄や分離壁を強く叩くことがそれに当たる。これらすべての種類の行為は、有機的なものと政治的なものの別の意味、集会そのものの行為遂行的な行為化と理解されるようなそれを指し示すような仕方で、いかに「語る」のだろうか。

増大する不安定性《プレカリティ》という見通しに直面した人々が街頭に赴き、「私たち人民」を用いて主張を始めるとき、彼らは自ら、すなわち、そこに現れ、話す人々が「人民」として同定されている、と主張している。彼らは、忘却という見通しを払いのけようと働きかけているのである。この言葉は、富者は「人民」ではない、ということを含意しているのではなく、また必然的に、「私たちも人民である」という単なる包摂の意味を含意しているのでもない。それは、「私たちはまだ人民である」――従って、依然として存在しているし、まだ破壊されてはいない――ということを意味しうる。あるいはそれは、不平等の増大を前にして平等の形式を主張しうる。参加者たちは単にその言葉を発することでそうするのではなく、可能だとわかるあらゆる程度で平等を身体化し、平等という土台の上で人民の集会を構築することによってそうするのである。次のように述べる人もいるかもしれない。平等は不平等の直中で実験的かつ一時的に主張されるのであり、それに対して批判者たちは、これは無益で無駄なことだ、なぜなら彼らの行為は単に象徴的なもので、真の経済的平等は、債務が天文学的で雇用の見込みが予め排除《フォアクローズ》されている人々にとってより達成困難なものになり続けているからだ、と応じるのだ、と。しかしながら、集会の実践における平等の身体化、相互依存の強調、労働作業の公平な配分、共同で保有される土地、あるいは「共有地《コモンズ》」の概念、これらすべては、他の場所ではすぐに消えてしまうような平等に関する考えを、世界に導入しているように思われる。重要なのは、身体を単に政治的主張を行うための道具として見ることではなく、この身体、諸身体の複数性がすべてのさらなる政治的主張の前提となるようにすることなのである。

　実際、オキュパイ運動、タハリール広場の最初の段階、プエルタ・デル・ソル、ゲジ公園、ブラジルにおけるファヴェーラ運動のような、この数年私たちと共にあった街頭の政治では、身体上の基本的必要が政治的動員の中心にある――それらの必要は、実際、いかなる一連の政治的要求にも先立って公的に行為化される。新自由主義的な合理性形式による統治と日常生活の奪取が引き起こした、民営化、公的サービスの破壊、公共財の理念の破壊の力に対して、それに抗して、身体は食物と住居《シェルター》、侵害と暴力からの保護、移動と労働の自由、保険医療《ヘルス・ケア》へのアクセスの自由を必要としている。また、身体は支援と生き延びのために他の身体を必要としている(14)。もちろん、これらの身体の年齢、またこれらの身体は健常なのか、という点は重要である。というのも、依存のすべての形式において、身体は一つの他の身体だけでなく、複合的に人間的で技術的な支援の社会的システムを必要とするからだ。

まさしく、より多くの人々の身体的生の支援が極めて不安定《プレカリアス》であることが判明しつつある世界において、諸身体が街頭に、地面の上に、あるいは彼らを自分の土地から隔てる壁に沿って、共に現れている――潜在的《ヴァーチャル》な参加者を含みうるこの集会は、複数的な一連の諸身体のために、依然として一連の組み合わされた場所を想定している。そして、このような仕方で諸身体は、彼らが生き、動き、働き、欲望する手段である舗道、地面、建築、技術に属している。街頭に集まる活動的な諸身体は力強く押し寄せるマルチチュード、それ自体においてラディカル・デモクラシー的な出来事あるいは行動を構成するマルチチュードであると述べる人々がいるが、私はそうした見方に部分的にしか賛同できない。人民が確立された権力から離脱するとき、彼らは人民意志を行為化するが、しかしながら、そのことを確実に知るために私たちは、誰が離脱しているのか、どこで離脱が起こっているのか、誰が離脱していないのか、彼らがどこにいるのか、という点を知らなければならないだろう。結局のところ、私が支持したいわけではないすべての種類の押し寄せるマルチチュードが存在しており（たとえ私が彼らの集会の権利に異議を唱えないとしても）、彼らはリンチを加える群衆を、反ユダヤ主義、レイシズム、あるいはファシズムの集会を、そして暴力的な形式の反議会主義的大衆運動を含むかもしれない。私は、押し寄せるマルチチュードの外見上の活力に、あるいは、彼らの集団行動に属しているように思われる萌芽的で将来性のある生命力にそれほど関心があるわけではなく、むしろ、体系的に導かれた不安定性《プレカリティ》と人種的剝奪の諸形式に直面しつつ、より持続的な生存可能性の諸条件を確立しようとする闘争に参加する、ということの方に関心がある。政治の最終目標は単に、共に蜂起し（このことは、不安定性《プレカリティ》に反対するより広範な闘争における、情動的強度の本質的瞬間でありうるのだが）、「人民」の新たな生きられた意味を構成することではない。たとえ時には、ラディカル・デモクラシー的変革——私はそれを支持する——という目的のために、全員にとって生存可能な生のより持続的な可能性を求めて、世界の注目を要求し、それを変えるという仕方で蜂起することが重要な場合があるとしても。生きていると感じること、あるいは生きている状態を肯定することは、そのはかない感覚こそ私たちが政治に期待しうるすべてである、と述べることとは別のことである。生きていると感じることは、生きている存在として未だ尊重されたことのない人々にとって生が生存可能になるような世界を求めて闘争することと、完全に同じことではない。

私は、何かがそうした集団を団結させ、不公正と非生存可能性に関する何らかの要求、感覚を、変革の可能性の何らかの共有された徴候を保持しなければならないことは理解しているが、その場で新たな形式の社会性を作り出すという欲望もまた存在している。これらの動員は、言語、行動、身振り、運動を通じて、組み合った腕を通じて、移動の拒否を通じて、警察と国家の権威に対して身体的様式の妨害を形成することを通じて、その要求を行うのである。ある所与の運動は、その戦略と、それが直面しなければならない軍や警察の脅威に依拠しながら、強化された曝されの空間の内外に移動することができる。しかしながら、これら個々の事例において私たちは、抵抗の能動的な行為主体《エイジェント》である諸身体もまた根本的に支援を必要としている、という点を想起しつつ、これら諸身体は共に抵抗のネットワークを形成する、と述べることができる。抵抗において、可傷性《ヴァルネラビリティ》は必ずしも行為能力《エイジェンシー》へと転換されるわけではない――可傷性はあくまで抵抗の条件に、抵抗が生じる生の条件に、不安定性《プレカリティ》へと翻訳され、対抗されねばならず対抗される条件に留まっている。これは弱さあるいは犠牲化とは異なった何かである。というのも、不安定《プレカリアス》なものにとって、抵抗は、生の見捨てられた、あるいは無支援の側面を曝す必要があるからであり、またその可傷性を、政治的抵抗の意図的で能動的な形式として動員し、抵抗の複数的行動における権力への身体の曝されとして動員する必要があるからだ。

もし政治の領域における身体が定義上能動的である――すなわち、常に自己構成的で、決して構成されない――とすれば、そのとき、社会的で経済的な正義の名において身体にその自由な活動を可能にする条件のために闘争する必要はないだろう。そうした闘争は、諸身体が強制され強制可能であることを前提としている。身体的可傷性の条件は、不安定性《プレカリティ》の増大を阻止しようとするこれらの民衆集会と連帯において明らかにされる。従って、そうした条件は、それだけいっそう、私たちの生き延び、私たちの繁栄、私たちの政治的抵抗を徴し付けるような行動の諸形式と可傷性との関係を理解せよ、という命法になるのである。実際、街頭に能動的に現れる瞬間にさえ、私たちは曝されており、様々な種類の侵害に対して可傷的である。これが示唆しているのは、可傷性の意図的あるいは意志的な動員が存在する、ということであり、私たちはそれを、より適切に政治的な曝されとして記述することができる。

最後に、私たちが公的領域に対して行っているすべての主張は監獄に取り憑かれており、監獄を予期している、という点を想起しておきたい。言い換えれば、トルコにおけるゲジ公園や他の街頭では、街頭に現れることは拘禁と投獄の危険を冒すことである。抗議する人々を助けようとやってくる医療関係者たちは、そうしようとすることで逮捕された。また、これらの集会と表現の権利を守ろうとした弁護士たちは拘禁され逮捕され、これらの犯罪をより広範に国際的な民衆たちに知らせようとした人権活動家たちもまた逮捕されるか、逮捕すると脅された。また、何が起こっているかを知らせようとしたメディア関係者も検閲され、拘禁され、逮捕された。どこであれ公共空間を要求しようとした人々は、警官に止められ、侵害され、投獄される危険を冒したのである。従って、私たちが民衆集会について考察するとき、私たちは常に、集会を起きるがままにする、あるいは集会が起こらないよう止める警察権力について考察している。また私たちは、国家が自ら代表しているとされる人民を攻撃し始める瞬間を警戒しており、その瞬間には、公共空間から監獄への強制的移行が確立される。公共空間は事実上、そのような強制的移行によって定義されるのである。結果として、政治犯との――いや、不当な条件で投獄されたすべての人々との――連帯《ソリダリティ》＝団結の諸形式は、連帯《ソリダリティ》＝団結が公的領域と監禁の領域を横切って起こらなければならない、ということを含意している。受刑者たちは、まさしく集会の自由と公共空間へのアクセスを否定されている人々なのである。従って、国立公園を民営化しようとし、民営化が公共財や公的権利の位置を占めることを可能にする政府の運動そのものが、公共空間に対する警察の管理を確立しようとする運動なのである。そうするためには、公共空間への権利を主張する人々を投獄し、民衆自身のための公共空間を要求しようと抗議する人々を襲撃し追い払うこと以上に効果的な方法はない。それは、国家が公的な生に対する戦争を起こしたときに国家に戦いを挑んだ人々が逮捕され拘禁されたことを理解する、一つの方法である。

民営化が公共空間を破壊しようとする場合、監獄は、公共空間へのアクセスを禁止する究極の方法である。そのときこの意味で、民営化と監獄は、人がそこに属していると知っている場所から人を締め出すべく、共に機能するのである。誰も民衆集会への権利をたった一人で持つことはできない。私たち全員がその権利を主張し、そうしなければならないとき、私たちは他の人々と共に、差異と不一致の直中で、また既にその権利を失った人々との、そうした公的領域に所属していると決して認められたことがない人々との連帯＝団結《ソリダリティ》において、そうしなければならないのである。街頭に許可なく現れる人々、武器を持つことなく軍事力あるいはその他の治安部隊に立ち向かっている人々、トランスフォビアの環境の中で性転換した人々、市民権を得ようとする人々を犯罪者と見なす国において滞在許可書を持たない人々にとって、この点は特に正しい。保護されていないことは「剝き出しの生」になるということではなく、むしろ、具体的に可傷的で、壊れやすくさえあると同時に、潜在的かつ能動的に反抗的で、革命的でさえあるような、政治的曝されと潜在的闘争の具体的形式なのである。

共に集合する諸身体は、「私たち人民」を指し示し、自らを「私たち人民」として形成し、抽象化＝捨象《アブストラクション》の諸形式――それは、生にとっての社会的かつ身体上の必要が、現在では公共財の名において作用している新自由主義的基準と市場的合理性の結果として、破壊されうるように作用する――を標的にする。そうした剝奪に反対する集会に現れることはまさしく、私たちがそうした要求を行う目的である諸身体を行為化することであり、それは時に、私たちの意図とは異なった仕方で要求することを意味している。私たちは、互いにこの要求を行う際に、前もって互いを知る必要も、熟慮する必要もない。というのも、言わば腕によって結ばれた他の身体なしには、あるいは、街頭の内外での連帯＝団結《ソリダリティ》の新たな諸形式を要求するもう一つのデモクラシー概念の名で結ばれた他の身体なしには、いかなる身体も実際可能ではないからだ。

この種の集会が成功しうるのは、それが非暴力の原理に同意している場合のみである、と私は強く確信する。暴力に遭遇した場合、非暴力という原理化された身体化行為の地位は重要であり、こうした行為が、民衆集会の権利を擁護しようとするあらゆる運動を定義しなければならない。こうした主張によって、私はどのようにある原理が身体化されるかを説明しなければならず、それによって私は自分が何を述べたいのかを示すつもりだ。こうした主張によって、私はまた、暴力に対する非暴力的な抵抗がいかに可能かを示さねばならない（私はこの問いを、別の文脈でより十分に取り上げるつもりだ）。私が強調したい非暴力についての論点は、単に心の中にある原則を保持しておくという問題であるだけでなく、ある原理によって自分の振る舞いを形成するという問題なのである——これは原理に譲歩するという問題である、と述べる人もいるかもしれない。非暴力的行動は単に、自分自身に攻撃衝動を行為化することを禁ずる意志を行使する、ということではない。それは、身体的で集団的な形式を取る抑制の陶冶された形式を持った、能動的闘争なのである。

非暴力の抵抗は、現れ、行動する身体を必要とし、その行動において自らが遭遇している——すなわち、その限界を再生産しない暴力に遭遇する——世界とは異なった世界を構成しようとする身体を必要とする。それは、暴力的な世界に否と言うだけではなく、どれほど仮のものであろうと、自己が闘う目的であるオルタナティヴを身体化しようとしつつ、新たな仕方で自己と、世界への関係を作り上げることである。そのとき私たちは、非暴力の抵抗は行為遂行的だと言うことができるだろうか。また、ある行為、ある進行中の活動は非暴力的だろうか。そしてもしそうであるなら、受動性へのその関係はいかなるものだろうか。受動的抵抗は非暴力的行動の一形式であるが、すべての非暴力的行動が受動的抵抗に還元されうるわけではない。[15] 戦車の前で地面に横たわるという考え、警察権力の目前で「足を引きずって歩く」という考えは、ある立場を保持するための陶冶された能力を含んでいる。「足を引きずって歩く身体」はその行為能力を断念したように見えるかもしれないが、にもかかわらず、それは重さと障害物になることで、自らの姿勢に固執する。攻撃性は根絶されることはないが、陶冶されるのであり、その陶冶された形式は、身体が立ち、転び、集合し、立ち止まり、黙ったままでおり、それ自身が支援する他の諸身体の支援の役割を呈するとき、身体において見出されうる。支援され、支援することで、身体の相互依存に関するある種の概念が行為化されるのであり、その概念は、非暴力的抵抗が英雄的な個人主義に還元されるべきでないことを示している。先頭に立つ個人でさえ、ある意味でそのことを示している。というのも、その人は他者たちによって支援されているからだ。

これらの事柄は公的な自己構成行為である、と言うことはできるだろうか。そのとき自己は、あれこれの個人的自己であるだけでなく、権力とともに、表現、運動、集会の自由を持ち、労働、住居、食物への基本的権利を示威する諸身体を行使し作り上げる、活気ある相互依存的な自己性の社会的配分のことではないだろうか。

こうした理想の実現には、多くの困難が立ちはだかっている。そもそも、非暴力を確実に定義することは、常に可能なわけではない。実際、非暴力のあらゆる定義は、非暴力とは何か、あるいは何であるべきかをめぐる解釈である。このことは、幾度となく困惑をもたらすことになる。すなわち、非暴力に関する主要な考えは時に暴力と解釈されうるのであり、そうしたことが起こったとき、この解釈を採用する人々はその解釈を正しいと考え、その行動が暴力的であると解釈された人々はそれを完全な間違いだと考えるのである。非暴力が暴力であると解釈されるとき、それは一般的に、暴力的目的あるいは暴力的衝動を隠すことと見なされ、従って策略であり、支配力を持った人々を実質的に許容する非関与の一形式と見なされる。自分は非暴力に関与していると信じている人が、結果として、その行動はある暴力的特徴あるいは帰結を持つ、あるいは、とりわけ自己防衛のために力が使われるときその行動はグレーゾーンに入る、と気付くこともあるかもしれない。しかしながら、そのように自分の行動の完全な意味を知らないことは、非暴力を暴力と名付け直そうとする人々による、行動を能動的に歪曲して伝えることとは区別されなければならない。

ストライキ、監獄におけるハンガーストライキ、労働の停止、その私的な地位に異議が唱えられる政府機関あるいは公的機関の建物や空間の非暴力的な占拠、不買運動あるいは文化的ボイコットを含む様々な種類のボイコットや制裁だけでなく、民衆集会、署名、非正当的な権威の承認を拒否する方法、非合法的に閉鎖された施設の明け渡し拒否、といった戦略を考慮してもよいだろう。これら諸行動——あるいは、あなたの解釈にもよるが、非行動——を統合するのは、それらがどれも、一連の政策あるいは行動の正当性を、もしくはある特定の形式の法律の正当性を疑問に付す、という点にある。しかしながら、これらはどれも、警察、国家形成、法律の変革を求めているという理由で、「破壊的なもの」と呼ばれうる。というのも、それらは現状の実質的な変革を求めているからだ。しかし、もし政策の撤回、あるいは正当的な基礎に依拠した国家の形成要求――どちらも、デモクラシーの下での人民意志の明確な行使である――が、暴力的なものと、あるいは「テロリズム的なもの」とさえ見なされるなら、そのとき、致命的な混同によって、デモクラシー的闘争という文脈における非暴力的行動に名前を与える私たちの能力が脅かされることになる。

ソローに依拠したガンジーの言葉によれば、非暴力的な市民的不服従は「非道徳的な法の行為化の市民的不履行」である。[16]彼の考えでは、法あるいは法令は、非道徳的、道徳的に誤ったものと見なされうるのであり、従って、市民的行動の正当な対象になる。それゆえ、法令は不服従の対象になるのだが、それは法令が非道徳的（あるいは不道徳的）であり、不服従が正当だからである。不道徳的な公的法令あるいは法に服従しないことは市民の権利であるが、それは法の領域が、ガンジーが市民生活を構造化すると理解している道徳性の諸形式に責任を負っているからだ。私たちは確かに、ガンジーが想定するような仕方で道徳性が市民の権利を下から支えているかどうかを問うことはできるが、彼の一般的な強調点を受け容れることは重要だと思われる。正当性を問う仕方は様々に存在し、それは時に明白な言語行為の形式を取り、別の場合には、複数的で身体化された行動の表現的次元、あるいは行動することの拒否に依拠する。それが複数的で身体化された行動に依拠するとき、それは身体化された行為能力を必要とし、また時には、警察あるいは警備員、軍人が非暴力的集会を解体し、解散させようとするとき、そうした集会は他の諸身体――恐らくは、物理的危害を加えるための物体や銃を携えた諸身体――と直接接触することになる。物理的強制と危害のリスクは、ハンガーストライキに加わる人々によっても引き受けられる。というのも例えば、食物を拒否する受刑者は、義務的統制に従うことを拒絶するだけでなく、彼あるいは彼女自身を受刑者として再生産するという期待に背くからだ。実際、監獄は、特定の様式の力を行使するために、受刑者の物理的再生産を必要とする。換言すれば、非暴力的行動は時に、暴力という力の領域において生起するのであり、だからこそ非暴力は、純粋で超然とした立場、すなわち、暴力の場面に関与せずそれから距離を取る立場をめったに取ることがないのである。反対に、非暴力は暴力の場面において生起する。友好的で平和的に街頭を歩く者は、暴力に関与してもいないし、非暴力を実践してもいない。非暴力は、暴力の脅威と共にその役割を演じるようになる。つまりそれは、潜在的あるいは現実的に抗争的な空間において、自分自身に基づき、他者と共に、自らを保持して行動する方法なのである。これは、非暴力がただ受動的でしかない、という意味ではない。それは、ある状況に接近する仕方、さらには世界で生きる仕方でありうるし、生物存在の不安定《プレカリアス》な性格に応じた日常的な心がけの実践でありうるのだ。

というのもまさしく、非暴力は、抗争を前にして、あるいは抗争的な衝動や挑発の直中で、身体化された自己を保つ意図的な方法であるからであり、それは、決定の瞬間そのものに先立ち、それを予期する非暴力の実践に訴えなければならない。このような自己を保つ形式、このような反省性の態度は、非暴力的行動のための認識可能な基礎として役立つ歴史的慣行によって媒介されている。たとえ非暴力が孤独な行為のように見えるとしても、それは社会的に媒介されており、それは諸々の非暴力的様態の行為を統御する慣行の持続と認識に依拠しているのである。

もちろん、そうした態度を打ち切って暴力的方法を選択する人々、あるいは、非暴力的集会に入り込んでその目的を転換させることを意図する人々もおり、そうした人々にもまた抵抗しなければならない。暴力とはあらゆる集会の構成的な可能性であるが、それは、単に警察が常に待機した状態で待ち構えているから、また単に非暴力的集会を簒奪しようとする暴力的な党派が存在するから、というだけではなく、いかなる政治的集会もそれ自体の構成的敵対性を決して完全には乗り越えることができないからだ。なすべきことは、敵対性を非暴力的実践へと陶冶する方法を見つけることである。しかし、私たちは政治的主体性の何らかの平和的領域を見つけてそこに住まうことができるかもしれない、という考えは、攻撃と敵対をデモクラシー的抵抗の実質へと分節化する、という緊急かつ持続的な作業を過小評価することになる。戦略的で原則的な仕方で攻撃を行動の身体化された諸様態へと陶冶することなく、非暴力を達成する方法はない。私たちは、自分が意図的に行おうとすることではなく、自分が感じる怒りや、自分を制限しそれを身体化された政治的表現へと変容させる怒りを表明する方法として、暴力的振舞いを真似《マイム》ることができる。危害を与えることなく身体を獲得する方法は数多く存在し、それらは私たちが確実に追求すべき方法なのである。

最後に、特定の歴史的文脈の外部で非暴力の戦術について考えることは恐らく不可能だろう。それは絶対的な法則ではなく、恐らくより正確にはエートスとして定義される。実際、あらゆる戦術はその暗黙のエートスを持っている。というのも、非暴力とはエートスであると同時に戦術であるからであり、それが意味するのは、ボイコットやストライキのような非暴力的運動は単に別の手段による戦争ではありえない、ということなのである。それら非暴力的運動は、自らが戦争の実質的で倫理的なオルタナティヴであることを示さなければならない。というのも、まさしく倫理的主張を明らかにすることによってのみ、その立場の政治的価値が理解されるからだ。そうした意志表示は、その戦術を憎しみとして、また別の手段による戦争の継続としてしか読むことができない人々が存在する場合には、容易ではない。このことは疑いなく、非暴力とは私たちが行うことによってのみでなく、それがどのように見えるかによって確立される、という理由の一つをなす。そのことが意味するのは、私たちが非暴力をそれとして認識させうるような媒介《メディア》を必要としている、ということなのである。

訳註

［1］ Etienne Balibar, *Nous, citoyens d'Europe ?: les frontière, l'État, le peuple*, Découverte, 2001 ; *We, the people of Europe?*, Princeton University Press, 2003.［『ヨーロッパ市民とは誰か――境界・国家・民衆』、松葉祥一・亀井大輔訳、平凡社、二〇〇八年］

［2］ Jacques Derrida, « Déclarations d'Indépendance », in *Otobiographies : L'enseignement de Nietzsche et la politique du nom propre*, Galilée, 1984.［「アメリカ独立宣言」、宮﨑裕助訳、『思想』第一〇八八号、二〇一四年］

［3］　バトラーは独立宣言からの引用を“(We) declare a set of truths to be self-evident”としているが、実際の文言である“We hold these truths to be self-evident”に従って訳出した。

第六章　悪い生の中で良い生を送ることは可能か

私は、アドルノが提起した一つの問いについて考えてみたい。それは、今日の私たちにとってまだ生きている問いである。それは、私が幾度にもわたって立ち戻る問いであり、反復的な仕方でそれ自体を感じ取らせ続ける問いである。その問いに答える簡単な方法は存在せず、また確かに、それが私たちに投げかける主張から逃れる簡単な方法は存在しない。アドルノは、『ミニマ・モラリア』で私たちに次のように語っている。「偽りの生の中にはいかなる正しい生も存在しない［Es gibt kein richtiges Leben im falschen］」（"Wrong life cannot be lived rightly" とジェフコットの翻訳にはある）(1)。しかし、このことが彼を、道徳性の可能性をめぐる絶望へと導くわけではない。実際、私たちは、悪い生の中でどのように良い生を送ればよいのか、という問いを課されているのである。彼は自分自身にとって、自分自身として、不平等、搾取、様々な形の抹消によって構造化されたより広い世界の文脈において、良い生を追求する方法を見出すことの難しさを強調している。それが少なくとも、彼の問いを私が再定式化する最初のやり方である。実際、私は、皆さんのためにここでその問いを再定式化するとき、それが、再定式化された歴史的時間に依拠する新しい形式の問いであることを意識している。従って、最初に私たちは二つの問題を持つことになる。第一の問題は、良い生が多くの人々にとって構造的あるいは体系的に予め排除《フォアクローズ》されているような世界、あるいは、良い生が意味のない言葉になっているような世界、あるいは、それがある意味でまったく悪い生き方を意味するように思えるような世界において、私たちが良い生を生きていると言いうるような仕方で、自分自身の生をいかによく生きればよいのか、というものである。第二の問題は、この問いは今の私たちにとってどのような形式を取るのか、あるいは、私たちが生きているこの歴史的時間は、この問いそのものの形式をどのように条件付け、それにどのように浸透しているのか、というものである。

先に進む前に、私たちが使っている用語について考えてみなければならない。実際、「良い生」とは議論を呼ぶ言葉であって、というのも、「良い生」(das Richtige Leben〔正しい生〕)が何であり得るかについては数多くの異なった見方があるからだ。多くの人々は良い生を、経済的安寧、あるいはセキュリティとさえ同一視してきたが、私たちは、経済的安寧もセキュリティも、良い生を生きていない人々によって達成されうる、ということを知っている。またこのことは、良い生を生きていると主張する人々が、他者たちの労働を利用して利益を上げることで、あるいは不平等を固定化する経済システムに依拠してそうしているとき、より明白である。従って、「良い生」は、それが不平等を前提あるいは含意しないような仕方で、あるいは、それが他の規範的諸価値と一致しなければならないような仕方で、より広く定義されねばならない。もし私たちが、良い生とは何かを語るために日常言語に依拠するなら、混乱に陥ることになるだろう。というのもこの言葉は、対立する複数の価値図式の媒体《ヴェクトル》になっているからだ。

実際、私たちはむしろ、すぐさま次のような結論を出すことができるかもしれない。一方で、「良い生」とは、道徳的行動の個人的形式に結び付いた、時代遅れのアリストテレス的定式に属した言葉である、と。あるいは他方で、「良い生」とは、道徳性あるいはより広い意味での倫理と、社会経済理論との関係について考えようとする人々にとって有益であるためには、商業的言説によってあまりに汚染されすぎている、と。アドルノが、悪い生の中で良い生を送ることは可能かと問うとき、彼は道徳的行動と社会的諸条件との関係を問うているが、しかしより広い意味で言えば、道徳性と社会理論の関係について問うているのである。実際、彼はまた、権力と支配のより広範な作用が、いかによく生きればよいのかという個人的な考察の中にどのように入ってくるのか、あるいはどのようにそれを混乱させるのか、と問うている。彼は述べている。「倫理的あるいは道徳的行動と非道徳的行動とは常にある社会現象であり、従って、人間相互の関係を無視して倫理的行動、道徳的行動について論じることには何の意味もありません。また、純粋に自分自身のために存在する個人というのもまったく空虚な抽象です［das ethische Verhalten oder das moralische oder unmoralische Verhalten immer ein gesellschaftliches Phänomen ist— das heist, da es überhaupt keinen Sinn hat, vom ethischen und vom moralischen Verhalten unter Absehung der Beziehungen der Menschen zueinander zu reden, und da das rein für sich selbst seiende Individuum eine ganz leere Abstraktion ist]」[2]。あるいはまた、「社会的カテゴリーは、道徳哲学の最奥部にまで浸透しています[die gesellschaftlichen Kategorien bis ins Innerste der moralphilosophie sich hinein erstrecken]」[3]。さらにもう一度、彼の『道徳哲学の諸問題』の最後の文にはこうある。「要するに、今日なお道徳と呼ばれうるものがあるとすれば、それは世界をどのように構築するか、という問題に移行します。次のように述べることもできるでしょう。正しい生活の探求は、正しい政治の探求である――もし、このような正しい政治が、今日そもそも実現可能な領域にあるとすれば——、と［Kurz, also was Moral heute vielleicht überhaupt noch heissen darf, das geht über an die Frage nach der Einrichtung der Welt — man könnte sagen: die Frage nach dem richtigen Leben wäre die Frage nach der richtigen Politik selber heute im Bereich des zu Verwirklichenden gelegen wäre］(4)。従って、次のように問うことには意味がある。「生」のどの社会的構成が問題となるのか、どのように生きるのが最善なのか、と。もし私が、どのように生きるのが最善なのか、あるいは、どのように良い生を送ればよいのか、と問うとすれば、私は、何が良いのかについての考えに依拠するだけでなく、生きるとは何か、生とは何かについての考えに依拠しているように思われる。私は、どんな種類の生を送ればよいのかを問うために、私の生についてある感覚を持たなければならないし、また、私の生は、私が送るかもしれない何か、ただ私を導《リード》くだけではない何かとして私に現れなければならない。しかしながら、自分の生をどのように送ればよいのか、と問うよう私が強いられているとしても、私が私という生きた有機体のあらゆる局面を「導《リード》く」のが不可能であることは明白ではないだろうか。ある生を構成するすべての生の過程を導くことができないとき、あるいは、ある生の幾つかの局面しか熟慮もしくは熟考した仕方で導くあるいは形成することができず、他の局面は明白にそうではないとき、人はどのように生を送る《リー》=導《ド》くのだろうか。

従って、私はどのように良い生を送ればよいのか、という問いが道徳性の基本的な問いの一つであり、実際、恐らくは道徳性を規定する問いであるとすれば、そのとき、道徳性はその始まりから生政治に結び付いているように思われる。生政治という言葉によって私が意味しているのは、生を組織する諸権力であり、まさしく、統治的、非統治的手段を通じた住民のより広範なマネージメントの一部としての不安定性《プレカリティ》へと諸々の生を配置し、生そのものの差別的な価値付けのための一連の手段を確立するような諸権力である。私の生をどのように送ればよいのか、と問うことで、私はこうした権力の諸形態と既に交渉しているのである。道徳性に関する最も個人的な問い――私のものであるこの生をどのように生きればよいのか――は、誰の生が重要か、誰の生が生として重要でないか、誰の生が生として認識されえないか、あるいは生として曖昧にしかカウントされないか、といった諸々の形に純化された生政治的な問いに結び付いている。これらの問いが前提としているのは、すべての生きている人間が、自由と政治的帰属意識を備えた、権利と保護に価する主体の地位を有している、という点を当然と見なすことができない、ということであり、それどころか、こうした地位は政治的な手段を通じて確保されねばならず、それが否定される場合、そうした剝奪が明らかにされねばならない、ということである。私が示唆したかったのは、そうした地位が配分される差別的な方法を理解するためには、誰の生が哀悼可能で、誰の生がそうでないか、と問わなければならない、ということだ。哀悼不可能なものの生政治的なマネージメントは、私はどのようにこの生を送ればよいのか、私はこの生を、生の内部、今私たちを構造化している生の諸条件の内部でどのように生きればよいのか、という問いに接近するために不可欠であることを証明している。賭けられているのは、次のような種類の問いである。すなわち、誰の生が、どんな明白な破壊あるいは遺棄よりも前に、生ではない、あるいは部分的にしか生ではない、あるいは既に死んでおり失われている、と見なされているのか、という問いである。

もちろんこの問いは、彼自身あるいは彼女自身が必要でない存在だと既に理解しており、情動的で身体的なレヴェルで彼あるいは彼女の生が保証、保護、尊重に値しないと認識している誰か、誰もにとって、最も深刻な問いとなる。これは、彼あるいは彼女の生が失われても彼あるいは彼女は哀悼の対象にならないことを理解している誰かのことであり、また、彼あるいは彼女にとって、「私は哀悼の対象にならないだろう」という仮定的主張が現在の瞬間において能動的に生きられている誰かのことである。もし、私が今後も食物と住居《シェルター》を持つという確信を持てない、あるいは、私が転落してもいかなる社会的ネットワークまたは社会制度も私を受け止めてくれない、ということになるとすれば、そのとき、私は哀悼不可能なものに属していることになる。このことが意味するのは、私を哀悼してくれる誰かが存在しない、あるいは、哀悼不可能なものは互いに哀悼しあう方法を持たない、ということではない。また、私はある場所でも別の場所でも哀悼されない、あるいは、喪失がまったく表に現れない、ということでもない。そうではなくて、これらの形式の執拗な存在と抵抗は常に、公的なものの影の生の中で生起するのである。それは時に、彼らの集団的価値を擁護することによって、彼らの価値を下げるこれらの図式を取り出し、それらに異議を唱える。そう、だから、哀悼不可能なものは時に哀悼の公的な反乱に集う。だからこそ、これほど多くの国々において、葬儀とデモを区別することは難しいのである。

私は事態を誇張しているが、それには理由がある。誰かが哀悼されない理由は、あるいは、誰かが哀悼されるべきでないものとして既に認められている理由は、そうした生を維持する支援の構造が現在存在しないということであり、それが意味するのは、そうした生は、支配的な価値図式によって、生として支援し保護するに値しないとして価値を下げられている、ということだ。私の生の未来そのものは、そうした支援の条件に依存するのであり、従って、もし私が支援されていないとすれば、そのとき私の生は希薄で、不安定《プレカリアス》なものとして確立されるのであり、その意味で、侵害あるいは喪失から保護されるに値せず、従って哀悼可能なものではないのである。もし、哀悼可能な生のみが価値を与えられうる、また時代を超えて価値を与えられうるとすれば、そのとき哀悼可能な生のみが、社会的で経済的な支援、住居、保険医療《ヘルス・ケア》、雇用、政治的表現の権利、諸々の形式の社会的承認、政治的行為能力《エイジェンシー》のための諸条件にふさわしいことになるだろう。人は言わば、失われる前に、無視あるいは遺棄されることが問題になる前に、哀悼可能でなければならないのであり、また、私というこの生の喪失が悼まれ、従って、この喪失を未然に防ぐべくあらゆる手段が取られる、ということを知った上で、生を生きることができなければならないのである。

しかし、もし人が生きていると同時に、自分が生きている生が失われうる、あるいは失われたとは決して見なされないことを心に刻み込んでいるとすれば、それはまさしく、その生が決して生と見なされたことがないから、あるいは既に失われたと見なされたからだ。そのとき私たちは、存在のこの影の領域を、住民たちが生きている非存在の様態を、どのように理解すればよいのだろうか。

人の生が哀悼不可能あるいは重要でないという感覚の内部から、道徳的問いはどのように定式化されるのだろうか、また、公的な哀悼への要求はどのように生起するのだろうか。換言すれば、もし私が語るべき生を持たないなら、あるいは、私が送ろうとしている生が必要ないものと見なされるなら、あるいは、それが実際、既に遺棄されているなら、私はどのように良い生を送ろうと努めるだろうか。私の送る生が生き難いものである場合、一つのむしろ苛烈なパラドックスが生まれることになる。というのも、「私はどのように良い生を送ればよいのか」という問いは、送るべき生が存在する、すなわち、生きていると見なされる生が存在し、私の生はその中に入る、ということを前提としているからだ。実際、この問いは、問いを反省的に提示する力を持つ私が存在すること、また、私が私自身にとって現れていることを前提としてもいる。それが意味するのは、私は、私にとって利用可能な現れの領域の中に現れることができる、ということだ。その問いが発展可能であるためには、その問いを問う者は、どんな答えが現れてもそれを議論することができなければならない。私がたどることのできる道をその問いが切り開くためには、世界は、私の考察と行動が単に可能であるだけでなく有効であるとわかるような仕方で構築されていなければならない。もし私がどのように生きるのが最善なのかを熟考すべきだとすれば、そのとき私は、たとえその生が一般的に肯定されないとしても、あるいは、私の生の社会的で経済的な肯定が存在するかどうかを見極めることが必ずしも常に容易ではないという条件の下でさえ、私が送ろうとしている生が一つの生として肯定されうる、私はその生を肯定することができる、と想定しなければならないのである。結局のところ、私のものであるこの生は、生の価値を差別的に配分するよう配置されている世界、私自身の生が他者たちの生より多かれ少なかれ価値を与えられた世界から、私へと反映されるのだ。換言すれば、私のものであるこの生は、平等と権力の問題を、またより広く言えば、価値配分の正義あるいは不正義の問題を、私へと反映するのだ。

従って、この種の世界、私たちが「悪い生」と呼ぶことを強いられるようなものは、生きた存在としての私の価値を反映することに失敗しており、そのとき私は、消去と不平等の形式を生み出すこれらのカテゴリーと構造について批判的にならなければならない。換言すれば、生そのものを差別的に価値付けるこれらの構造を批判的に評価することなく、私自身の生を肯定することはできないのである。この批判の実践は、私自身の生を私が考える諸対象に結び付けるような実践である。私の生はここで、私の身体によって確立された時空間的地平において生きられたこの生であり、それはまた、この生の外部にあり、私がその一つでしかないような別の生きた諸過程に巻き込まれている。さらにそれは、誰の生がより重要で、誰の生がより重要でなく、誰の生がすべての生物にとって範例となり、生きた存在の価値を管理する現代的関係の内部で誰の生が生でなくなるか、といった点を規定する権力の差別に巻き込まれている。アドルノは次のように述べている。「人は、規範、自己批判、善悪への問いをしっかりと掴んでいなければなりません。同時に、この種の自己批判に自信たっぷりな法廷も誤りを犯しうることについての批判も手放してはなりません［Man muss an dem Normativen, an der Selbstkritik, an der Frage nach dem Richtigen oder Falschen und gleichzeitig an der Kritik der Fehlbarkeit der Instanz festhalten, die eine solche Art der Selbstkritik sich zutraut]」(5)。この「私」は、それが主張するほど自分自身のことを知っているわけではないかもしれない。また、この私が自分自身を把握する手段をなす唯一の関係は、私たちの誰もその働きと効果を完全に把握することができない、思考に先立ち思考を伝える言説に属する関係である、というのは恐らく本当だろう。また、諸価値は、その権威が疑問に付されねばならない権力の諸様態を通じて定義され、配分されるがゆえに、私はある種の拘束の中にいる。私は自分自身を、私の生を不安定《プレカリアス》にするような諸関係において確立するのだろうか。あるいは、私は諸価値の支配的秩序に批判を加えようとするのだろうか。

従って、私はどのように良い生を生きればよいのだろうか、またこの願望は重要なものなのだろうか、と問わねばならず、また実際そのように問うにもかかわらず、私は、私のものであり、より広い社会的な生であり、私が生きている、あるいはむしろ、私が生きようと努めている生と価値の言説的諸秩序への批判的関係に私を置くような仕方で他の生きた諸存在と接続されているこの生について、注意深く考えなければならない。何がそれらの秩序に権威を与えるのだろうか。また、その権威は正当なものだろうか。そうした探究に私自身の生が賭けられているがゆえに、生政治的秩序の批判は私にとって生きた問題であり、従って、生きるための闘争であり、正しい世界の中で生きるための闘争でもある。価値を持った生を私が生きることができるか否かは、私が自分自身で決められる問題ではない。というのも、この生が自分自身のものであると同時にそうでないこと、またこのことが私を社会的生物、生きた社会的生物にすることは明らかだからだ。そのとき、どのように良い生を送ればよいのかという問いは、既に最初からこうした両義性に結び付けられており、生きた批判の実践に結び付けられている。

もし私が世界における自分の価値を一時的以上の仕方で確立することができないとすれば、そのとき、私の可能性の感覚もまた同じく一時的なものになる。良い生を送るべしという道徳的命法、それがもたらす諸々の反省的な問いは、時に、絶望的な諸条件の中で生きる人々にとってまさしく残酷かつ思慮に欠けたもののように思われるだろう。また、私たちは恐らく、道徳性の実践そのものを包含することもあるシニシズムを容易に理解することができるだろう。すなわち、もし私の生が既に生ではないと見なされているとすれば、私の生が既に死の一形式として扱われるとすれば、あるいは、オルランド・パターソンが「社会的な死」――彼はこの言葉を、奴隷状態で生きているという条件を記述するために用いた――の領域と呼んだものに私が属しているとすれば、なぜ私は道徳的に行為しなければならないのだろうか、あるいはさらに、なぜ私はどのように生きるのが最善なのかと問わねばならないのだろうか。(6)

新自由主義的合理性の制度化あるいは不安定性《プレカリティ》の差別的な生産から帰結する、経済的な遺棄あるいは収奪の現代的諸形式は、ほとんどの場合、奴隷状態と比較することはできない。従って、社会的な死の諸様態を区別することは依然として重要である。恐らく私たちは、生を生存不可能にする諸条件を記述するためにただ一つの言葉を使うことはできないだろうが、「不安定性《プレカリティ》」という用語は「生存不可能性」の諸様態を区別することができる。例えば、しかるべき法的手続きを踏むことなく投獄されている人々、戦争地帯であるいは占領下で生き、安全な状態にあることも退去することもできず暴力と破壊に曝される人々、移住を強いられ境界地帯で生きており、国境が開き、食物が届き、滞在許可書《ドキュメンテーション》を持って生きることを待ち望む人々、必要ないもしくは使い捨て可能な労働力の一部であるという条件を付けられ、安定した生活手段の見通しがますます遠のく人々、そして、傷ついた未来の感覚に胃や骨の髄まで苦しみ、感じようとしつつも感じられるかもしれない内容にさらに怯えながら、崩壊した時間的地平の中で日常的に生きる人々、といった諸様態を区別することができる。人が生を導くいかなる力も感じないとき、あるいは、自分が生きているという感覚を感じようと闘争し、その感覚と、このような仕方で生きる苦痛を恐れるとき、どのように生を送るのが最善なのかとどのようにして問うことができるだろうか。強いられた移住と新自由主義という現代的条件の下で、おびただしい住民たちが今いかなる安全な未来の感覚もなく、継続的な政治的帰属の感覚もなく生きており、新自由主義の日常的経験の一部としての傷ついた生という感覚を生きているのである。

私は、生き延びるための闘争が道徳性あるいは道徳的義務の領域そのものに先立つ、と言いたいわけではない。というのも私たちは、極度の脅威という条件下においてさえ、人々は可能であるどんな支援の行為でも提供する、ということを知っているからだ。私たちは、強制収容所からの幾つかの驚くべき報告によって、そのことを知っている。例えば、ロベール・アンテルムの作品においてそれは、いかなる共通の言語も持っていないが、強制収容所において投獄と危険という同じ条件の下に身を置く人々の間での、タバコの交換でありえた。あるいは、プリーモ・レヴィの作品において、他者への応答は、他者が語るであろう物語の細部に単に耳を傾け、それを記録し、物語を否定不可能なアーカイヴの一部とし、進行中の喪の義務をもたらす喪失の持続的痕跡とする、という形式を取りうる。あるいは、シャルロット・デルボの作品においてそれは、自分が絶望的に必要としているパンの最後の一切れを不意に他者に差し出す、という形式を取りうる。しかしながら、これらの同じ説明において、手を差し伸べない人々、パンを自分のために取っておき、タバコを蓄え、時に極限的な欠乏という条件下で他者から奪うことに苦悩を感じる人々もまた存在する。換言すれば、極限的な危険と強化された不安定性《プレカリティ》という条件下でも、道徳的ジレンマがなくなることはない。それはまさしく、生きたいという望みと、ある仕方で他者たちとともに生きたいという望みとの緊張関係において、執拗に存在するのである。人は、物語を語るあるいは聴くとき、他者の生と苦しみを認めるために存在しうるあらゆる機会を肯定するとき、小さいが生き生きとした仕方でまだ「生を送って」いる。とりわけ人が名前を失ったとき、あるいは、人の名前が数字に置き換えられたとき、あるいは人がまったく呼びかけられなくなったときには、名前を口にすることでさえ、承認の最も驚くべき形式として到来しうるのである。

ユダヤ人について語った議論の余地のある論考において、ハンナ・アーレントは、ユダヤ人にとっては生き延びるために闘争するだけでは十分ではなく、生き延びることは生そのものの目的あるいは目標ではない、ということを明確にした。(7) ソクラテスを引用しながら彼女は、生きたいという欲望と、よく生きたい、あるいはむしろ良い生を生きたいという欲望との決定的な区別を強調している。(8) アーレントにとって、生き延びることはそれ自体において目標ではなかったし、そうであってはならない。というのも、生そのものが本質的に良いものではなかったからだ。ただ良い生のみが、生を生きるに値するものにする。彼女はそうしたソクラテス的ジレンマを、極めて容易に、ただし恐らくあまりに性急に解決してしまった――あるいは、私にはそのように見える。私は、彼女の答えが私たちにとって機能するかどうかを確信しているわけではないし、それがこれまで完全に機能したと確信しているわけでもない。アーレントにとって、身体の生は大部分において、精神の生から切り離されていなければならなかった。だからこそ『人間の条件』において彼女は、公的領域と私的領域の区別を導き出したのである。私的領域は、必要《ニード》＝欲求の領域、物質的生の再生産、セクシュアリティ、生、死、はかなさを包含していた。彼女は私的領域が行動と思考という公的領域を支えていることを明確に理解していたが、彼女の考えでは、政治的なものは話すことという能動的意味を含む行動によって規定されている。従って、言語行為は、政治に関する熟議的な公共空間での行動になったのである。公的領域に入った人々は私的領域から公的領域に入ったのであり、従って、公的領域は根本的に私的なものの再生産と、私的なものから公的なものへと導く明確な通路に依拠していた。ギリシア語を話せない者、他所から来てその言葉が理解不可能な者は野蛮人と見なされたが、それが意味するのは、公的領域は多言語主義の空間とは見なされておらず、それゆえ翻訳の実践を公的義務として包含することができなかった、ということだ。しかしながら、私たちが理解できるように、有効な言語行為は、（a）男性の話者と行為者を再生産する安定し隔離された私的領域と、（b）単一言語使用の要求に適合しているがゆえに、聴き取られ、理解されうる言語的行動、すなわち政治の規定的特徴として指定された言語に依拠していた。従って、理解可能で有効な一連の言語行為《スピーチ・アクト》によって規定された公共空間は、（女性や奴隷の）認知されない労働と多言語使用の問題によって、常に影を投げかけられていた。そして、両者が収束する場所とはまさしく奴隷状態であり、その政治的地位が無であり、その言語がまったく言語とは見なされないような、取り換え可能な者のことだったのである。

もちろんアーレントは、身体があらゆる行動の概念にとって重要であり、抵抗あるいは革命において闘う者たちでさえ、その権利を主張し、新しい何かを作り出すためには身体的行動を企てなければならない、ということを理解していた。(9) また身体は、行動の言語的形式と理解される公的演説にとって、確かに重要だった。身体は再び、出生という彼女の重要な概念において中心的形象として現れるのであり、それは彼女の美的なもの、政治的なものの概念と結び付いている。とはいえ、「生を与えること」と理解される種類の行動は、革命に含まれる行動と必ずしも同じではないが、両者は、それらが前例なき新しいものを作り出す別々の仕方であるという事実から、共に結び付けられる。もし政治的抵抗の行為において、あるいは、まさに生を与えることにおいて苦難があるとすれば、それは新たな何かを世界にもたらすという目的に役立つ苦難なのである。しかしながら、労働者の身体をゆっくりとあるいはすぐさま破壊する労働の形式に属する苦難、あるいは、いかなる道具的目的にも適合しない別の諸形式に属する苦難についてはどう考えればいいのだろうか。もし私たちが政治を、言語的かつ身体的な能動的態度としてのみ定義するとすれば、それは明確に領域画定された公的領域の中に生起することになり、そのとき私たちは、「意味のない苦難」や認知されない労働を、前政治的なもの――行動ではなく経験であり、政治的なものそのものの外部に存在するもの――と呼ぶことになる。しかしながら、政治的なもののあらゆる概念は、どんな権力の働きが政治的なものを前政治的なものから区別するのかを、また、公的なものと私的なものの区別が異なった生の過程にどのように異なった価値を与えるのかを説明しなければならない以上、私たちはアーレントの定義を――たとえそれが私たちに尊重すべき多くの事柄を与えてくれる場合も――拒否しなければならない。あるいはむしろ、私たちは、身体の生と精神の生のアーレント的区別を、別種の身体政治について考えるための出発点として捉えなければならない。結局のところアーレントは、精神と身体を単にデカルト的意味で区別しているのではない。むしろ彼女は、新しい何かを作り出し、行為遂行的《パフォーマティヴ》な有効性を持った行動を企てるような、身体化された思考と行動の諸形式だけを肯定しているのである。

行為遂行的であるような諸々の行動は技術的利用には還元不可能であり、それらは経験の受動的で一時的な形式からは差異化されている。従って、苦難あるいははかなさが存在するとき、またそうした場合、それが存在するのは、行動と思考の生へと変容されるためであり、そうした行動と思考は発話内行為という意味で行為遂行的でなければならず、美的判断に依拠して何か新しいものを世界にもたらさねばならない。これが意味するのは、単に生き延びるという問題、物質的諸条件の再生産、基本的必要＝欲求の充足に関わっているだけの身体は、まだ「政治的」身体ではない、ということだ。もちろん、私的なものは不可欠である。というのも政治的身体は、その身体が十分に食べ物と住居を与えられており、その行動が政治的でないような多くの前政治的行為者によって支援されている限りでのみ、行動し思考するために公共空間の光の中に現れることができるからだ。もし私的領域が支援として機能すると想定できない政治的行為者など存在しないとすれば、そのとき、公的なものと定義された政治的なものは、本質的に私的なものに依存するのであり、それが意味するのは、私的なものが政治的なものの対立物ではなく、政治的なものの定義そのものに入る、ということだ。この十分に食物を与えられた身体は、開かれた公的な仕方で語る。住居で保護され、私的に他者たちと一緒に夜を過ごすこの身体は、常にその後、公的に行動すべく現れる。この私的領域は公的行動の背景そのものになるが、それはこうした理由から前政治的なものと見なされるべきだろうか。例えば、平等、尊厳、非暴力の関係は、女性、子供、老人、奴隷たちが住む影で覆われた背景の中に存在するのだろうか。もしある不平等の領域が、もう一つの平等の領域を正当化し、促進するために否認されるとすれば、そのとき確かに私たちは、この矛盾とそうした平等の領域を支える否認の機能に名前を付け、それを露わにしうる政治を必要としている。もし私たちが、アーレントが公的なものと私的なものの間で提起する定義を受け容れるなら、私たちはそうした否認を承認する危険を冒すことになるのである。

　それでは、古代ギリシアのポリスにおける私的なものと公的なもののアーレントによる説明を再検討するとき、何が賭けられているのだろうか。依存の否認は、思考し行動する自律的な政治主体の前提となるのであり、それは直ちに、これはどんなたぐいの「自律的」思考や行動でありうるのか、という問いを提起する。そして、もし私たちがアーレントの示す私的なものと公的なものの区別に同意するなら、これら否認のメカニズムを私たち自身の批判的分析の対象とするのではなく、政治の前提としての依存のそうした否認を受け容れることになってしまう。実際、そうした認知されない依存の批判こそが、人間の依存と相互依存を理解することから始める新たな身体政治、換言すれば、不安定性《プレカリティ》と行為遂行性《パフォーマティヴィティ》の関係を説明しうる新たな身体政治のための出発点を確立するのである。

　実際、依存の諸条件と、その否認を容易にする諸規範から出発したとすればどうだろうか。そうした出発点は政治の理念に、さらには政治的なものの内部における行為遂行性の役割に、どんな差異をもたらすのだろうか。行為遂行的な陳述の行為能力《エイジェンティック》を持った能動的な次元を、依存と可傷性《ヴァルネラビリティ》——明白な行動の形式へと容易にはあるいは完全には変容されない、生きた身体の様態——を含む、他の次元の身体的生から切り離すことができるだろうか。私たちは、言語能力が人間を人間でない動物たちから区別する、という考えを捨て去る必要があるだけでなく、意識的で熟慮された意図を必ずしも反映するわけではない、話すことの次元を肯定する必要があるだろう。実際、時として、ヴィトゲンシュタインが述べたように、私たちは話し、言葉を発話し、その生の感覚を事後的にのみ獲得する。私たちが話すとき、確かに意図と呼びうる何かが形成されるにせよ、私の言葉は私の意図から出発するのではない。さらに、人間の行為遂行性は、身振り、歩き方、移動の様態、音やイメージ、また言語的発話の公的形式には還元できない様々な表現手段を通じて生起する。共和主義的理想は今後、五感のデモクラシーに関するより広い理解へと道を譲らなければならない。私たちが街頭に集まり、歌いあるいはコールし、あるいは沈黙を維持する方法は、発言を諸々の身体的行為の一つとして位置付ける政治の行為遂行的次元の一部でありうるし、また実際にそうなのである。従って確かに、身体はそれが話すときに行為するが、話すことは身体が行為する唯一の方法ではない――また確実に、身体が政治的に行動する唯一の方法でもない。また、民衆デモあるいは政治的行動は、支援の破綻しつつある諸形式――食物や住居の欠如、当てにならないあるいは給料の支払われない労働――への反対を目的としている。そのとき、以前は政治の「背景」と理解されていたことが、政治の明確な目的になっているのである。人々が、引き起こされた不安定性《プレカリティ》の諸条件に反対すべく結集するとき、彼らは行為遂行的《パフォーマティヴ》に行動しており、協調した行動というアーレント的理念に身体化された形式を与えている。しかしそのとき、政治の行為遂行性は、不安定性《プレカリティ》の諸条件から、またそうした不安定性《プレカリティ》に政治的に対立することにおいて現れる。住民たちが経済的あるいは政治的政策によって遺棄されるとき、諸々の生は支援する価値がないと見なされている。そうした政策を超えて、それに対抗して、現代の行為遂行性の政治は、生きた人々の相互依存性と、住民たちから生存可能な生を奪う、あるいは奪おうとする政策から帰結する倫理的で政治的な義務とを主張する。行為遂行性の政治はまた、それら住民たちの価値を下げると脅す生政治的スキームの直中で、価値を発話し行為化する方法でもあるのだ。

もちろん、このような議論は私たちにもう一つの問いを提起する。私たちは人間の身体についてのみ話しているのだろうか。私たちは、身体が依存する環境、機械、相互依存の社会的組織化なくして身体を理解することができない、と述べた。それらすべてが自らの持続と繁栄の条件を形成している。また結局、私たちは、身体上の必要を理解し列挙するようになるとしても、これらの必要を満たすためだけに闘うのだろうか。先に見たように、アーレントはこうした見方に確実に反対していた。あるいは、私たちはまた身体が生育するために、生が生存可能であるために闘うのだろうか。私は既に示唆しておいたと期待するが、私たちは、身体が存続することを可能にする必要を満たすことなく、良い生、生存可能な生のために闘うことはできない。身体が自ら生き延びるために必要とするものを持つよう要求することは不可欠である。というのも、生き延びることは私たちが行うあらゆる他の要求のための前提条件だからだ。しかし、そうした要求では不十分であることがわかる。というのも、私たちはまさしく生きるために生き延びるからであり、生とは、それが生き延びることを必要とするのと同程度に、生存可能であるためには生き延びること以上でなければならないからだ。人は、自分の生を生きうることなしに、生き延びることができる。そして幾つかの場合には、そうした条件下で生き延びることには確かに価値がないように思われる。従って、中心的な要求は、まさしく生存可能な生のため、すなわち、生きられうる生のためのものでなければならない。

そのとき、そうした生に単一のあるいは画一的な理想を仮定することなしに、どのように生存可能な生について考えればよいのだろうか。先の幾つかの章で示したように、私の考えでは、人間の集会とは何か、何であるべきかを見出すことが問題なのではない。というのも、人間もまた動物であることは、またその身体的存在そのものが人間的かつ非人間的な支援のシステムに依存していることは、もちろん明白だったからだ。従って私は、ある程度、同僚であるダナ・ハラウェイに従っている。彼女は、身体的生を構築する複雑な関係性について考えるよう私たちに促し、私たちはもはや人間についての理念的形式を必要としていないと示唆している。むしろ私たちは、それなしでは私たちがまったく存在することがないような、一連の複雑な関係を理解し、それに注意を払う必要があるのだ。(10)

もちろん、私が言及しているような種類の依存と関係性が耐えがたいと思われるような条件も存在する。もし労働者が、彼あるいは彼女を搾取する雇用者に依存するなら、そのとき労働者の依存は、搾取されるべき彼あるいは彼女の能力に等しいように思われる。そうした依存が引き受ける社会形式は搾取であるがゆえにすべての依存を撤廃しなければならない、と決意する人もいるかもしれない。しかしながら、依存が搾取的労働関係という条件下で取る偶然的形式を、依存の決定的もしくは必然的意味と同一視する、ということは誤りだろう。たとえ依存が常に様々な社会的形式を取るとしても、それはこれらの形式の間で移動しうるような、また実際に移動するような何かであり続けるし、それらのどれか一つには還元されえないことがわかる。実際、私が強調したいのは単に、どんな人間も、支援を提供する環境、関係性の社会的諸形式、そして相互依存を前提し構造化する経済的諸形式に依存することなしに生き延びるあるいは存続することはない、ということだ。確かに、依存は可傷性を含意するし、時にそうした可傷性はまさしく、私たちの存在を脅かすあるいは傷付ける権力の諸形式へと関係している。しかしながらこれは、私たちは社会的諸形式への依存あるいは可傷性の条件を統制することができる、という意味ではない。実際、もし私たちが、生きたいという欲望を搾取あるいは操作する権力の諸形式に対して可傷的でないとすれば、私たちは悪い生において良い生を生きることがなぜこれほど難しいのかを理解し始めることができない。私たちは、時に私たちの生そのものを使い捨て可能あるいは無視可能なものとして確立する、あるいはさらに悪くすれば、私たちの生を否定しようとする、生の社会的組織化、生政治的体制の内部で生きたいと望んでおり、よく生きたいとさえ望んでいる。もし私たちが生の社会的諸形式なしで存続できないとすれば、また、唯一の利用可能な社会的諸形式が私たちの生の見通しに敵対して働くとすれば、私たちは不可能な拘束ではないにせよ、困難な拘束に捕らわれていることになる。

　さらに換言すれば、私たちは身体として、他者たちや諸制度に対して可傷的であり、この可傷性は、身体が存続する手段である社会的様態の一側面を構成している。私あるいはあなたの可傷性の問題は、平等と不平等という、より広い政治的問題に私たちを巻き込むことになる。というのも可傷性は、社会的不平等を生産し自然化する間に、投射され否認されうる（心理学的カテゴリー）だけでなく、また搾取され操作されうる（社会的、経済学的カテゴリー）からだ。これこそが、可傷性の不平等な配分が意味することなのである。

しかしながら、私の規範的目的は、単に可傷性の平等な配分を要求することではない。というのも、配分されている可傷性の社会的形式がそれ自体生存可能なものであるかどうかに、多くのことが依存するからだ。換言すれば、誰もが平等に生存可能でない生を持つ、ということを望む者はいない。平等が不可欠な目標であるだけ、配分されるべき可傷性の社会的形式が正当なものかどうかを評価する最善の方法を私たちが知らなければ、平等は不十分なものに留まる。一方で私は、依存の否認と、とりわけ、それが引き起こす可傷性の社会的形式が、依存的な者と依存的でない者との区別を確立するよう機能している、と論じている。また、こうした区別は、不平等に奉仕して機能し、父権主義《パターナリズム》の諸形式を強化し、あるいは必要な人々を本質主義的な用語で分類する。他方で私は、身体的依存、不安定性《プレカリティ》の諸条件、そして行為遂行性のための潜在能力を肯定する相互依存の概念を通じてのみ、生存可能な生の名において不安定性《プレカリティ》を乗り越えようとする社会的で政治的な世界を考えることができる、と示唆している。

私の考えでは、可傷性は身体の政治的様態の一側面を構成するが、そのとき身体とはむろん人間の身体であり、ただし人間的動物と理解されるものである。他者に対する可傷性は、言わば、相互的なものと見なされたときでさえ、私たちの社会的諸関係の前契約的次元を徴し付けるのである。

これが意味するのはまた、ある水準において可傷性は、あなたが私の可傷性を保護してくれる場合にのみ私はあなたの可傷性を保護しよう、と主張する道具的論理（その場合に政治は、取引を仲介するという問題、あるいは可能性《チャンス》を計算するという問題になる）を拒絶する、ということだ。実際、可傷性は、契約を通じて規定されえない社会性と政治的生の諸条件の一つを構成するのであり、その否認と操作可能性は、政治の相互依存的な社会的条件を破壊するあるいは管理する努力を構成する。ジェイ・バーンスタインが明らかにしたように、可傷性が侵害可能性とだけ結び付けられることはありえない。起きることに対するすべての応答性は可傷性の機能であり効果なのである——それがまだ語られたことのない物語を登録することに開かれているのであれ、あるいは他の身体（その身体が既に消滅している場合でさえ）が経験すること、あるいは経験したことに対する受容性であるのであれ。先に示唆したように、諸身体は常に、ある意味で自らの外部にあり、その環境を探索する、あるいは環境の中を進み、諸感覚を通じて拡張され、時には脱占有されてさえいる。もし私たちが他者において失われうるとすれば、あるいはもし私たちの触知、運動、触覚、知覚、嗅覚、あるいは聴覚の能力によって私たちが自分自身を超えたところに連れて行かれるなら、それは、身体が自分自身の場所に留まっていないからであり、また、この種の脱占有が身体感覚をより一般的に特徴付けるからなのである。社会性において脱占有されていることが、生き、存続することが意味するものの構成的機能と見なされるとき、それは政治の理念そのものにどのような差異をもたらすのだろうか。

もし「悪い生の中でどのように良い生を送ればよいのか」という私たちの最初の問いに立ち戻るなら、私たちはこの道徳的問いを、社会的で政治的な諸条件――それによらなければ問いの道徳的重要性を根こぎにしてしまう――に照らして再考することができる。どのように良い生を送ればよいのか、という問いは、生を保持している、生を生きているという感覚、あるいはさらに、生きているという感覚を持つことに加えて、生を送る力を持つことに依拠しているのかもしれない。

重要なのはまさしく、道徳性とその個人主義を忘却し、自分自身を社会正義のための闘争に捧げることである、というシニカルな答えの可能性は常に存在する。こうした道をたどるなら、そのとき私たちは、道徳性は最も広い意味での政治に、すなわち、普遍化可能な仕方で正義と平等の理想を実現する共同のプロジェクトとしての政治に場を譲らなければならない、と結論付けるかもしれない。もちろん、こうした結論に到達するためには、常に人を悩ませる頑強な問題が存在している。つまり、何らかの仕方で、より広範な社会的、政治的運動の内部での実践に従事し、それを遂行し、引き受けるこの「私」が常に存在しているのであり、そうした運動がこの「私」とそれ自身の「生」の問題を追放し根こぎにしようとするとき、別の形式の消去が、すなわち、共通の規範への吸収が、従って、生きる私の破壊が起きるのである。どのようにこの生を生きることが最善なのか、あるいはどのように良い生を生きればよいのか、という問いが、最終的にはこの「私」とその「生」の消去あるいは破壊に達する、ということはありえない。あるいは、もしそうしたことがありうるとすれば、そのとき、問いが答えられる仕方は、問いそのものの破壊につながることになる。

また私は、道徳性の問いは、誰が生の主体、あるいは生きている主体と見なされるかについて何らかの前提を置くことなく、社会的で経済的な生の文脈の外部で提起されうる、とは考えないが、どのように生きることが最善なのか、という問いへの答えは、生の主体を破壊することによっては正しく答えられることはない、と確信している。

しかしながら、もし私たちが、悪い生の中で良い生を送ることはできないというアドルノの主張に立ち戻るとすれば、そこに「生」という言葉が二度出てきていることがわかる。これは単に同じ言葉ではない。どのように良い生を送ればよいのかと私が問う場合、私がその生を送っているのであれそうでないのであれ、私は良いものであるような「生」に依拠しようとしている。しかし私は、それが私の生であることを知る必要があるし、従って、ある意味でそれは私の生なのである。換言すれば、既に道徳性の観点の内部から、生それ自体が二重化されている。私が文の第二の部分に到達するまでに、また、悪い生の中でどのように良い生を生きればよいのかを知ろうとするまでに、私は社会的で経済的に組織化された生という概念に直面することになる。そうした生の社会的で経済的な組織化が「悪い」ものであるのは、まさしくそれが生存可能な生のための条件を提供していないからであり、生存可能性が不平等に配分されているからである。人は、自分にとって可能で、生の特定の組織化を通じて生産されるより広範な社会的、経済的不平等を無視する最善の方法を見出すことで、悪い生の直中で良い生を送ることを単に願うことはできるかもしれないが、それはさほど簡単なことではない。結局のところ、私が生きている生――明らかにこの生であって、何か別の生ではない——は、既に生のより広範なネットワークに結び付けられているし、もしそうしたネットワークに結び付けられていないとすれば、私は今生きることができないだろう。従って、私自身の生は私のものではない生に、単に他者の生にではなく、生のより広範な社会的、経済的組織化に依拠しているのである。それゆえ、私自身が生きること、私が生き延びることは、こうしたより広義の生に、相互依存を肯定し支援する有機的な生、生きた支持的環境、社会的ネットワークを含んだ生に依拠している。そうしたネットワークは私が誰であるのかを構成するが、それが意味するのは、私が自分の示差的に人間的な生の一部を、ともかくも人間的であるために譲渡する、ということなのである。

悪い生の中でどのようにして良い生を生きればよいのか、という問いに言外に含まれているのは、私たちはまだ良い生とは何かを考えることができるかもしれないが、それを、生の社会的形式と理解される、生と良い生という言葉によってのみ考えることはもはやできない、という考えである——そのとき、ある者の生は他者の生に巻き込まれている。また、これが意味するのは、私たちが社会的生について語るとき、社会的なものがどのように個人的なものを横断しているか、あるいはさらに、個人性の社会的形式を確立しているか、という点に言及している、ということだ。また同時に、個人は、たとえどれほど強固に自己言及的であれ、媒介する形式を通じて、ある媒介を通じて、常に自分自身に言及しているのであり、自分自身を認識するためのその言語そのものは別の場所に由来する。社会的なものは、私が行おうとする私自身のこの認識を条件付け、媒介する。私たちがヘーゲルを通じて知っているように、自分自身を、自分自身の生を認識する「私」は、自分自身を常にまた他者の生としても認識している。「私」と「あなた」が両義的であるのは、両者がそれぞれ他の諸々の相互依存のシステム――ヘーゲルが人倫［Sittlichkeit］と呼ぶもの――に結び付けられているからだ。そして、これが意味するのは、私がそうした私自身の認識を演《パフォーム》じるにもかかわらず、社会的諸規範の幾らかは、私が作り出すそうした上演《パフォーマンス》の中で導き出されている、ということだ。また、導き出されるものすべてが私に由来するのではない――たとえ、私がそれなしでは思考できないとしても。

アドルノの『道徳哲学の諸問題』において、悪い生の中でどのように良い生を追求すればよいのか、という道徳的問題として始まるものは最終的に、良い生を追求するためには悪い生に対する抵抗が存在しなければならない、という主張に到達する。彼は次のように書いている。「生そのものが歪められ、捻じ曲げられているため、結局、その中で正しく生き、自己の人間的規定を実現できる者など誰もいません。それどころか、私はほぼ次のように述べるところまで行きたいのです。すなわち、この世界の仕組みからすれば、誠実と品位をごく率直に要求するだけで、ほぼすべての人間を必然的に抗議《プロテスト》へと向かわせずにはおかない、と［das Leben selbst eben so entstellt und verzerrt ist, dass im Grunde kein Mensch in ihm richtig zu leben, seine eigene menschliche Bestimmung zu realisieren vermag — ja, ich möchte fast so weit gehen: dass die Welt so eingerichtet ist, dass selbst noch die einfachste Forderung von Integrität und Anständigkeit eigentlich fast bei einem jeden Menschen überhaupt notwendig zu Protest führen muss」[11]。興味深いのは、そのときアドルノが、彼がほぼ（*fast*）先のように述べるところまで行く、と主張しようとすることだ。彼はその定式が完全に正しいと確信しているわけではないが、いずれにせよ前に進んでいる。彼は自分のためらいを乗り越えるが、それをページに留めている。道徳的な生の追求は現代的諸条件の下では最終的に抗議《プロテスト》に到達する、とそれほど単純に述べることができるのだろうか。抵抗とは抗議《プロテスト》に還元されうるのだろうか。あるいはさらに、アドルノにとっての抗議《プロテスト》とは、良い生の追求が今取っている社会的形式の中にあるのだろうか。こうした同様の思弁的特徴は、彼の次のような発言として続いている。「恐らく述べることのできる唯一のことは、今日の正しい生は、最も進んだ意識によって洞察され、批判的に分析された、偽りの生の形式に対する抵抗の中にある、ということです［Das einzige, was man vielleicht sagen kann, ist, dass das richtige Leben heute in der Gestalt des Widerstandes gegen die von dem fortgeschrittensten Bewusstsein durchschauten, kritisch aufgelösten Formen eines falschen Lebens bestünde］」[12]。ドイツ語ではアドルノは「偽りの」生に言及しており、これは英語では「悪い生」と翻訳されている――もちろん、この差異は極めて重要だ。というのも、道徳性にとって、良い生を追求することは真の生かもしれないが、それら二つの関係にはさらに説明が必要だからである。さらに、アドルノは自分自身を、進歩的で、追求されねばならない批判的行動を行うのに十分な能力を持った、選ばれた集団に任命しているように思われる。重要なことに、そうした批判の実践は、この文において「抵抗」と同義とされている。しかしながら、それ以前の文において彼がこの一連の宣言を行うときには、幾分かの疑いが残っている。抗議《プロテスト》と抵抗は民衆の闘争、大衆行動のことを指すが、この文においては数人の批判的能力のことを述べているのである。アドルノ自身ここで、その思弁的発言を明確にし続けるときでさえ、わずかなためらいを見せている。「世界が私たちから作り出したものに抵抗することは、決して単に、外界から一線を画する、ということには留まりません［……］。そうではなく、この抵抗は、私たちが同調するよう誘惑されがちなあらゆる傾向に対する抵抗として、私たち自身の内部で示されなければならないでしょう［dieser Widerstand gegen das, was die Welt aus uns gemacht hat, ist nun beileibe nicht bloss ein Unterschied gegen die äussere Welt … sondern dieser Widerstand müsste sich allerdings in uns selber gegen all das erweisen, worin wir dazu tendieren, mitzuspielen］」(13)。

アドルノがそのとき排除していると言えるかもしれないのは、諸身体が現代の権力体制に対するその対抗を明確にすべく街頭に集まったときに形を取る、民衆の抵抗、批判の諸形式、という考えである。また抵抗は、現状に同調（mitzuspielen）したがる自己の部分に対して「否と言うこと」として理解される。それは、選ばれた少数者のみが企てることができる批判の形式として、また、誤ったことに加わろうとする自己の一部に対する抵抗や、共謀に対する内的なチェックとして理解される。これらの主張は、私自身が最終的に受け容れることのできないような仕方で、抵抗の概念を限定している。私にとって、これら二つの主張は、次のようなさらなる問いを喚起する。自己のどの部分が拒絶され、どの部分が抵抗を通じて力を与えられているのだろうか。もし私が、悪い生と共謀する私自身のそうした部分を拒絶するなら、そのとき私は自分自身を純化したことになるのだろうか。私は、私が自分自身をそこから引き去った、あるいは、私が自分自身をそこから孤立させた社会生活の構造を変化させるために、介入したことになるのだろうか。私は、抵抗運動と社会変革のための闘争の中に、他者たちと共に加わったことになるのだろうか。

　これらの問いはむろん、しばらくの間、アドルノの考えに対して提示されていたものである――私は一九七九年のハイデルベルクにおけるデモを覚えているが、そのとき一部の左翼グループは、アドルノに異議を申し立て、抗議《プロテスト》に関する彼の限定された考えに抗議《プロテスト》していたのだ！　私にとって、そして恐らくは今日の私たちにとって、さらに次のように問うことができるかもしれない。どのような仕方で抵抗は、連帯《ソリダリティ》＝団結を犠牲にして政治的なものから道徳的なものをついに捨象してしまうような生の様式、立場を拒絶すること以上のもの、抵抗のモデルとして極めて賢明で道徳的に純粋な批判を作り出すこと以上のものでなければならないのか、と。もし抵抗が、それが闘争の目的とするデモクラシーの原理そのものを行為化するものであるなら、そのとき抵抗とは複数的でなければならず、それは身体化されていなければならない。抵抗はまた、公共空間において哀悼できないものを集合させる必要があるだろうし、その存在と生存可能な生を求めるその要求を、死に先立つ一つの生を生きたいという単純に表現された要求を徴し付けるだろう。

　実際、もし抵抗が新たな生き方をもたらすこと、不安定性《プレカリティ》の差別的な配分に対抗するより生存可能な生をもたらすことであるとすれば、そのとき抵抗行為は、ある生き方にノーと言い、同時に、別の生き方にイエスと言うだろう。こうした目的のために、私たちは、私たちの時代のために、アーレント的意味における協調した行動の行為遂行的な諸帰結を再考しなければならないのである。しかしながら、私の考えでは、抵抗を特徴付ける協調した行動は、時として口頭での言語行為や英雄的な闘争にも見出されるが、また拒絶、沈黙、運動、動くことの拒否という身体的な身振りにも見出されるのであって、それらは、よりラディカル・デモクラシー的で、より実質的に相互依存的であるような新たな生き方を要求する行動そのものにおいて、平等のデモクラシー的諸原理や、相互依存の経済的諸原理を行為化するのである。社会運動はそれ自体一つの社会形式であり、社会運動が新しい生き方を、生存可能な生の形式を要求するとき、それはその瞬間に、それが実現しようとする諸原理そのものを行為化しなければならない。これが意味するのは、社会運動が機能するとき、そうした運動——それのみが、生存可能な生という意味での良い生を送ることは何を意味するのかを明確にしうる——の中に、ラディカル・デモクラシーの行為遂行的《パフォーマティヴ》な行為化が存在する、ということだ。私が示唆しようとしたのは、不安定性《プレカリティ》とは、新たな社会運動の一部がそれに抗して闘っている条件である、ということだ。それらの運動は、不安定性《プレカリティ》に抗して闘うとき、相互依存あるいはさらに可傷性を乗り越えようとはしていない。むしろそれらは、可傷性と相互依存が生存可能になるような諸条件を作り出そうとしているのである。これは、行為遂行的《パフォーマティヴ》な行動が身体的で複数的な形式を取るような政治であり、ラディカル・デモクラシーの枠内における身体的な生き延び、持続、繁栄への批判的注意を引き出すものである。もし私が良い生を送るべきだとすれば、それは他者たちと共に生きられた生であり、これらの他者たちなしではいかなる生も存在しないような生である。私は、私がそうであるようなこの私を失うことはないだろう。私が誰であれ、私は他者たちとの関係によって変容されるだろう。というのも、私の他者への依存、そして私の依存可能性は、生きるために、そしてよく生きるために不可欠なものだからだ。不安定性《プレカリティ》への私たちの共有された曝されはまさしく、私たちの潜在的平等の一つの基盤であり、生存可能な生の諸条件を共に生み出すという私たちの相互的義務の一つの基盤である。私たちが互いに保持している必要＝欲求を認めることで、私たちはまた、「良い生」となお呼ぶことができるものの社会的、デモクラシー的な条件を特徴付ける基本的な諸原理を認めることになる。これらの原理は、それらが進行中の危機の一部をなすという意味で、また、それらが私たちの時代の緊急性に対する応答であるような思考と行為の一形式に属しているがゆえに、デモクラシー的な生の批判的条件なのである。

謝辞

まず、二〇一〇年にメアリー・フレクスナー講演に私を招聘してくれたブリンマー・カレッジに感謝したい。とりわけ、集中的にこの研究に取り組んでくれた教員と学生の皆さん、そして、招聘期間の延長を快諾してくれた前学長ジェーン・マコーリフに感謝する。また、その素晴らしいスタッフは、私の滞在を居心地よく生産的なものにしてくれた。本書の最終版を辛抱強く待ってくれたハーバード大学出版局の皆さんにも感謝したい。そしてこれらの講義を展開し、各章に沿った形へと書き直し、著書にまとめようと模索していた間、〈卓越した研究功績賞〉によって私を支えてくれたアンドリュー・メロン財団にも感謝したい。本書は、政治的集会《アセンブリ》、不安定性《プレカリティ》、そして抵抗の問題に取り組む、同じような学者やアクティヴィストらとの対話や共同プロジェクトから誕生した。第一章、第二章、そして第四章はブリンマー・カレッジの講義として始まったものだ。それらはその後、新たな機会のために準備するに従って、別の形を取ることになった。そしてまた、ボアズィチ大学で対話した皆さんにも感謝したい。彼らからは、二〇一三年にゲジ公園でデモが起きた数ヶ月後、第五章「「私たち人民」——集会《アセンブリ》の自由に関する諸考察」に対して惜しみない指摘をいただいた。二〇一一年にストックホルムのノーベル美術館で行われたワトソン講演の聴衆の皆さんにも感謝したい。彼らからは「共生の倫理」の最初のヴァージョンに有益な助言をいただいた。そしてヴェネチア・ビエンナーレにも感謝したい。そこでは二〇一〇年に「連携する諸身体との政治」の最初のヴァージョンを発表した。「悪い生の中で良い生を送ることは可能か」は二〇一二年九月にアドルノ賞を受賞した際にフランクフルトで発表したものである。

私の草稿に対して知的にもテクスト的にも非常に貴重な力添えをしてくれたサラ・ブレッケとアレクセイ・デュビレに感謝したい。本書を手助けし、導いてくれたリンジー・ウォーターズ、そしてアマンダ・ピーリーのあらゆる助力にも感謝したい。いつものように、私は自分と対話してくれる人々――最も身近にいる人々、滅多にお会いすることのない人々、そして未だお会いしたことのない人々――に恩恵を受けており、そのことを何より幸せに感じている。私にとって何より近しい人であるウェンディ・ブラウンにも感謝したい。彼女は、計り知れないほど貴重な注意を払って、程よい距離から本書の仕事を支え、意欲をかき立ててくれた。そしてまた他の読者たちにも感謝している。その読者たちとの生産的な討論や例外的な質問はとても貴重だった。ミシェル・フェエール、レチシア・サブセイ、ゼネップ・ガムベッティ、ミシェル・タイ、エイミー・フーバー、アレクサンドラ・チェイシン、そして私の匿名の読者に。その誰もが、疑念が高まり始め、どれほど熟しすぎであれ、どれほど未熟であれ、思弁を一掃する必要が出てきたときに、並外れて良き仲間であってくれた。本書を、現れること、声を上げることを既に学んだ、アイザック・バトラー＝ブラウンに捧げる。

原註

序論

（1）Chantal Mouffe and Ernesto Laclau, *Hegemony and Socialist Strategy* (London: Verso, 1986).［『民主主義の革命——ヘゲモニーとポスト・マルクス主義』、西永亮・千葉眞訳、ちくま学芸文庫、二〇一二年］

（2）Hamid Dabashi, *The Arab Spring: The End of Postcolonialism* (London: Zed Books, 2012).

（3）Shoshana Felman, *The Scandal of the Speaking Body: Don Juan with J. L. Austin, or Seduction in Two Languages* (Palo Alto, CA: Stanford University Press, 2003).［『語る身体のスキャンダル——ドン・ジュアンとオースティン、あるいは二言語による誘惑』、立川健二訳、勁草書房、一九九一年］

（4）Wendy Brown, "Neo-liberalism and the End of Liberal Democracy," *Theory and Event* 7, no. 1 (2003), http://lchc.ucsd.edu/cogn_150/Readings/brown.pdf.

（5）「使い捨て可能な生」という考えは、最近の多くの理論的議論の中で生まれてきた。以下を参照。Achille Mbembe, "Necropolitics," *Public Culture* 15, no. 1 (2003): pp. 11-40 ; Beth Povinelli, *Economies of Abandonment* (Durham, NC: Duke University Press, 2011). また、以下のコロンビア大学のウェブサイトも参照。http://historiesofviolence.com/specialseries/disposable-life/.

（6） Michel Foucault, *Society Must Be Defended: Lectures at the Collège de France, 1975-1976*, trans. David Macey (New York: Picador, 2002)〔『社会は防衛しなければならない――コレージュ・ド・フランス講義1975-1976年度』、石田英敬・小野正嗣訳、筑摩書房、二〇〇七年〕; Michel Foucault, *Security, Territory, Population: Lectures at the Collège de France, 1977-1978*, trans. Graham Burchell (New York: Picador, 2009).〔『安全・領土・人口――コレージュ・ド・フランス講義1977-1978年度』、高桑和巳訳、筑摩書房、二〇〇七年〕

（7） Isabell Lorey, *State of Insecurity: Government of the Precarious* (London: Verso, 2015).

（8） Michel Feher, "Self-Appreciation; or, The Aspirations of Human Capital," *Public Culture* 21, no. 1 (2009): pp. 21-41.

（9） Lauren Berlant, *Cruel Optimism* (Durham, NC: Duke University Press, 2011).

（10） Ibid.

（11） Sheldon S. Wolin, "Fugitive Democracy," *Constellations: An International Journal of Critical and Democratic Theory* 1, no. 1 (1994): pp.11-25.

（12） 私の以下の論考を参照。"Introduction: Precarious Life, Grievable Life," in *Frames of War: When Is Life Grievable?* (London: Verso, 2009).〔序章「あやうい生、悲嘆をもたらす生」、『戦争の枠組』、清水晶子訳、筑摩書房、二〇一二年〕

第一章

（1） 集会《アセンブリ》が含意した政治的要求に注意を払うことを拒絶した冷淡な事例は二〇一一年のロンドンで、また二〇〇五年のパリ郊外でも起きた。以下を参照。"Paul Gilroy Speaks on the Riots," Dream of Safety (blog), August 16,

2011, http://dreamofsafety.blogspot.jp/2011/08/paul-gilroy-speaks-on-riots-august-2011.html. また、イスラエルとバーレーンの軍人に関する最近の数々の報告によれば、これらの軍人は、いかにデモを抑圧し分散させるかという訓練を地方警察に施しているという。以下を参照。Max Blumenthal, "How Israeli Occupation Forces, Bahraini Monarchy Guards Trained U.S. Police for Coordinated Crackdown on 'Occupy' Protests," The Exiled, December 2, 2011, http://exiledonline.com/max-blumenthal-how-israeli-occupation-forces-bahraini-monarchy-guards-trained-u-s-police-for-coordinated-crackdown-on-occupy-protests/.

（２）Jacques Derrida, "Signature Event Context," in *Limited Inc*, trans. Samuel Weber and Jeffrey Mehlman (Evanston, IL: Northwestern University Press, 1988)［「署名、出来事、コンテクスト」、『有限責任会社』、高橋哲哉・宮崎裕助・増田一夫訳、法政大学出版局、二〇〇三年］; Pierre Bourdieu, *Language and Symbolic Power* (Cambridge, MA: Harvard University Press, 1991); Eve Kosofsky Sedgwick, *Epistemology of the Closet* (Berkeley: University of California Press, 1990).［『クローゼットの認識論――セクシュアリティの20世紀』、外岡尚美訳、青土社、一九九九年］

（３）ヘーゲル的な意味では、承認のための闘争は、決して完全に生と死の闘争を乗り越えることはない。

（４）以下を参照。Judith Butler, *Frames of War* (London: Verso, 2010).［『戦争の枠組』、清水晶子訳、筑摩書房、二〇一二年］

（５）以下を参照。Linda Zerilli, "The Arendtian Body," and Joan Cocks, "On Nationalism," in *Feminist Interpretations of Hannah Arendt*, ed. Bonnie Honig (University Park: Penn State University Press, 1995).

（６）Hannah Arendt, *On Revolution* (New York: Penguin, 1963) p. 114.［『革命について』、志水速雄訳、ちくま学芸文庫、一九九五年、一六八―一六九頁］

（７）Ibid.［同書、一六九頁］

(8) Zerilli, “Arendtian Body,” pp. 178-179.

(9) 以下を参照。Ruth Wilson Gilmore, *Golden Gulag: Prisons, Surplus, Crisis, and Opposition in Globalizing California* (Berkeley: University of California Press, 2007), p. 28.

(10) 身体の可動性《モビリティ》の諸権利がデモクラシー的政治にとっていかに重要かを説明した文献として、以下を参照。Hagar Kotef, *Movement and the Ordering of Freedom: On Liberal Governances of Mobility* (Durham, NC: Duke University Press, 2015).

(11) Hannah Arendt, “The Decline of the Nation-State and the End of the Rights of Man,” in *On Totalitarianism* (San Diego: Harcourt, Brace, Jovanovich, 1973), pp. 267-302.［「国民国家の没落と人権の終焉」、『全体主義の起原２——帝国主義』、大島通義・大島かおり訳、みすず書房、一九七二年］。以下も参照。Judith Butler and Gayatri Chakravorty Spivak, *Who Sings the Nation-State? Language, Politics, Belonging* (Calcutta: Seagull Books, 2007).［『国家を歌うのは誰か？——グローバル・ステイトにおける言語・政治・帰属』、竹村和子訳、岩波書店、二〇〇八年］

(12) Joan W. Scott, *Politics of the Veil* (Prince ton, NJ: Prince ton University Press, 2010).［『ベールの政治学』、李孝徳訳、みすず書房、二〇一二年］

(13) 以下を参照。http://baltimore.cbslocal.com/2011/04/22/video-shows-woman-being-beaten-at-baltimore-co-mcdonalds/.

(14) ボイコット、投資撤収、経済制裁のためのパレスチナ人クィア［Palestinian Queers for Boycott, Divestment, and Sanctions］については、以下を参照。http:// www.pqbds.wordpress.com/.

(15) Jorge E. Hardoy and David Satterthwaite, *Squatter Citizen: Life in the Urban Third World* (London: Earthscan, 1989).

(16) Denise Riley, "*Am I That Name?*" *Feminism and the Category of Women in History* (Minneapolis: University of Minnesota Press, 1988).

(17) Eve Kosofksy Sedgwick, "Queer Performativity: Henry James's The Art of the Novel," *GLQ 1*, no. 1 (1993), pp. 1-16.

(18) この最後の議論は、私が二〇一四年六月にスペインのアルカラで行った「可傷性と抵抗を再考する」という講義の転用であり、その一部は、以下のModern Language Associationのオンラインジャーナルで、二〇一四年一月に出版された。*Profession*, January 2014, https://profession.commons.mla.org/2014/03/19/vulnerability-and-resistance/.

第二章

(1) Jasbir Puar, *Terrorist Assemblages: Homonationalism in Queer Times* (Durham, NC: Duke University Press, 2007).

(2) Hannah Arendt, *The Human Condition* (Chicago: University of Chicago Press, 1958), p. 198.〔『人間の条件』、志水速雄訳、ちくま学芸文庫、一九九四年、三二〇頁〕

(3) Ibid.〔同書、同頁〕

(4) Ibid., pp. 198-199.〔同書、同頁〕

(5) 「倫理学の観点とは、汝は何をなしうるか、というものです。そこから、身体は何をなしうるのか、というスピノザの嘆きへと回帰することになります。人は、身体が何をなしうるかを決して前もって知りません。人は、どのように組織されているのか、存在諸様態がある人の中にどのように包含されているのかを、決して知ることはないのです」(Gilles Deleuze, « Cours Vincennes: Ontologie-Ethique », le 21 décembre, 1980, https://www.

webdeleuze.com/textes/26, https://www.webdeleuze.com/textes/190)。私の説明は、彼の説明と幾つかの観点で異なっている。最も顕著な点は、諸身体をその複数性において考察している点であり、また、身体がまったく何もなしえない条件は何かと問うている点である。

（6） Adriana Cavarero, *For More than One Voice: Toward a Philosophy of Vocal Expression*, trans. Paul A. Kottman (Palo Alto, CA: Stanford University Press, 2005).

（7） Arendt, *Human Condition*, p. 199.［『人間の条件』、三二一頁］

（8） Giorgio Agamben, *Homo Sacer: Sovereign Power and Bare Life*, trans. Daniel Heller-Roazen (Palo Alto, CA: Stanford University Press, 1998).［『ホモ・サケル――主権権力と剝き出しの生』、高桑和巳訳、以文社、二〇〇七年］

（9） 彼女が、亡命者という文脈で諸権利への権利を最初に検討したのは、一九四三年に彼女が「私たち難民」（“We Refugees” in *The Menorah Journal*）を書いたときだった。また、この試論に関するジョルジョ・アガンベンの簡潔な注解を参照せよ。Giorgio Agamben, “We refugees”, in *Symposium* 49, no. 2, 1995.［「人権の彼方に」、『人権の彼方に――政治哲学ノート』、高桑和巳訳、以文社、二〇〇〇年］

（10） Zeynep Gambetti, “Occupy Gezi as Politics of the Body,” in *The Making of a Protest Movement in Turkey*, ed. Umut Özkırımlı (Houndmills, Basingstoke: Palgrave Pivot, 2014).

（11） Hans Wehr, *Dictionary of Modern Written Arabic*, 4th ed., ed. J. Milton Cowan (Ithaca, NY: Spoken Language Services, 1994), s.v. “salima.”

（12） Ruth Wilson Gilmore, *Golden Gulag: Prisons, Surplus, Crisis, and Opposition in Globalizing California* (Berkeley: University of California Press, 2007).

第三章

（1） Susan Sontag, "Looking at War: Photography's View of Devastation and Death," in *Regarding the Pain of Others* (New York: Picador, 2003).［『他者の苦痛へのまなざし』、北条文緒訳、みすず書房、二〇〇三年］

（2） 以下を参照。Judith Butler, *Parting Ways: Jewishness and the Critique of Zionism* (New York: Columbia University Press, 2012), p. 23［『分かれ道――ユダヤ性とシオニズム批判』、大橋洋一・岸まどか訳、青土社、二〇一九年、四八頁］; http://laphilosophie.blog.lemonde.fr/2013/03/21/levinas-trahi-la-reponse-de-judith-butler/. ユダヤ＝キリスト教文化の倫理的基盤を脅かす「アジア人の群れ［Asiatic hordes］」に関するレヴィナスの言及については、以下を参照。"Jewish Thought Today," in *Difficult Freedom: Essays on Judaism*, trans. Sean Hand (Baltimore: Johns Hopkins University Press, 1990), p. 165. この点については、以下の著作でより十全に論じた。Judith Butler, *Giving an Account of Oneself* (New York: Fordham University Press, 1995), pp. 90-96.［『自分自身を説明すること――倫理的暴力の批判』、佐藤嘉幸・清水知子訳、月曜社、二〇〇八年、一六八―一七九頁］

（3） 以下を参照。Judith Butler, *Parting Ways*.［『分かれ道』］

（4） Hannah Arendt, *Eichmann in Jerusalem: A Report on the Banality of Evil* (New York: Schocken Books, 1963), pp. 277-278.［『イェルサレムのアイヒマン――悪の陳腐さについての報告』、大久保和郎訳、みすず書房、一九六九年、二一三―二一五頁］

（5） 一九六一年にカール・ヤスパースに宛てられたアーレントの悪名高い手紙を参照のこと。そこで彼女はアラブ人子孫のユダヤ人への嫌悪を表明している。「私の第一印象。最上位に来るのは裁判官で、最良のドイツ系ユダヤ人たち。次は検事で、ガリツィア人ではあってもともかくもヨーロッパ人。すべてを取り仕切っているのは警察ですが、彼らは私にはどうも気味が悪く、ヘブライ語しか話しませんし、アラブ的風貌で、中には見るからに残忍そうなタイプの人がいます。どんな命令にでも従う連中です。そして扉の外にはオリエントのモッブ。ここはイスタンブールか、半ばアジアのどこかの国かと思わせるほどです。それにエルサレムで大変目立つのが、パイエスとカフタンのユダヤ人、この連中は分別ある人たちすべての暮しをぶち壊しています」。以下を参照。Hannah Arendt and Karl Jaspers, *Correspondence 1926-1969*, ed. Lotte Kohler and Hans Saner, trans. Robert and Rita Kimber (New York: Harcourt Brace Jovanovich, 1985), Letter 285, April 13, 1961, p. 435. 〔『アーレント＝ヤスパース往復書簡 1926-1969 2』、大島かおり訳、みすず書房、二〇〇四年、二四〇頁〕

（6） Meron Benvenisti, "The Binationalism Vogue," *Haaretz*, April 30, 2009, http://www.haaretz.com/print-edition/opinion/the-binationalism-vogue-1.275085.

第四章

（1） 街頭に集まることについて意見が一致しない人々の権利を擁護することは重要であり、また、実際のデモを賞賛あるいは支持することも重要である。この試論は、集会の権利の条件とその限界に取り組むものではないが、最初に私が、街頭に集まることについて自分とまったく意見の一致しないすべての種類の集団の権利を認める、と強調しておくことは重要であると思われる。集会の権利はむろんその限界を持っているが、そこで私が意味しているのは、ある集団が他者――彼らも公共空間への平等で正当な要求を持つ――の身体的安寧を意図的に脅かすと説得的に示すことによってのみ、そうした限界は少なくとも部分的かつ最低限確立される、ということである。

（2） 以下を含む、公共財の民営化に関するウェンディ・ブラウンの仕事を参照。Wendy Brown, "Neo-liberalism and the End of Liberal Democracy," *Theory and Event* 7, no. 1 (2003), accessed July 20, 2014, https://muse.jhu.edu/login?auth=0&type=summary&url=/journals/theory_and_event/v007/7.1brown.html. また、民営化に関する彼女の以下の発言を参照。http://cupe3913.on.ca/wendy-brown-on-the-privatization-of-universities/.

（3） Hannah Arendt, *The Human Condition* (Chicago: University of Chicago Press), p. 198. 〔『人間の条件』、志水速

雄訳、ちくま学芸文庫、一九九四年、三一九―三二〇頁〕

（4） Zeynep Gambetti, “Occupy Gezi as Politics of the Body,” in *The Making of a Protest Movement in Turkey*, ed. Umut Özkırımlı (Houndmills, Basingstoke: Palgrave Pivot, 2014).

（5） 以下を参照。“Posture Maketh the Man,” in *The Richness of Life: The Essential Stephen J. Gould*, ed. Steven Rose (New York: Norton, 2007), pp. 467-475.

（6） この点は、以下の近作において主張されている。Rosi Braidotti, *The Posthuman* (Cambridge: Polity, 2013); Hélène Mialet, *Hawking Incorporated: Stephen Hawking and the Anthropology of the Knowing Subject* (Chicago: University of Chicago Press, 2012).

（7） 以下の私の論考を参照。“Introduction: Precarious Life, Grievable Life,” in *Frames of War: When Is Life Grievable?* (London: Verso, 2009). 〔序章「あやうい生、悲嘆をもたらす生」、『戦争の枠組』、清水晶子訳、筑摩書房、二〇一二年〕

（8） 以下における、複雑な関係性に関するダナ・ハラウェイの見解を参照。Donna Haraway, *Simians, Cyborgs, and Women: The Reinvention of Nature* (New York: Routledge, 1991) 〔『猿と女とサイボーグ――自然の再発明』、高橋さきの訳、青土社、二〇〇〇年〕; *The Companion Species Manifesto: Dogs, People, and Signifi cant Otherness* (Chicago: Prickly Paradigm Press, 2003). 〔『伴侶種宣言――犬と人の「重要な他者性」』、永野文香・波戸岡景太訳、以文社、二〇一三年〕

（9） 可傷性に関するフェミニズム理論家は多数いるが、少数の最近の論考が、この概念について何らかの意味で重要な政策的含意を与えている。以下を参照。Martha A. Fineman, “The Vulnerable Subject: Anchoring Equality in the Human Condition,” *Yale Journal of Law and Feminism* 20, no. 1 (2008); Anna Grear, “The Vulnerable Living Order: Human Rights and the Environment in a Critical and Philosophical Perspective,” *Journal of Human Rights and the Environment* 2, no. 1 (2011); Peadar Kirby, "Vulnerability and Globalization: Mediating Impacts on Society," *Journal of Human Rights and the Environment* 2, no. 1 (2011); Martha A. Fineman and Anna Grear, eds., *Vulnerability: Reflections on a New Ethical Foundation for Law and Politics* (Burlington, VT: Ashgate, 2013); Katie E. Oliviero, "Sensational Nation and the Minutemen: Gendered Citizenship and Moral Vulnerabilities," *Signs: Journal of Women and Culture in Society* 32, no. 3 (2011). また、以下も参照。Bryan S. Turner, *Vulnerability and Human Rights* (University Park: Pennsylvania State University Press, 2006); Shani D'Cruze and Anupama Rao, *Violence, Vulnerability and Embodiment: Gender and History* (Oxford: Blackwell, 2005).

(10) 現代の不安定性《プレカリティ》に関する分析として、以下を参照。Luc Boltanski and Eve Chiapello, *The New Spirit of Capitalism*, trans. Gregory Elliott (London: Verso, 2007). [『資本主義の新たな精神』上・下巻、三浦直希他訳、ナカニシヤ出版、二〇一三年]

(11) 可傷性と非可傷性の区別の戦術的使用は、透過性の最適な割り当てにも依拠している。透過性の言語は九・一一以後の合州国においてより重要になったものだが、それは人々の意志に反して侵入されることへの不安、身体境界の侵害への不安に依拠して、国境の透過性に言及する。そうした言語においては確かに、性的禁忌とジェンダー規範とが働いている。すなわち、レイプの不安、レイプへの特権であって、これらは、身体の等価性――管理はできるが逃れることはできない（すべての身体は開口部を持ち、あるいは道具によって穴を開けうるから）条件――によって提起される政治的問題がジェンダー化された差異を確立する、数少ない方法に名前を与えたものである。しかしながら、あるジェンダーは透過的だが別のジェンダーはそうではない、と見なされる不可能な企ては依然として進行中である。

(12) Albert Memmi, *Dependence: A Sketch for a Portrait of the Dependent*, trans. Philip A. Facey (Boston: Beacon Press, 1984).

（13）以下を参照。Gilles Deleuze, "What Can a Body Do?" in *Expressionism in Philosophy: Spinoza*, trans. Martin Joughin (New York: Zone Books, 1992).［『スピノザと表現の問題』、第一四章「身体は何をなしうるか」、工藤喜作他訳、法政大学出版局、一九九一年］

（14）以下を参照。Isabelle Stengers, *Thinking with Whitehead: A Free and Wild Creation of Concepts*, trans. Michael Chase (Cambridge, MA: Harvard University Press, 2011).

（15）それが行った公共空間の占拠がいかに公的で勇気あるものであれ、スラット・ウォークはまた、「スラット」という語を再我有化することの不可能性を理解していないとして、黒人女性たちから有益な批判を受けた。以下を参照。"An Open Letter from Black Women to the SlutWalk," Black Women's Blueprint Blog, September 23, 2011, http://www.blackwomensblueprint.org/2011/09/23/an-open-letter-from-black-women-to-the-slutwalk/.

（16）Bernice Johnson Reagon, "Coalition Politics: Turning the Century," in *Home Girls: A Black Feminist Anthology*, ed. Barbara Smith (New York: Kitchen Table: Women of Color Press, 1983), pp. 356-357.

第五章

（1）国際労働機関（ＩＬＯ）は、平和的集会の自由の権利が、集団交渉と、国際労働機関への参加、会員資格の取得とにとって中心的であると明確にしている。以下を参照。David Tajgman and Karen Curtis, *Freedom of Association: A User's Guide — Standards, Principles, and Procedures of the International Labour Organization* (Geneva: International Labour Office, 2000), p. 6. 国連は、国際人権宣言（一九四八年）の中で、第二〇条、二三条において集会の権利を規定している。恐らく最も重要な点だが、市民的及び政治的権利に関する国際規約（一九七六年）は、ＩＬＯが定式化したような原理を確認し、第二二条においてそれを結社の権利と組織の権利と名付け直した。http:// www.ohchr.org/en/professionalinterest/pages/ccpr.aspx.

（２）これは、以下におけるジョルジョ・アガンベンの国家主権に関する説明の焦点となっている。Giorgio Agamben, *State of Exception*, trans. Kevin Attell (Chicago: University of Chicago Press, 2005).［『例外状態』、上村忠男・中村勝己訳、未來社、二〇〇七年］

（３）アーレントは『革命について』の中で集会の自由を直接取り上げているわけではないが、フランス革命の最中に苦境に怒りを抱いて路上に現れた人々が、復讐が第一目的であるような群衆となった仕方をたどっている（*On Revolution* [London: Penguin Books, 1965], pp. 110-111［『革命について』、ちくま学芸文庫、一六三―一六五頁］）。自分自身を苦悩から解放するという彼らの目的は、彼女の考えでは、自由という固有の目的と同じではない。自由とは新たなものを生み出すための――政治的用語で述べるなら、平等の基盤上で新たなものを生み出すための――協調行動を含意する。彼女の考えでは、そのためになすべきことは、復讐から「新たな政治体を創設する行為」へと移行することである（これは、奴隷道徳を実践する者たちに肯定のための手段を見出すよう促すニーチェの努力を思わせる動きである）（Ibid., pp. 222-223［同書、三六〇―三六三頁］）。「市民的不服従」という試論において、彼女は「自発的結社」というトクヴィルの概念に依拠している（"Civil Disobedience," in *Crises of the Republic* [New York: Harcourt Brace Jovanovich, 1972], pp. 49-102［「市民的不服従」、『暴力について』、高野フミ訳、みすず書房、一九七三年］）。重要なのは、そのテクストにおいて「集会《アセンブリ》」に言及している唯一の議論が、国会と理解される「構成的議会《アセンブリ》」についてのものである、ということだ。「構成的権力」を集会の自由の中に見いだすのは、ジェイソン・フランクである。彼は、アーレントがフランス革命を分析しているのか、あるいはアメリカ革命を分析しているのかによって、「構成的権力」が彼女の仕事において異なった価値を持つことを見出している（Jason Frank, *Constituent Moments: Enacting the People in Postrevolutionary America* [Durham, NC: Duke University Press, 2010], pp. 62-66）。以下も参照。Seyla Benhabib, *The Reluctant Modernism of Hannah Arendt* (Oxford: Rowman and Littlefield, 2000), pp. 123-129.

(4) John D. Inazu, *Liberty's Refuge, The Forgotten Freedom of Assembly* (New Haven, CT: Yale University Press, 2012). イナズによれば、集会の自由は結社の自由や表現的結社の権利から区別されなければならない。「私たちが集団の形成、構成、存在、その表現の間の連関を把握し損ねるとき、重要な何かが失われる。多くの集団的表現は、それに意味を与える生きられた実践と引き換えにのみ理解されるのである」(p. 2)。

(5) J. Kēhaulani Kauanui, *Hawaiian Blood: Colonialism and the Politics of Sovereignty and Indigeneity* (Durham, NC: Duke University Press, 2008).

(6) Frank, *Constituent Moments*.

(7) Ernesto Laclau, *On Populist Reason* (London: Verso, 2005), pp. 65-128.［『ポピュリズムの理性』、澤里岳史・河村一郎訳、明石書店、二〇一八年、第四章「「人民」、空虚の言説的産出」］

(8) これらの発言とドゥルーズの動的編成《アセンブリッジ》概念の関係は、以下で考察されている。Naomi Greyser, "Academic and Activist Assemblages: An Interview with Jasbir Puar," in *American Quarterly* 64, no. 4 (December 2012): pp. 841-843.

(9) この点について私は、「スタンディング・マン」、すなわちエルデム・ギュンドゥズのことを念頭に置いている。彼は集会の禁止に、広場に単身で立つことによって反抗し、その後、単独の個人からなる真の集会が起きるまで単独で立っていた他の人々に伴われ、沈黙のまま立ち、集会の禁止に従うと同時にそれに反抗した。以下を参照。https://www.youtube.com/watch?v=SldbnzQ3nfM; Emma Sinclair-Webb, "The Turkish Protests — Still Standing," Human Rights Watch, June 21, 2013, http://www.hrw.org/news/2013/06/21/turkish-protests-still-standing.

(10) Banu Bargu, "Spectacles of Death: Dignity, Dissent, and Sacrifi ce in Turkey's Prisons," in *Policing and Prisons in the Middle East: Formations of Coercion*, eds. Laleh Khalili and Jillian Schwedler (New York: Columbia University Press, 2010), pp. 241-261; Banu Bargu, "Fasting unto Death: Necropolitical Resistance in Turkey's Prisons"（草稿

形式）.

（11） Angela Davis, *Are Prisons Obsolete?* (New York: Seven Stories Press, 2003)［『監獄ビジネス——グローバリズムと産獄複合体』、上杉忍訳、岩波書店、二〇〇八年］; Angela Davis, *Abolition Democracy: Beyond Empire, Prisons, and Torture* (New York: Seven Stories Press, 2005).

（12） Frank, *Constituent Moments*, p. 33.

（13） Agnes Heller, *The Theory of Need in Marx* (London: Allison and Busby, 1974).［『マルクスの欲求理論』、良知力・小箕俊介訳、法政大学出版局、一九八二年］

（14） ウェンディ・ブラウンによる以下の民営化批判を参照せよ。"Sacrificial Citizenship: Neoliberal Austerity Politics," http://globalization.gc.cuny.edu/events/sacrificial-citizenship-neoliberal-austerity-politics/; "The End of Educated Democracy," in *The Humanities and the Crisis of the Public University*, ed. Colleen Lie, Christopher Newfield, and James Vernon, special issue, Representations 116, no. 1 (Fall 2011): pp. 19-41; "Neoliberalized Knowledge," *History of the Present* 1, no. 1 (May 2011); *Undoing the Demos: Neoliberalism's Stealth Revolution* (New York: Zone Books, 2015).［『いかにして民主主義は失われるのか——新自由主義の見えざる攻撃』、中井亜佐子訳、みすず書房、二〇一七年］

（15） 以下を参照。Mahatma Gandhi, *Selected Political Writings* (Indianapolis, IN: Hackett, 1996). ガンジーは受動的抵抗と非暴力的な市民不服従を区別した。彼の考えでは、受動的抵抗は原理によって支配されない戦略であるが、非暴力とは原理によって支配され、あらゆる状況下で一貫していることを求める行動の形式である。彼は受動的抵抗を弱者の力と関係付けるが、彼の考えでは、非暴力的な市民的不服従は「激しい行動」であり「強さ」である（pp. 50-52）。

（16） M. K. Gandhi, *Non-violent Resistance (Satyagraha)* (Mineola, NY: Dover Publications, 2001), p. 2.

第六章

（1） Theodor W. Adorno, *Minima Moralia: Reflections from Damaged Life*, trans. E. F. N. Jephcott, (London: New Left Books, 1974), p. 39.［『ミニマ・モラリア――傷ついた生活裡の省察』、三光長治訳、法政大学出版局、一九七九年、四二頁］

（2） Theodor W. Adorno, *Probleme der Moralphilosophie* (Frankfurt: Suhrkamp, 1996), pp. 34-35; *Problems of Moral Philosophy*, trans. Rodney Livingstone (Palo Alto, CA: Stanford University Press, 2002), p. 19（以下、PMPとして引用する）.［『道徳哲学講義』、船戸満之訳、作品社、二〇〇八年、三八頁］

（3） Ibid., p. 205; PMP, p. 138.［同書、二三二頁］

（4） Ibid., p. 262; PMP, p. 176.［同書、二九一頁］

（5） Ibid., p. 250; PMP, p. 169.［同書、二八〇頁］

（6） Orlando Patterson, *Slavery and Social Death: A Comparative Study* (Cambridge, MA: Harvard University Press, 1985).

（7）「ユダヤ軍――ユダヤ的政治の始まり?」において、アーレントは次のように述べている。「生きようとするユダヤ人の意志は有名であり、悪名高くもある。悪名高いというのは、最近の二百年にわたって、それはまったく否定的な何か、すなわちいかなる対価を払っても生き延びようとする意志へと堕落する恐れがあったからだ」(“The Jewish Army — The Beginning of Jewish Politics?” [in *Aufbau*, 1941], in *Jewish Writings*, eds. Jerome Kohn and Ron H. Feldman [New York: Schocken, 2007], p. 137)。一九四六年、ナチスの強制収容所の詳細な恐怖がまだ暴露されつつあった頃であり、シオニズムの政治的帰結がまだ活発に議論されていた時代に、彼女は「ユダヤ国――五〇年後、ヘルツルの政治はどこに導いたのか?」において、この点に立ち戻っている。「生き延びた者たちが今何よりも望んでいることは、尊厳を持って――攻撃を受けた場合に、武器を手にして――死ぬ権利である。いかなる対価を払っても生き延びる、という数世紀にわたるユダヤ民族の主要な関心事は、恐らく永遠に過去のものとなった」。彼女は次のように続ける。「この新たな展開は、それが本質的に神聖なユダヤ人の政治運動にとっていかに偉大な遺産であるにせよ、シオニズム的態度の現在の枠組みの中にある種の危険を構成する。ヘルツルの教義は、それが今や反ユダヤ主義の有益な性質へのその元々の信頼を失っているがゆえに、単に自殺的な身振りを助長することにもなりかねない。そうした自殺的身振りという目的のために、死に慣れてしまった人民の自然なヒロイズムは容易に搾取されうる」("The Jewish State: Fifty Years After, Where Have Herzl's Politics Led?", in *Jewish Writings*, p. 386)。

(8) Hannah Arendt, "The Answer of Socrates," in *The Life of the Mind*, vol. 1 (New York: Harcourt, 1977), pp. 168-178.［「ソクラテスの答え」、『精神の生活』上巻、佐藤和夫訳、岩波書店、一九九四年、一九四―二〇六頁］

(9) Hannah Arendt, *Zwischen Vergangenheit und Zukunft: Übungen im politischen Denken 1*, ed. Ursula Ludz (München: Piper, 1994), p. 44f.［「伝統と近代」、『過去と未来の間』、引田隆也・齋藤純一訳、みすず書房、一九九四年、四一―四三頁］［訳者の求めにより、この註について著者から以下の補足説明があった――アーレントはマルクスの労働概念を、それが自己実現の中心に肉体労働を置くがゆえに、前政治的なものだとその価値を下げているが、それにもかかわらず彼女は、革命の実現における、行動の身体化された性格、身体的抵抗、闘争の必要性に言及している。『過去と未来の間』の序文は、正反対の方向に引く二つの形象、すなわち過去と未来の間の身体的闘争を推測している。従って、ここでもまた、時間性の問題が身体による変容の観点から現れており、彼女の分析の中に身体が場を持つことを示唆している。調停者は闘争から現れ、それは、身体的な押し引きを幾度も生じさせるのは精神なのか判断なのか、という問いを生み出すのである。］

(10) 複雑な関係性については以下を参照。Donna Haraway, *Simians, Cyborgs, and Women: The Reinvention of Nature* (New York: Routledge, 1991)［『猿と女とサイボーグ――自然の再発明』、高橋さきの訳、青土社、二〇〇〇年］;

The Companion Species Manifesto: Dogs, People, and Signifi cant Otherness (Chicago: Prickly Paradigm Press, 2003).
〔『伴侶種宣言——犬と人の「重要な他者性」』、永野文香・波戸岡景太訳、以文社、二〇一三年〕

（11） Adorno, *Probleme der Moralphilosophie*, p. 248; PMP, p. 167. 〔『道徳哲学講義』、二七八頁〕

（12） Ibid., p. 249; PMP, pp. 167-168. 〔同書、二七八頁〕

（13） Ibid.; PMP, p. 168. 〔同書、二七八頁〕

初出一覧

第一章　「ジェンダー・ポリティクスと現れの権利」、書き下ろし。

第二章　「連携する諸身体と街頭《ストリート》の政治」、以下の初出を増補。*Sensible Politics: The Visual Culture of Nongovernmental Activism*, ed. Meg McLagan and Yates McKee (New York: Zone Books, 2012), pp. 117-138.

第三章　「不安定《プレカリアス》な生と共生の倫理」、二〇一一年にストックホルムのノーベル美術館で行ったワトソン講演で最初に発表され、わずかに異なった形で以下に初出。"Precarious Life, Vulnerability, and the Ethics of Cohabitation," in *Journal of Speculative Philosophy* 26, no. 2 (2012): pp. 134-151.

第四章　「身体の可傷性、連帯の政治」、以下に初出。"Bodily Vulnerability, Coalitions, and Street Politics," in *Differences in Common: Gender, Vulnerability, Community*, ed. Joana Sabadell-Nieto and Marta Segarra (Amsterdam/New York: Rodopi Publishing, 2014).

第五章　「「私たち人民」——集会《アセンブリ》の自由に関する諸考察」、書き下ろし。

第六章　「悪い生の中で良い生を送ることは可能か」、二〇一二年九月にアドルノ賞受賞の際にフランクフルトで最初に発表され、以下に初出。*Radical Philosophy* 176 (November/December 2012).

解説　アセンブリ、不安定性《プレカリティ》、行為遂行性《パフォーマティヴィティ》

佐藤嘉幸

本書は、Judith Butler, *Notes Toward a Performative Theory of Assembly*, Harvard University Press, 2015の全訳である。翻訳に際しては、そのフランス語訳*Rassemblement : Pluralité, performativité et politique*, Fayard, 2016を参照した。本訳書のタイトル『アセンブリ――行為遂行性・複数性・政治』はフランス語訳のタイトルを参照しているが、それは、フランス語訳のタイトルがより本書の内容を簡潔に要約している、という判断による。本訳書では、英語原書のタイトルに入っている「行為遂行性」をサブタイトルの最初の言葉に採用した。

メインタイトルについても述べておく。Assemblyという言葉には、デモを含む「集会」と、「議会」という二つの意味がある。柄谷行人が述べるように、そもそも「アセンブリ」は、直接民主主義的な意味での「集会」と、間接民主主義的な意味での「議会」の二重の意味を持つ。しかし、近代社会において代表制が政治制度としてメインストリームをなすようになるにつれて、あたかも代表制の「議会」のみが「アセンブリ」であり、しかもそれは「集会」とまったく異なったもの、対立するものであるかのように見なされるようになった。しかし、「議会」とは「集会」を代表制的

な制度に移し替えたものに過ぎず、「集会」こそが根源的なものである。だからこそ代表制的「議会」は、「集会」としての「アセンブリ」を恐れ、それを妨害するのである。(1) そうした「アセンブリ」の二重の意味を考慮して、本訳書では、タイトルを「アセンブリ」とし、本文では語義に従って訳し分け、それぞれの章の初出にはルビを付した。本書では、注の一箇所を除いてすべてが「集会」の意味で用いられている。その意味で、本書はまさしく民衆集会としての「アセンブリ」、代表制には還元されないような「アセンブリ」の力能について論じるものである。この点について、バトラーは次のように述べている。

「人民主権」は確かに、人々が投票する際に投票権力へと翻訳されるが、それは決して完全あるいは十全な翻訳ではない。人民主権のある部分は翻訳不可能、転移不可能、さらには代表不可能なままに留まるが、だからこそそれは、体制を選出することも、崩壊させることもできるのである。人民主権は、権力の議会的形式を正当化するのと同程度に、それが非正当的だと判明するときにはその同じ形式から自らの支持を撤回する権力をも保持している。もし権力の議会的形式が自らの正当性そのもののために人民主権を必要とするなら、それはまた確かに人民主権を恐れもする。というのも人民主権には、それが設立し、創設するあらゆる議会的形式に反対し、それを超出あるいは超過する何かが存在するからだ。選出された体制は、デモクラシー的支配の諸条件の下で正当性を与える最終的な権力を保持する「私たち」そのものを行為化する、「人民の名において」語る人々の集会によって、停止あるいは打倒されうる。換言すれば、デモクラシー的支配の諸条件は、最終的に、いかなる特定のデモクラシー的秩序によっても完全には包含あるいは表現されないが、自らのデモクラシー的性格の条件であるような人民主権の行使に依拠している。これは、それなしではいかなる議会も正当的な仕方で機能しえない、そしてあらゆる議会を機能障害あるいは解体をもって脅かす、議会外的な権力である。私たちは再び、それをデモクラシー的秩序の内部に属している「アナーキズム的」間隙、あるいは永続的な革命原理と呼ぶことができるかもしれない。その原理は多かれ少なかれ創設の瞬間と解体の瞬間の双方に現れるが、また集会の自由そのものにおいても作用している（第五章、二一一―二一二頁）。

私たちが保持すると想定されている「人民主権」は、代表制デモクラシーにおける選挙時には「投票権力へと翻訳されるが、それは決して完全あるいは十全な翻訳ではない」。人民主権は議会権力と同一ではなく、議会権力には還元されない剰余を常に保持している。だからこそ、議会権力の判断が正当性を欠くと判断される場合には、「人民主権」は集会やデモのような仕方で議会権力の外部から議会権力に圧力をかけ、極限的な場合にはそれを停止、解体し、打倒することができるのである。バトラーが「アセンブリ」としての集会に見出すのは、そのような議会外的、非代表制的な権力であり、代表制議会のオルタナティヴとなるようなもう一つの「アセンブリ」なのである。

バトラーは本書第一章において、本書の目的を次のように説明している。「［本書で私は」

「行為遂行性《パフォーマティヴィティ》」と「不安定性《プレカリティ》」という用語に圧縮された二つの理論領域を吟味するつもりである。その目的は、ジェンダー・マイノリティ、セクシュアル・マイノリティをより一般的に不安定《プレカリアス》な住民と結び付ける連帯の枠組として、現れの権利をいかに考えればよいかを提示することにある」（四〇頁）。この解説では、「不安定性《プレカリティ》」と「行為遂行性《パフォーマティヴィティ》」という概念が民衆集会《アセンブリ》の考察に果たす本質的な役割について、順に論述していくことにする。

1　不安定性《プレカリティ》

本書は、二〇一〇年のチュニジア・ジャスミン革命、二〇一一年のエジプト革命に始まる「アラブの春」、同じく二〇一一年に始まるオキュパイ運動の影響下で、アクティヴィストらとの対話を背景として書かれたものである（日本では、同時期の大きな社会運動として、二〇一一年に始まる脱原発運動があり、二〇一五年に始まる安保法制反対運動があった）。オキュパイ・ウォール・ストリートでは、バトラーは占拠の現場に赴き、スピーチを行っている。その映像がインターネット上で公開されているが、このスピーチは、マイクを使って拡声されるのではなく、ヒューマン・マイクロフォンの手法を使って、多くの人の声で反復され、拡声されている（その光景は、政治を攪乱する「反覆行為」というバトラーの理論を想起させもする）(2)。以下にその全文を訳出する。

私がここに来たのは、民衆のデモクラシー的意志のこの予期せざる表出を支持し、それに連帯を示すためです。人々は、これらすべての人々が行っている要求は何なのか、と問いました。彼らは、そこには要求もなく、あなたたちの批判は混乱したままだ、と述べ、あるいは、社会的平等と経済的正義を求めるその要求は不可能な要求だ、そして不可能な要求は単に「実践的」ではない、と述べました。しかし、私たちはそうした意見には賛同しません。もし希望が不可能な要求であるなら、私たちは不可能なものを要求します。もし住居《シェルター》、食料、雇用への権利が不可能な要求であるなら、私たちは不可能なものを要求します。もし不況から利益を得る人々にその富を再分配し、彼らの強欲をやめるよう要求することが不可能なことであるなら、私たちは不可能なものを要求します。もちろん、要求のリストは長大なものです。私たちは富の独占に反対します。私たちは労働者を使い捨て可能にすることに反対します。私たちは教育が公共財であり、教育への権利を支持するとき、教育の民営化に反対します。私たちは戦争への何十億ドルもの支出に反対します。私たちは貧者の数の拡大に反対します。私たちは人々を家から追い出す銀行に対して、ますます多くの人々が保険医療《ヘルス・ケア》を欠いていることに対して大きな怒りを持っています。私たちは経済的レイシズムに反対し、その終わりを要求します。これらの要求はいずれも、調停にはかけられていません。

私たちが諸身体として共同で公に出現することが重要であり、私たちが公に集合して集会を行うことが重要なのです。私たちは街頭《ストリート》と広場に諸身体として共に到来しています。私たちは諸身体として苦しみ、住居や食物を必要としているのであり、私たちは諸身体として互いを必要とし、互いを欲望しているのです。ですから、これは公的身体の政治であり、身体的必要であり、身体の運動であり声なのです。もし選出された議員が人民意志を代表しているとすれば、私たちはここにはいないでしょう。私たちは選挙過程から、そして選挙過程と搾取の共謀から独立してここに立っています。私たちは人民意志として、選挙デモクラシーが忘却し、見捨てた人民意志として、可能な限り、座り、立ち、動き、話します。しかし私たちはここにおり、ここに留まり、「私たち人民」という言葉を行為化しているのです。

このスピーチには、ある意味で、本書全体の内容が要約されている（その意味で、本書の内容は、彼女がオキュパイ運動の中で経験した諸事実からとりわけ深い影響を受けていると言えるだろう）。つまり、人々が公の場に、諸身体として現れることこそが重要なのであり、それが代表制デモクラシーとは異なったもう一つのデモクラシー、すなわち直接民主主義的な「人民意志」を体現する。そして、人々の公的な現れは、私たちを暴力的に貧困へと陥れ、なおかつ私たちに不合理な「自己責任」を課す新自由主義的な資本主義そのものへの挑戦であり、同時にその公的な現れは、新自由主義的な資本主義が労働力の再生産さえ放棄することによってその充足が危機に瀕している身体的必要によって要請されてもいる。

資本主義は二〇世紀に確立されたケインズ主義的資本主義の下で、労働者に労働の継続に必要な食物、住居、医療を与え、そこからこぼれ落ちた人々を社会保障によって支えるようなシステムを作り出した。ケインズ主義的資本主義は、労働力の日常的な再生産を労働者に保証し、搾取を続けるために労働者を生かし続けたのである。しかし、一九九〇年代のグローバル経済の進行と共に世界中を覆い尽くした新自由主義的資本主義は、もはや搾取を続けるために労働者を生かし続けることを選択しない。新自由主義は賃金をカットし、生活を続けるために労働者に借金を負わせ、その借金からも利潤を得ることで（資本主義の金融資本化）、もはや労働力の再生産さえ不可能な状況へと労働者たちを追い込んでいる。それはもはや、労働者の搾取ではなく、労働者の収奪から利潤を得る資本主義なのである(3)。

バトラーは、「労働者の搾取」や「労働者の収奪」といったマルクス主義的概念を私たちが用いたような意味で用いているわけではないが、同じ状況を「自己責任化」を求める新自由主義という観点から捉えている。

「責任」という考えが新自由主義的な諸目的に奪用されてきたことがどれほど問題含みであろうと、この概念には加速する不平等を批判する決定的な特徴が残っている。新自由主義的な道徳性の中では、私たちは各々が自分自身に責任を負うだけで、他者に責任を負うことはない。また、その責任とは何よりもまず、自己充足が構造的に損なわれた諸条件の中で経済的に自己充足していくことへの責任である。保険医療《ヘルス・ケア》の費用を支払う余裕のない者たちは、使い捨て可能だと見なされる住民のほんの一つのヴァージョンを構成している。そしてまた貧富の差が拡大しているのを見て、自分たちは幾らかの形態のセキュリティと前途の見込みとを失ってしまったのだと考える者たちは皆、自分たちは一般住民を食い物にして明らかに極めて少数の者の富を増大させる政府と政治経済に見捨てられたと理解している。それゆえ、人民が街頭に集うときには、ある含意が明白であるように思われる。すなわち、彼らは今もあちこちに存在している、彼らは存続している、彼らは集合し、そうすることで彼らの状況が共有されているという理解を、あるいはそうした理解の始まりを明示している、ということだ。たとえ彼らが意見を述べていないとき、あるいは交渉の余地がある一連の要求を提示していないときでさえ、正義への呼びかけは行為化されている。つまり、集合した諸身体は、それらがそのとき言葉を使っているかどうかにかかわらず、「私たちは使い捨て可能な存在ではない」と「語っている」のである。言わば、諸身体はこう語っているのだ。「私たちは今もここにおり、存続しており、より大きな正義、不安定性《プレカリティ》からの解放、生存可能な生の可能性を求めている」、と（第一章、三六―三七頁）。

新自由主義は、労働者から経済的「自己充足」の可能性を奪い、同時に労働者に経済的「自己充足」の「責任」を負わせている。それによって、労働者は資本によって「使い捨て可能」な存在として規定されると同時に、自らの生存に自ら「責任」を追わなければならないという、ダブル・バインドのような過酷な生存条件に追い込まれる。新自由主義的資本主義が人々に課するそうした過酷な生存条件こそが、人々を街頭に集合させるのであり、また、集合した諸身体は街頭へのその身体的現れによって、資本主義が人々に課するこうした過酷な生存条件と、生存そのものの暴力的な脅かしに抗議するのである。バトラーは、人々の生存を脅かすこうした過酷な生存条件のことを、「不安定性《プレカリティ》」という名前で呼んでいる（本書では、「プレカリアート」という日本語でも定着した用語との関係性を明示するため、「不安定性」、「不安定な」と訳したprecarity、precariousのすべての訳語に「プレカリティ」、「プレカリアス」とルビを付した）。

> 「不安定性《プレカリティ》」が指示するのは、ある種の住民が他の住民よりも社会的、経済的な支援のネットワークから脱落して苦境に陥り、差別的な仕方で侵害、暴力、そして死に曝されるような、政治的に誘発された条件である。従って、前述したように、不安定性《プレカリティ》とは不安定性《プレカリアスネス》を差別的に配分することである。差別的に曝された住民は、適切な保護や救済がなければ、病気、貧困、飢餓、立ち退きの、そして暴力への可傷性《ヴァルネラビリティ》の、高いリスクに苦しむことになる。不安定性《プレカリティ》はまた、恣意的な国家の暴力、街頭あるいは家庭での暴力に曝された住民の、あるいは国家よって行為化されたのではないが、国家の司法手段が十分な保護や救済を提供できないようなその他の諸形式に曝された住民の、政治的に誘発された、最大化された可傷性と曝されの条件を特徴付けている（第一章、四七—四八頁）。

このように、「不安定性《プレカリティ》」とは、「ある種の住民が他の住民よりも社会的、経済的な支援のネットワークから脱落して苦境に陥り、差別的な仕方で侵害、暴力、そして死に曝されるような、政治的に誘発された条件」のことである。こうした「不安定性《プレカリティ》」は、新自由主義的資本主義の経済的収奪の下で、広範な住民の中に作り出されており、それが人々に病気、貧困、飢餓、立ち退き、暴力への高いリスク、すなわち「可傷性《ヴァルネラビリティ》」を作り出している。繰り返すが、このような「不安定性《プレカリティ》」と「可傷性《ヴァルネラビリティ》」は、新自由主義的資本主義によって意図的に作り出されている。そして、労働者たちを収奪し、過酷な生存条件へと陥れるこうした経済政策こそが、資本主義に利潤を保証しているのである。

ところで、バトラーは「不安定性《プレカリティ》」という概念を、新自由主義的資本主義が作り出した過酷な生存条件と捉えると同時に、それをジェンダー諸規範が作り出した、もう一つの過酷な生存条件としても捉えている。つまり、ジェンダー諸規範によって規範的な世界に現れることから予め排除されたLGBTの人々は、彼ら／彼女らが諸規範の権力ゆえに受ける差別によって、暴力に曝され、より高い確率で貧困に曝されている。その意味で、彼ら／彼女らは日々、新自由主義的資本主義が労働者たちに与える過酷な生存条件と同じような過酷な生存条件に置かれているのである。それゆえに、「不安定性《プレカリティ》」とは経済的概念であるだけではなく、ジェンダー的概念でもある。この点において本書は、単に新自由主義批判に依拠したアセンブリの理論であるだけでなく、ジェンダー理論でもある。

このようにして、不安定性《プレカリティ》は恐らく明白に、直接的にジェンダー諸規範と結び付いている。というのも私たちは、理解可能な仕方でジェンダーを生きていない人々がハラスメント、病理化、暴力の高いリスクに曝されることを知っているからである。ジェンダー諸規範は、私たちがいかに、どのような仕方で公共空間に現れることができるのか、公的なものと私的なものがいかに、どのような仕方で区別されるのか、そしてその区別はどのように性の政治の道具として利用されるのか、ということと大いに関係している。公的な現れを基礎として誰が犯罪化されるのかを問うことで、私が意味するのは、誰が犯罪者として扱われ、犯罪者として生産されるのかということである（それは、ある種のジェンダー諸規範や性的実践の表明を差別する法体系によって犯罪者と名指されることと、必ずしも同じではない）。誰が法によって、あるいはさらに具体的に言えば警察によって、街頭、仕事中、あるいは自宅で——法体系や宗教的諸制度によって——保護されないのか。誰が警察の暴力の対象になるのか。誰の侵害の申し立てが拒絶され、誰が魅惑の対象や消費者の快楽の対象になると同時に、誰がスティグマ化され、権利を剝奪されるのか。誰が法の下で医療給付を手にするのか。誰の親密な関係や親族関係が法の下で承認され、あるいは法によって犯罪化されるのか。あるいは誰が、一五マイル〔＝二四キロ〕の移動空間の中で、自分が新しい諸権利の主体もしくは犯罪者になっていることに気付くのか。多くの関係性（婚姻関係、親子関係）の法的地位は、人がどの司法権の下にあるのか、法廷は宗教的なのか世俗的なのか、競合する法体系間の緊張は人が現れるときに解決されるのか、といった点に依拠しながら、極めて根本的に変化している（第一章、四八―四九頁）。

ジェンダー諸規範は、規範に反する性的実践を表明する人々を、公共空間への現れから「予め排除《フォアクローズ》」し、理解可能性の枠組みから排除する（バトラーはそうした状況を、理解可能性の枠組みを形成するために不可欠な「構成的外部」［序論、一〇頁］とも呼んでいる）。それに伴って、性的マイノリティは、「不安定性《プレカリティ》」という生存条件の下に置かれ、より多くの暴力や貧困に曝される。バトラーは本書において、例えばトランスジェンダーの人々が街頭での日常的な暴力に曝されるだけでなく、その被害を警察が捜査もせず放置し、さらには警察による暴力にさえ曝される、という不条理かつ過酷な状況を語っている。そのような意味で、「不安定性《プレカリティ》」という概念はＬＧＢＴのようなマイノリティと、経済的貧者、外国人労働者、人種的マイノリティなどを含む他の多くのマイノリティとを結び付ける概念なのである。

不安定性《プレカリティ》は、女性、クィア、トランスジェンダーの人々、貧者、身体障害者、無国籍者、また宗教的、人種的マイノリティを集合させる概念である。それは社会的、経済的条件であるが、アイデンティティではない（実際、不安定性《プレカリティ》はこれらのカテゴリーを横断し、互いが互いに帰属していることを認識していない人々の間に潜在的な連携を生み出す）。そして、私の考えでは、私たちがそれを垣間見たのはオキュパイ・ウォール・ストリートのデモだった――いかなる者も、そうしたデモにアクセスする前に身分証明書を作るよう求められたりすることはない。あなたが街頭に身体として現れるなら、そこに集い執拗に存在するその複数的な一連の諸身体から生じる主張を行うために役立つことになる（第一章、七七―七八頁）。

「不安定性《プレカリティ》」は、「女性、クィア、トランスジェンダーの人々、貧者、身体障害者、無国籍者、また宗教的、人種的マイノリティ」のような多くのマイノリティを結び付け、その連帯の可能性を提示する横断的概念である。そこから、「不安定性《プレカリティ》」という概念は、ドゥルーズ＝ガタリが提示した「マイノリティ性［minoritaire］」という概念に接近する。例えば、「女性」や「人種的マイノリティ」（黒人、黄色人種）は、マジョリティ（男性、白人）に対して必ずしも数の上で少数であるわけではないが、マジョリティに対してしばしばより「不安定な《プレカリアス》」立場を引き受けている。その意味で、「不安定性《プレカリティ》」とは数的な性格を示す「マイノリティ」であるよりも「マイノリティ性」であり、それによって数々のマイノリティ間の横断的連帯を可能にする。さらに、新自由主義的な資本主義と権力に挑戦し、その暴力性の改変と転倒を目指すためには、マイノリティのみならず、すべての者が「マイノリティ性になること」（あるいは「不安定性《プレカリティ》になること」）を通じて、より大規模な連帯を作り出すことが必要になるだろう。その意味でも、「不安定性《プレカリティ》」とは、まさしく「マイノリティ性」と同義であり、新自由主義的な資本主義と権力に挑戦し、その転覆をもたらしうる概念なのである。(4)

2 行為遂行性《パフォーマティヴィティ》

次に私たちは、集会《アセンブリ》の考察において「行為遂行性《パフォーマティヴィティ》」という概念が果たす役割について考えてみよう。行為遂行性とは、J・L・オースティンの言語行為論が提示した概念であり、発話が具体的な行為を生み出すという事態を指す。例えば、結婚式における結婚の誓いは、その発話の直接的な効果として、「結婚」という具体的な行為を生み出すことになる。それでは、この行為遂行性の概念は、集会においてどのような役割を果たしているのだろうか。バトラーは次のように述べている。

こうした一時的で批判的な集会についてどのように考えればよいのだろうか。そこから出てくる一つの重要な議論は、身体が集合することが重要であり、またデモによって行為化された政治的な意味は、書かれたものであろうと発声されたものであろうと、言説によって行為化された政治的な意味だけではない、というものである。具体化＝身体化された［embodied］多種多様な行動は、厳密に言えば、言説的でも前言説的でもない仕方において意味を表明している。言い換えれば、集会の諸形式は、それらが行う特定の諸要求に先立ち、そしてそれとは別に、既に意味を持っている。礼拝や葬儀を含む黙想の集会はしばしば、彼らが何者であるかについての特定の書かれたもしくは発声された説明以上のことを意味している。こうした身体化され複数的な行為遂行性《パフォーマティヴィティ》の諸形式は、必然的に部分的であるとしても、「人民」を理解する上で重要な要素となっている。誰もが身体的な形式で出現しうるわけではないのであり、現れえない者たちの多くは、現れを制限されている者たちやヴァーチャルないしデジタルなネットワークを通じて活動している人々であり、彼らもまたまさしく、公共空間における特定の身体的な現れを制限されていることによって定義される「人民」の一部である。このことは私たちに、指定されたプラットフォームへの完全なアクセスと現れの権利を持つ人々によって「公的領域」が無批判に措定されてきた、その限定的な方法を再考するよう促している。そのとき、発言内容——それがいかなるものであれ——を超えて意味を形成する、行動と可動性《モビリティ》の身体化された諸形式を踏まえた、行為化の第二の意味がここに生じる。集会の自由と表現の自由が区別される理由を考えるなら、それは、人民が共に結集すべき力はそれ自体が重要な政治的特権であり、ひとたび人民が集まったときに発言すべきこと——それがいかなるものであれ——を発言する権利とはまったく異なっているからだ。集会が意味しているのは発言内容以上のことであり、その意味作用の様態は、協調した身体的な行為化であり、行為遂行性の複数的形式なのである（序論、一四—一五頁）。

集会に、あるいはデモに人々が集まるとき、その「集まる」という行為（そこにはヴァーチャルなネットワークを通じて集会のために活動するという行為も含まれる）そのものが、行為遂行的に議会外的で非代表制的なもう一つの「アセンブリ」を立ち上げ、それに権力を与えている。行為遂行性とは、このような「集まる」という行為そのものが行為遂行的にオルタナティヴな人民主権を可視化する、という事実のことであり、従って、それは必ずしも言語行為を意味しない。集まった人々が統一的な主張をしていなくても、声に出してコールをせずただ抗議のために公の場に立っているだけでも（あるいは、極端なケースとして、二〇〇五年のパリ郊外の蜂起のように、一切何の主張も行わなくても）、それは人民主権の可視化に他ならない。彼らが公の場に集合し、共に立って抗議を行っていることが重要なのである。

バトラーはこの人民主権の可視化を「行為化［enactment］」という概念によっても説明している。すなわち、人民集会やデモに人々が「集まる」ということが、行為遂行的に人々の政治的意志を行為化する。また、行為化は同時に、必ずしも意見を同じくしない複数的な諸身体が協調して行動する、という意味でもある。

私が強調したい要点は既に二つある。第一に、人々が集まり、自分自身が人民であることを主張する行動は、別の仕方で語られる、あるいは行為化されることがありうる。第二に、私たちは、単一の種類の行為へと合致すること、あるいは単一の種類の主張へと還元することに失敗するという仕方で自らの収束的かつ離散的な諸目的を行為化する諸身体の複数性を想定することで、それらの行為を複数的行動として考えることができなければならない。私たちにとっての問題は、諸個人によって声に出して主張された抽象的権利の概念が、自らの主張を時には言語を通じて、時には言語以外のものを通じて行為化する身体化された諸行為者の複数性へと委ねられるとき、政治はどのように変化するのか、という問いであろう（第五章、二〇五頁）。

多くの人々が集会やデモに集まる場合、その人々の間で必ずしも完全な意志統一が存在するわけではない。人々はそれぞれ異なった考えを持って、しかし何らかの政治的、経済的現状への異議申し立てのためにそこに集合している。そのような意見の相違を、バトラーは「複数性」という概念で説明している。人々は、その間で個々に複数性、あるいは差異性を保持しながら、しかし何らかの現状に異義を申し立てるという目的のために集合している。従って、集会やデモにおける政治的意見の行為化とは、常に複数的、差異的な行為化である。

そして、そうした複数的、差異的な行為化が集会において意図的に重視されるとき、そのような集会は同時に人々の間の平等原理の「行為化」として機能する。例えばバトラーは、エジプト革命におけるタハリール広場を例に挙げている。

タハリール広場における革命的デモには二つの側面がある、という点を私は強調したい。第一の側面は、ある種の社会性が広場の中で確立された仕方に関係している。すなわち、ジェンダー差異を崩壊させる分業であり、それは、誰が話し、人々が眠ったり食べたりした場所を誰が掃除するかを交替制とすること、そして、環境を維持し、トイレを清掃する全員の作業スケジュールを作ることを含んでいた。要約すれば、抗議者の間の「水平的関係」と呼ばれるものが容易かつ方法的に形成されたのであり、平等を具体化するために闘争する連携は、性別間の平等な分業を含んでいたのである――これらは、ムバラク体制と、軍人、企業スポンサー、労働者の間の驚くべき貧富の差を含むその揺るぎなきヒエラルキーに対する抵抗の一部をなしていた。従って、抵抗の社会的形式は平等の原理を具現化し始めたのであり、その原理は、人々がどのように、いつメディアのために、そして体制に抗して話し、行動したかを統御するだけでなく、人々がどのように広場の中の自分たちの様々な区画、舗道の上のベッド、一時的な医療ステーション、トイレ、人々が食事を取る場所、人々が外部からの暴力に曝される場所の手入れをしたかを統御したのである。私たちは単に、途方もない身体的強さと、説得力ある政治的レトリックの行使を要した英雄的行動について語っているだけではない。時としてそこで、広場で眠るという単純な行為が、最も雄弁な政治的声明だった――そして、それは一つの行動と見なされるべきでさえある。これらの行動は、それらが公私の間の慣習的区別を崩壊させ、平等の新たな諸関係を確立したという単純な意味で、すべて政治的なものである。この意味において、これらの行動は、より広い政治的形式で彼らが実現しようと闘っていた諸原理を、抵抗の社会的形式そのものの中に具現化していたのである（第二章、一一八―一一九頁）。

タハリール広場における集会のような平等を求める集会やデモにおいては、その組織化そのものが、ジェンダー間の平等のような平等の原理を体現していた。言い換えれば、集会やデモにおける人々の政治的意見の複数的行為化は、人々が互いの間で差異を保ちつつ共同で行動するだけではなく、平等原理、水平性、あるいは「横断性」（ドゥルーズ＝ガタリ）を体現するのである（実際、バトラーは「アセンブリ」の原理を、ドゥルーズ＝ガタリの「動的編成［assemblage/agencement］」概念によって基礎付けてもいる［第二章、九二頁］）。

そのとき重要なのは、そのような複数性、平等性が保持されているにもかかわらず、人々がある目的のために協調して行動している、という点だ。バトラーはそれを、『人間の条件』におけるハンナ・アーレントの概念を借りて「協調行動［acting in concert］」と呼んでいる。「本書の特有の論点は、協調行動が、政治的なものに関する支配的な概念の不完全かつ強力な次元を疑問に付す身体的形式になりうる、という点にある」（序論、一六頁）。従って、協調行動は、その行為化において平等の要求に依拠している。あるいは、協調行動こそが、平等と水平性、横断性を体現するのである。

バトラーは、そのような協調行動が現れる場を、やはりアーレントの概念を借りて「現れの空間［space of appearance］」と呼んでいる。アーレントは、そのような「現れの空間」のモデルとして、古代ギリシアのポリスを念頭に置いていた。『人間の条件』で彼女は次のように述べている。「正確に言えば、ポリスとは、ある一定の物理的場所を占める都市－国家ではない。それはむしろ、共に行動し、共に語ることから生まれる人々の組織である。そして、ポリスの真の空間は、共に行動し、共に語るという目的のために共生する人々の間に生まれるのであって、それらの人々が、たまたまどこにいるかということとは無関係である」(5)。従って、ポリスのような「現れの空間」は、人々が共同で行動し、共に議論する空間なのである。しかしバトラーは、むろんアーレントの概念を無批判に受け継ぐわけではない。彼女は、アーレントの「現れの空間」が、女性、外国人、奴隷、子供、老人からなる私的空間を排除していることを批判する。

行為遂行性が行為能力を含意する場合、行為能力の生的、社会的諸条件とは何だろうか。行為能力が発言に特有の力であり、また言語行為が政治的行動のモデルである、ということはありえない。『人間の条件』におけるアーレントのこうした前提は、身体は言語行為に参入せず、言語行為は思考と判断の様式と理解される、と想定している。言語行為が範例的な政治的行動として認める公的領域は、彼女の見解では、私的領域、女、奴隷、子供、そして働くには高齢のもしくは衰弱した人々の領域からは既に切り離されたものである。ある意味では、そうした住民は皆、存在の身体的な形式――その働きの「一時性」によって特徴付けられ、文化的作品の制作や語られた行為を含む真の行為と対比されるもの――と結び付けて考えられている。『人間の条件』における身体と精神の暗黙の区別は、しばらくの間、フェミニズム理論家の批判的な注目を集めてきた。重要なことは、私的領域に属する、異質で非熟練の女性化された身体というこの見解が、語る男性市民(恐らく誰かに養われ、どこかに住居《シェルター》を持ち、食物や住居《シェルター》は権利を剝奪された何らかの住民などによって何らかの定期的な仕方で世話をされている）の可能性の条件である、ということだ（第一章、六二頁）。

アーレントにとって、「現れの空間」とは、成人男性が政治的な議題を議論するという意味での言語行為を行う公的領域であって、そこからは、女性や外国人、奴隷がその成人男性を再生産するところの私的領域は排除されている。アーレントの言う「現れの空間」が女性、外国人、奴隷などを排除している、という点はよく指摘されるが、バトラーがその排除に着目するのはむしろ、アーレントが、公的領域を影で再生産している（ジェンダー的には女性に割り当てられた）私的領域、そして私的領域によって担われる身体的必要の再生産の機能を排除しているからなのである。それはさらに述べるなら、アーレント的政治が身体と身体的必要を排除している、ということに他ならない。しかしそもそも、現代の新自由主義的な資本主義やそれを支持する政治体制に対する異議申し立てが、新自由主義が剝奪し、切り崩していく身体的生存の条件（住居、食料、雇用のような）への権利に深く関わっていることを考えるなら、このような身体的必要を切り捨てた「真の」政治（アーレントが、「人々が真に自由でありうる唯一の領域」と呼ぶもの）にはいかなる意味があるのだろうか。そうした「真の」政治にとって、身体的必要に依拠した政治は、「女子供の政治」ということになるのだろうか。まさしくこの点について、バトラーはアーレントを批判しつつ、次のように述べている。

『革命について』の中でアーレントは、革命とは身体化されることだと述べている。彼女は、「流れるように街頭に繰り出した貧者」に言及しつつ、「不可抗力的な」何かが貧者を動機付け、またこの「不可抗力性は、「革命」という言葉の本来の意味と非常に密接に結び付いており、この貧者の流れの中に身体化されている」と述べている。だが、すぐに彼女は、この「不可抗力性という要素」を「私たちが自然的過程に帰している必然」と結び付ける。「というのも、私たち人間が、有機体として必然的で不可抗力的な過程に従属しているという意味で、必然性を経験しているからだ」。貧者が街頭に繰り出すとき、彼らは必然性から、飢えから、必要から行動し、また彼らは「〔生命の必然性からの〕このような解放を、〔……〕暴力によって成し遂げた」。その帰結として彼女はこう語る。「人々が真に自由でありうる唯一の領域、すなわち政治的領域に、必然性が侵入した」と。飢餓によって動機付けられた政治運動は、自由ではなく必然性によって動機付けられていると理解されており、それが求める解放の形式は自由ではなく、生の必然性から解放されるための不可能で暴力的な努力である。そこから帰結するように思われるのは次の点だ。貧者の社会運動は、貧者を貧窮からではなく必然から解放しようとしているのであり、またアーレントが明確に述べているように、生の必然性が既に世話されている男たちの暴力は、貧者によってなされる暴力より「恐ろしくない」。アーレントの考えによれば、「今日、政治的手段によって人類を貧困から解放しようとすること以上に時代遅れなものはない、と言えるだろう」。「解放」と「自由」の間には機能的な区別が存在する——それが含意するのは、解放運動は決して「真の」ものとは言えない自由の感覚によって機能している、ということだ――だけでなく、政治的領域もまた経済的必然性の領域とは断固として区別されている。アーレントにとって、必然性に依拠して行動する者たちは身体に依拠して行動するが、必然性は決して自由の形式にはなりえず（両者は正反対である）、自由は健康で、飢えていない者たちによってのみ達成されうる、ということのようだ。だが、ある者が飢え、怒り、自由で、そして理性的である、という可能性についてはどうだろうか。また、食料配給の不平等を克服するための政治運動が公正で公平な政治運動である、という可能性についてはどうだろうか。もし身体が必然性のレヴェルに留まるならば、そのとき、自由をめぐるいかなる政治的説明も身体化されたものではありえないように思われる（第一章、六二―六四頁）。

生存の条件を切り縮めていく経済や政治に対する異議申し立てにおいては、もちろん「ある者が飢え、怒り、自由で、そして理性的である、という可能性」が存在するのであり、そうした可能性が支配的なものでさえある。そのような意味で、政治活動から身体的必然性あるいは身体的必要を排除するような政治観は、新たな政治の可能性、新たな自由の可能性を破壊するものである。そしてその点は、新自由主義的な資本主義に異議を申し立てる集会やデモには限定されない。例えば、日本における二〇一一年以後の脱原発運動、二〇一五年以後の安保法制反対運動のケースを想起すれば、そのことは明白である。脱原発運動を駆動したのは、「原発事故が自分の子供にどんな健康影響をもたらさないとも限らない」という母親たちの不安であり、「原発再稼動が新たな原発事故につながれば、自分たちの住む場所や命さえ奪われるかもしれない」という多くの人々の怒り、不安である。また、安保法制反対運動を駆動したのも、「戦争のできる国にすることは、自分たちや友人たち、未来の自分たちの子供の死につながるかもしれない」という若者たちの不安であり、「誰の子供も殺させない」という母親たちの怒りである。そのような不安や怒りを「女子供の政治」と切り捨てることこそ、まさしく新たな政治の可能性を破壊する行為なのである（実際、当時の自民党幹事長・石原伸晃は、二〇一一年六月の記者会見で「反原発は集団ヒステリー」と発言したのであり、また、そのようなジェンダー・バイアスのかかった差別発言は、インターネット上に溢れかえっている）。人間的身体に固有の必要、さらには死の可能性によって駆動された政治は、「女子供の政治」といった言葉で切って捨てられるべきものではなく、むしろ新たな政治運動を切り開く一つの可能性である[6]。そのような展望を示しえたところに、本書の意義の一つがあると言えるだろう。

＊＊＊

最後に、翻訳の分担について述べておく。本書の翻訳は、清水知子が序論、第一章、第三章を、佐藤嘉幸が第二章、第四章、第五章、第六章を担当して、互いの訳稿をチェックし、佐藤が最終的に全体の訳語、訳文を統一した。訳稿の完成を辛抱強く待ってくれた青土社の押川淳さんに感謝する。また、訳者の質問に的確に答えてくださったジュディス・バトラー氏には最大限の感謝を捧げる（Thank you for your kind help, Judith!）。

註

（1）柄谷行人、「日本人はなぜデモをしないのか」、「「哲学の起源」とひまわり革命」、『柄谷行人講演集成 1995-2015　思想的地震』、ちくま学芸文庫、二〇一七年。

（2）オキュパイ・ウォール・ストリートにおけるバトラーのスピーチ（二〇一一年一〇月二三日）の映像は、以下を参照。https://www.youtube.com/watch?v=JVpoOdz1AKQ　また、その書き起こしは、以下を参照。https://thefunambulist.net/philosophy/liberty-square-judith-butler-at-the-occupy-movement-october-23rd-2011

（3）この点については、私たちの以下の著作の「結論」においてより詳細に展開した。佐藤嘉幸・廣瀬純、『三つの革命――ドゥルーズ＝ガタリの政治哲学』、講談社選書メチエ、二〇一七年。また、廣瀬純による以下のイタリア、スペイン、ギリシャの思想家＝運動家へのインタビュー集も参照せよ。本書は、スペインのポデモス、ギリシャのシリザの「アセンブリ」を通じた運動形態を知る上でも、極めて重要である。廣瀬純編著、『資本の専制、奴隷の叛逆』、航思社、二〇一六年。

（4）この点については、以下で詳細に論じた。佐藤嘉幸・廣瀬純、『三つの革命――ドゥルーズ＝ガタリの政治哲学』、第二部第一章、第二章。

（5）Hannah Arendt, *The Human Condition* (Chicago: University of Chicago Press, 1958), p. 198.〔『人間の条件』、志水速雄訳、ちくま学芸文庫、一九九四年、三二〇頁〕本書第二章、九七―九八頁に引用されている。

（6）この点については、以下の論考に示唆を受けている。廣瀬純、「現代南欧政治思想への招待」、『資本の専制、奴隷の叛逆』。

ラトゥール、ブリュノ　Latour, Bruno　115
ランシエール、ジャック　Rancière, Jacques　213-4
リーゴン、バーニス・ジョンソン　Reagon, Bernice Johnson　196-7
レヴィ、プリーモ　Levi, Primo　264
レヴィナス、エマニュエル　Levinas, Emmanuel　32, 135, 139-47, 153-5, 160, 294

た行

デイヴィス、アンジェラ　Davis, Angela　225
デリダ、ジャック　Derrida, Jacques　40, 84, 155, 213, 228
デルボ、シャルロット　Delbo, Charlotte　264
ドゥルーズ、ジル　Deleuze, Gilles　92, 130, 193, 300
トクヴィル、アレクシ・ド　Tocqueville, Alexis de　6, 299

は行

バーク、エドマンド　Burke, Edmund　6
ハイデガー、マルティン　Heidegger, Martin　150
ハラウェイ、ダナ　Haraway, Donna　171-2, 272, 296
バラント、ローレン　Berlant, Lauren　23
バリバール、エティエンヌ　Balibar, Etienne　202, 213
ピノチェト、アウグスト　Pinochet, Augusto　208
プア、ジャスビア　Puar, Jasbir　92
フーコー、ミシェル　Foucault, Michel　19, 107
ブーバー、マルティン　Buber, Martin　152
フェルマン、ショシャナ　Felman, Shoshana　15, 231
ブラウン、マイケル　Brown, Michael　38
フランク、ジェイソン　Frank, Jason　212, 226, 299
フリードマン、ミルトン　Friedman, Milton　208
ブルデュー、ピエール　Bourdieu, Pierre　40
ヘラー、アグネス　Heller, Agnes　233
ホーニッグ、ボニー　Honig, Bonnie　66, 213, 228
ポール、ロン　Paul, Ron　19

ま行

マグネス、ユダ　Magnes, Judah　152
ムバラク、ホスニー　Mubarak, Hosni　118, 123
ムフ、シャンタル　Mouffe, Chantal　10
ムベンベ、アシル　Mbembe, Achille　19
メルケル、アンゲラ　Merkel, Angela　9
メンミ、アルベール　Memmi, Albert　191

ら行

ラクラウ、エルネスト　Laclau, Ernesto　10, 213

人名索引

あ行

アーレント、ハンナ　Arendt, Hannah　32, 61-6, 70, 79-80, 97-8, 101-3, 105-7, 114-5, 117, 128, 139, 146-55, 160, 166-7, 174, 195, 203, 208, 226, 264-71, 283, 294-5, 299, 302-3

アイヒマン、アドルフ　Eichmann, Adolf　147-50

アガンベン、ジョルジョ　Agamben, Giorgio　106-7, 199, 293, 299

アドルノ、テオドール・W　Adorno, Thodor W.　32, 252, 254, 260, 277, 279-82, 286

アンテルム、ロベール　Antelme, Robert　263

イナズ、ジョン　Inazu, John　209, 300

ヴィトゲンシュタイン、ルートヴィッヒ　Wittgenstein, Ludwig　270

オースティン、Ｊ・Ｌ　Austin, J. L　40, 288

か行

カウアヌイ、Ｊ・ケーハウラニ　Kauanui, J. Kēhaulani　210

カヴァレロ、アドリアナ　Cavarero, Adriana　101, 127

ガンジー、マハトマ　Gandhi, Mahatma　245, 301

キャメロン、デヴィッド　Cameron, David　123

ギュンドゥズ、エルデム　Gunduz, Erdem　300

ギルモア、ルース　Gilmore, Ruth　65, 127

クライン、メラニー　Klein, Melanie　196

コーン、ハンス　Kohn, Hans　152

さ行

スタンジェール、イザベル　Stengers, Isabelle　115

スピノザ、バルーフ　Spinoza, Baruch　193, 292, 298

ゼリーリ、リンダ　Zerilli, Linda　64

ソロー、Ｈ・Ｄ　Thoreau, H. D　245

ソンタグ、スーザン　Sontag, Susan　135

［著者］
ジュディス・バトラー（Judith Butler）
カリフォルニア大学バークレー校教授。主な著書に『ジェンダー・トラブル――フェミニズムとアイデンティティの攪乱』、『アンティゴネーの主張――問い直される親族関係』（以上、竹村和子訳、青土社）、『権力の心的な生――主体化＝服従化に関する諸理論』、『自分自身を説明すること――倫理的暴力の批判』（以上、佐藤嘉幸・清水知子訳、月曜社）、『生のあやうさ――哀悼と暴力の政治学』（本橋哲也訳、以文社）、『戦争の枠組――生はいつ嘆きうるものであるのか』（清水晶子訳、筑摩書房）、『触発する言葉――言語・権力・行為体』（竹村和子訳、岩波書店）、『分かれ道――ユダヤ性とシオニズム批判』（大橋洋一・岸まどか訳、青土社）、『欲望の主体――ヘーゲルと二〇世紀フランスにおけるポスト・ヘーゲル主義』（大河内泰樹他訳、堀之内出版）、『偶発性・ヘゲモニー・普遍性――新しい対抗政治への対話』（エルネスト・ラクラウ、スラヴォイ・ジジェクとの共著、竹村和子・村山敏勝訳、青土社）、『国家を歌うのは誰か？――グローバル・ステイトにおける言語・政治・帰属』（ガヤトリ・スピヴァクとの共著、竹村和子訳、岩波書店）。

［訳者］
佐藤嘉幸（さとう よしゆき）
京都府生まれ。筑波大学人文社会系准教授。パリ第10大学博士号（哲学）取得。専門は哲学／思想史。著書に『権力と抵抗――フーコー・ドゥルーズ・デリダ・アルチュセール』、『新自由主義と権力――フーコーから現在性の哲学へ』、『脱原発の哲学』（田口卓臣との共著）（以上、人文書院）、『三つの革命――ドゥルーズ＝ガタリの政治哲学』（廣瀬純との共著、講談社選書メチエ）。訳書にミシェル・フーコー『ユートピア的身体／ヘテロトピア』（水声社）、ジャック・デリダ『獣と主権者II』（西山雄二らとの共訳、白水社）など。

清水知子（しみず ともこ）
愛知県生まれ。筑波大学人文社会系准教授。博士（文学）。専門は文化理論／メディア文化論。著書に『文化と暴力――揺曳するユニオンジャック』（月曜社）、『21世紀の哲学をひらく――現代思想の最前線への招待』（共著、ミネルヴァ書房）、『芸術と労働』（共著、水声社）、訳書にディヴィッド・ライアン『9・11以後の監視―〈監視社会〉と〈自由〉』（明石書店）、アントニオ・ネグリ＆マイケル・ハート『叛逆――マルチチュードの民主主義宣言』（水嶋一憲との共訳、NHKブックス）など。

NOTES TOWARD A PERFORMATIVE THEORY OF ASSEMBLY
by Judith Butler

Japanese translation published by arrangement with Harvard University Press through
The English Agency (Japan) Ltd.

アセンブリ
行為遂行性・複数性・政治

2018年 2 月10日　第1刷発行
2023年 1 月10日　第5刷発行

著　者　　ジュディス・バトラー
訳　者　　佐藤嘉幸　清水知子

発行者　　清水一人
発行所　　青土社
東京都千代田区神田神保町1-29　市瀬ビル　〒101-0051
電話　03-3291-9831（編集）　03-3294-7829（営業）
振替　00190-7-192955

印刷・製本　シナノ印刷
装　幀　　竹中尚史

ISBN978-4-7917-7045-8　Printed in Japan